中华水文化专题丛书

水与制度文化

◎ 饶明奇 王国永 著

中国水利水电出版社
www.waterpub.com.cn

内 容 提 要

本书为"中华水文化专题丛书"分册之一。本书立足现实、史论结合，力图反映中国古今水与制度文化的主要内容和发展脉络。在丰富多彩的治水兴水制度中，选取了水利管理机构设置、防洪法规、农田水利法规、水利工程建设与管理制度、水事纠纷解决机制、水权制度等方面内容，并结合具有制度作用的古代民间水事规约，分析了不同历史条件下涉水法律制度建立的背景、作用、特点和文化内涵。水法律法规作为制度形态的水文化，体现了治国治水思想，其蕴含的优秀文化元素，对于依法治国背景下的当代水利法治建设具有重要启示。

本书适合于水利行业职工、水文化研究学者、大专院校水利专业师生及社会大众阅读。

图书在版编目（CIP）数据

水与制度文化 / 饶明奇，王国永著. -- 北京：中国水利水电出版社，2015.4
（中华水文化专题丛书）
ISBN 978-7-5170-3129-1

Ⅰ. ①水… Ⅱ. ①饶… ②王… Ⅲ. ①水－文化－中国 Ⅳ. ①K928.4

中国版本图书馆CIP数据核字（2015）第081426号

书　名	中华水文化专题丛书 水与制度文化
作　者	饶明奇　王国永　著
出版发行	中国水利水电出版社 （北京市海淀区玉渊潭南路1号D座　100038） 网址：www.waterpub.com.cn E-mail: sales@waterpub.com.cn 电话：（010）68367658（发行部）
经　售	北京科水图书销售中心（零售） 电话：（010）88383994、63202643、68545874 全国各地新华书店和相关出版物销售网点
书籍设计	李菲
排　版	中国水利水电出版社微机排版中心
印　刷	北京嘉恒彩色印刷有限责任公司
规　格	170mm×230mm　16开本　17印张　335千字
版　次	2015年4月第1版　2015年4月第1次印刷
印　数	0001—3000册
定　价	36.00元

凡购买我社图书，如有缺页、倒页、脱页的，本社发行部负责调换
版权所有·侵权必究

《中华水文化书系》编纂工作领导小组

顾 问： 张印忠　中国职工思想政治工作研究会会长
　　　　　　　　　中华水文化专家委员会主任委员
组 长： 周学文　水利部党组成员、总规划师
成 员： 陈茂山　水利部办公厅巡视员
　　　　孙高振　水利部人事司副司长
　　　　刘学钊　水利部直属机关党委常务副书记
　　　　　　　　水利部精神文明建设指导委员会办公室主任
　　　　袁建军　水利部精神文明建设指导委员会办公室副主任
　　　　陈梦晖　水利部新闻宣传中心副主任
　　　　曹志祥　教育部基础教育课程教材发展中心副主任
　　　　汤鑫华　中国水利水电出版社社长兼党委书记
　　　　朱海风　华北水利水电大学党委书记
　　　　王　凯　南京市水利局巡视员
　　　　张　焱　中国水利报社副社长
　　　　王　星　中华水文化专家委员会副主任委员
　　　　王经国　中华水文化专家委员会副主任委员
　　　　靳怀堾　水利部海委漳卫南运河管理局副局长
　　　　　　　　中华水文化专家委员会副主任委员
　　　　符宁平　浙江水利水电学院党委书记

领导小组下设办公室
主　任： 胡昌支
成　员： 李　亮　淡智慧　周　媛　杨　薇　李晔韬　王艳燕　刘佳宜

《中华水文化书系》包括以下丛书：
《水文化教育读本丛书》
《图说中华水文化丛书》
《中华水文化专题丛书》

《中华水文化专题丛书》编委会

主　任　李中锋
副主任　周　媛
委　员（按姓氏笔画排序）
王国永　王瑞平　毛佩琦　史月梅　史鸿文　白音包立皋　朱海风　伍海平　刘少华　刘　军
刘树坤　刘冠美　邱艳艳　张宇明　张艳斌　张朝霞　陈文学　相玉梅　侯全亮　饶明奇
董文虎　靳怀堾　翟志强　魏天辉

丛书主编　李宗新

《水与制度文化》编写人员

饶明奇　王国永　著
尉天骄　主审

责任编辑：李　康
美术编辑：李　菲

丛书各分册编写人员

《水与治国理政》：毛佩琦　刘少华　魏天辉　翟志强　著／靳怀堾　主审
《中外水文化比较》：刘冠美　编著／李宗新　主审
《水与水工程文化》：董文虎　刘冠美　编著／李宗新　主审
《水与文学艺术》：朱海风　张艳斌　史月梅　著／舒　怀　主审
《水与生态环境》：刘树坤　白音包立皋　陈文学　著／王晓松　主审
《水与民风习俗》：王瑞平　史鸿文　邱艳艳　编著／王培君　主审
《水与流域文化》：刘　军　侯全亮　靳怀堾　伍海平　张宇明　相玉梅　编著／李宗新　主审
《水与哲学思想》：李中锋　张朝霞　著／朱海风　主审
《水与制度文化》：饶明奇　王国永　著／尉天骄　主审

弘扬先进水文化
推进治水兴水千秋伟业
——《中华水文化书系》总序

水是人类文明的源泉。我国是一个具有悠久治水传统的国家，在长期实践中，中华民族创造了巨大的物质和精神财富，形成了独特而丰富的水文化。这是中华文化和民族精神的重要组成，也是引领和推动水利事业发展的重要力量。面对当前波澜壮阔的水利改革发展实践，积极顺应时代发展要求和人民群众期盼，大力推进水文化建设，努力创造无愧于时代的先进水文化，既是一项紧迫工作，也是一项长期任务。

水利部党组高度重视水文化建设，近年来坚持从水利工作全局出发谋划水文化发展战略，着力把水文化建设与水利建设紧密结合起来，与培育发展水利行业文化紧密结合起来，与群众性宣传教育活动紧密结合起来，明确发展重点、搭建有效平台、突出行业特色，有力发挥了水文化对水利改革发展的支撑和保障作用。特别是2011年水利部出台《水文化建设规划纲要（2011—2020年）》，明确了新时期水文化建设的指导思想、基本原则和目标任务，勾画了进一步推动水文化繁荣发展的宏伟蓝图。

水文化建设是一项社会系统工程，落实好规划纲要各项部署要求，必须统筹协调各方力量，充分发挥各方优势，广泛汇聚各方智慧，形成共谋文化发展、共建文化兴水的强大合力。为抓紧落实规划纲要明确的编纂水文化丛书、开展水文化教育等任务，中国水利水电出版社在深入调研论证基础上，于2012年组织策划"中华水文化书系"大型图书出版选题,并获得了财政部资助。为推动项目顺利实施,水利部专门成立《中华水文化书系》编纂工作领导小组,启动了编纂工作。在编纂工作领导小组的组织领导下,在各有关部门和单位的鼎力支持下,在所有参与编纂人员的共同努力下,经过历时一年的艰辛付出,《中华水文化书系》终于编纂完成并即将付梓。

《中华水文化书系》包括《水文化教育读本丛书》《图说中华水文化丛书》《中华水文化专题丛书》三套丛书及相应的数字化产品,总计有26个分册,约720万字。《水文化教育读本丛书》分别面向小学、中学、大学、研究生和水利职工及社会大众等不同层面读者群,《图说中华水文化丛书》采用图文并茂形式对水文化知识进行了全面梳理,《中华水文化专题丛书》从理论层面分专题对传统水文化进行了深刻解读。三套丛书既有思想性、理论性、学术性,又兼顾了基础性、普及性、可读性,各自特色鲜明又在内容上相互补充,共同构成了较为系统的水文化理论研究体系、涵盖大中小学的水文化教材体系和普及社会公众的水文化知识传播体系。《中华水文化书系》作为水利部牵头组织实施的一项大型图书出版项目,是动员社会各界人士总结梳理、开发利用中华水文化成果的一次有益尝试,是水文化领域一项具有开创意义的基础性战略性工程。它的出版问世是水文化建设结出的丰硕成果,必将有力推动水文化教育走进学校课堂、水文化传播深入社会大众、水文化研究迈向更高层次,对促进水文化发展繁荣具有十分重要的意义。

文化是民族的血脉和灵魂。习近平总书记明确指出:"一个国家、一个民族的强盛,总是以文化兴盛为支撑的,中华民族伟大复兴需要以中华文化发展繁荣为条件。"水文化建设是社会主义文化建设的重要组成部分,大力加强水文化建设,关系社会主义文化大发展大繁荣,关系治水兴水千秋伟业。我们要以《中华水文化书系》出版为契机,紧紧围绕建设社会主义文化强国、推动水利改革发展新跨越,认真践行"节水优先、空间均衡、系统治理、两手发力"新时期水利工作方针,不断加大水文化研究发掘和传播普及力度，继承弘扬优秀传统水文化，创新发展现代特色水文化，努力推出更多高质量、高品位、高水平的水文化产品，充分发挥先进水文化的教育启迪和激励凝聚功能，进一步深化和汇集全社会治水兴水共识，奋力谱写水利改革发展新篇章，为实现"两个一百年"奋斗目标和中华民族伟大复兴的中国梦提供更加坚实的水利支撑和保障。

　　是为序。

2014 年 12 月 28 日

丛书序

文化，是一个国家和民族的灵魂和精神家园，是民族凝聚力和创造力的重要源泉，是国家发展和民族振兴的精神支撑，是衡量社会文明和人民生活质量的显著标志。文化是一种软实力，是一个国家或地区凝聚力、生命力、创造力、传播力、感召力和影响力的根基。人类历史充分表明，一个国家，一个民族，如果没有先进文化的积极引领，没有人民精神世界的极大丰富，没有全民族创造精神的发挥，就不可能屹立于世界民族之林。当今时代，文化在综合国力竞争中的地位日益重要，谁占据了文化发展的制高点，谁就能在激烈的竞争中更好地掌握主动权。灿烂的文化之花必然结出丰硕的经济之果。因此，提高国家文化软实力已成为重要的发展战略。

水文化，是以水为载体、以人与水的关系为纽带形成的一种独特的文化形态，是中华文化的重要组成部分。水是生命之源、文明之母、生产之要、生态之基。我们的祖先很早就以文化的眼光来看待水。早在2600多年前，管仲在《管子·水地篇》中说："水者，何也？万物之本原也，诸生之宗室也。"老子在《道德经》中说："上善若水，水善利万物而不争，处众人之所恶，故几于道。"孔子在《论语》中说："智者乐水"，如此等等，不胜枚举，都说明水具有显著的文化意义。

水文化，作为文化领域的一个重要方面，逐步成为全国乃至全球关注的热门话题。2006年，联合国为第十四个世界水日确定的主题为"水与文化"。水文化之所以越来越为人们所重视，是因为在当今社会中，人与水的矛盾、人类所面临的水问题，比以往任何一个时代都更为突出。为了实现人与水的和谐相处，在科技手段之外，需要借助文化的视野进行思考和定位。当前，我国水利事业正面临着前所未有的历史机遇和新的挑战。水利事业的发展需要以先进文化和科学理论为引领，形成新的工作思路，开创新的局面。加强水文化研究和建设正适应了现实社会的客观需求。

文化的功能不仅取决于其内容和形式的独特魅力，还取决于传播能力的强弱。20世纪人类最大的嬗变是文化传播对人类社会和人类生产生活的全面渗透。水文化在传播过程中有着增值功能，主要是继承和传播、选择和创造、积淀和享用。在水利部和财政部的大力支持下，由中国水利水电出版社组织各方力量，以庞大的阵容和宏大的规模实施的"中华水文化书系"及其数字化项目，对挖掘、整理、弘扬和传承先进的中华水文化具有重要的现实意义和深远的历史意义，是我国水文化传播史上的空前壮举。"中华水文化专题丛书"作为项目的三大丛书之一，选取博大精深的水文化中若干重大课题进行较为深入的探讨，对于深入了解中华水文化的丰富内容，构建中华水文化的理论体系有着十分重要的作用。经过广大作者的艰苦努力，"中华水文化专题丛书"终于同广大读者见面了，这是一件可喜可贺的大好事。

水文化的精髓是水的哲学和水的精神。我国著名学者北京大学教授王岳川，在美国马里兰大学和乔治梅森大学以"中国文化的美丽精神"为题的讲演中说："只有认识了中国文化中的几个'关键词'，才能认识中华文化。其中最重要的一个'关键词'就是水，因为水体现了中华文化精神的几大美德：公正、勇敢、坚韧、洁净；体现出了生命时间的观念。'水的哲学、水的精神'是中国人在人与人、人与自然、人与社会的和谐中把握自己本真精神的集中体现。了解了水文化，就了解了中华文明的根本。"

老子说"上善若水"，认为水具有"居善地，心善渊，与善仁，言善信，正善治，事善能，动善时"等七种美德；孔子说"智者乐水"，认为水具有"德、仁、义、智、勇、察、贞、善、正、度、意"等十一种美德。这些都是"水的哲学、水的精神"

的生动体现。在波澜壮阔的新中国水利事业中发扬光大这些"水的哲学、水的精神",成为中华民族核心价值观的重要内容,成为一座照亮人们心灵的精神灯塔,在这种核心价值观和精神灯塔的照耀下,人们为国家、为民族、为事业、为自己去创造更加美好的未来。发扬光大中华水文化的哲学和精神,对建立我们对中华文化的自觉、自信和自豪,创新和发展先进的中华文化;对坚定中华民族追求"真、善、美"的信仰,重振民族精神雄风;对践行社会主义核心价值观,铸牢中华文化之魂都有十分重要的意义。

加强水文化建设是发展和繁荣水文化的根本途径。水文化建设不仅是水利行业的大事,也是全社会都应关注的大事。水文化和一般文化一样,有其落后和糟粕的一面,但我们倡导和弘扬的是先进和优秀的水文化,这种水文化的主旋律是一曲颂扬水伟大、水贡献、水精神的高亢赞歌,是一幅描绘人水相亲、人水和谐、人水共荣愿景的美好蓝图,是一部记述人们爱水、治水、管水、护水思想智慧的鸿篇巨制。因此,我们要大力加强水文化建设,促进水文化的发展繁荣。

为加强水文化建设,促进水文化的发展繁荣,就要通过大力传播水文化,动员和吸引全社会特别是水利行业的职工,更加积极地投入水文化建设的行列,有计划、有步骤地实施水文化建设的各项任务。在当前和今后一个时期,水文化建设任务的重点是:培育全社会"人水和谐"的生产生活方式,增强全社会的水意识;弘扬优秀的"水的哲学、水的精神",培育和践行社会主义核心价值观,全面提高人民思想道德素质和科学文化素质;践行"节水优先,空间均衡,系统治理,两手发力"的治水新思路,奋力开创水利事业新局面;不断充实民生水利的文化内涵,使水利工作真正做到保障民生、服务民生、改善民生;加强水生态文明建设,为建设"美丽中国"做出应有贡献;提高水工程的文化品位,满足人民精神文化需求;繁荣水文化事业,发展水文化产业,增强水文化实力;保护和整理优秀的水文化遗产,服务当代水利建设;加强水文化研究,构建水文化的理论体系;加强水文化教育和传播,扩大水文化在国内及国际上的影响力，为人类文明的进步做出更大贡献。

恩格斯在《自然辩证法》中说："一个民族想要站在科学的最高峰，就一刻也不能没有理论思维。"(《马克思恩格斯选集》第三卷 467 页) 水文化研究正是一项艰苦的理论思维活动。一个拥有五千年中华文明，又在为实现中华民族伟大复兴的"中国梦"而奋斗的伟大民族，在攀登水文化科学最高峰中一定会大有作为！"中华水文化书系"及其数字化项目告成以及"中华水文化专题丛书"的出版，必将使水文化常青的理论之树开出鲜艳的实践之花，为推进我国水事业的改革发展、为建设社会主义文化强国做出新的贡献！

李宗新

2014 年 12 月

前言

水是生命之源、生产之要、生态之基。古往今来，人们围绕治理水害、发展水利倾注了无数心血，制定了大量管理制度和法律法规，形成了丰富多彩的民间水事规约。这些制度形态的水文化，是我们的祖先治水思想的集中体现，是中国传统文化的重要组成部分，为当代水利制度建设提供了一面镜子，值得深入挖掘和研究。

历朝历代制度形态的水文化内容丰富，博大精深，一部书不可能全部涉及。为了能够概括反映中国古今水与制度文化的主要内容和发展脉络，便于读者从整体上、宏观上把握水与制度文化的全貌，我们选择了较为重要、具有代表性的内容予以呈现：一是对制度文化及水与制度文化的关系进行概述；二是简要论述中国古今水利制度发展变化的基本脉络；三是按照水利活动的基本规律，把古今涉水事务法律法规的主要方面论述清楚，如水利管理机构及职能划分、防洪法规、农田水利法规、水利工程建设的组织管理和质量监管、水事纠纷的解决、水权、水资源规划和开发等；四是对古代民间水事规约进行深入论述，分析其产生发展的社会背景、主要内容及与地域社会的关系；五是通过对古今中外水利管理制度的综合分析，提出当代水利法治建设的基本经验、主要任务等。

本书写作中，我们努力贯彻以下几个基本原则：一是史论结合、述论结合。研究历史也好，研究现实问题也好，没有基本史料和事实，必将流于空谈；没有总结提炼，便不能揭示事物的内在规律。本书每一部分内容都先把法律法规和管理制度的主要内容概括出来，然后对其文化元素进行分析、归纳。二是立足现实、古今结合。意大利学者克罗齐说过，一切历史都是当代史。不了解历史，便无法说清现在；不研究现在，将背离研究的出发点和落脚点。本书立足于当代水利事业发展对制度建设的重大需求，总结历史经验教训，通古今之变，为全面深化水利体制机制改革贡献力量。三是立足国情、洋为中用。应对水危机、确保水安全是全球性任务，国外水利管理制度的得失成败值得我们认真学习借鉴，以更好地促进我国水利制度的建设与发展。

本书由华北水利水电大学法学院饶明奇、王国永同志合作完成。在撰写过程中，中华水文化专家委员会副会长靳怀堾以及李宗新、朱海风、尉天骄等专家为本书的写作和修改提出了很多宝贵意见，中国水利水电出版社的领导和编辑同志们也提出了不少宝贵的意见，华北水利水电大学法学院的万钧等同事也为本书的写作搜集了不少资料。在此一并表示感谢！

此外，本书还引用了学术界已有的相关研究成果，并在书中或书后一一列出出处或来源，以方便读者延伸阅读。对前人的已有研究成果，在此也表示我们的敬意和感谢！

限于时间和水平，书中难免有疏漏和不足之处，欢迎广大读者朋友多提宝贵意见！

作者

2014 年 10 月

目 录

弘扬先进水文化　推进治水兴水千秋伟业
——《中华水文化书系》总序

丛书序

前言

第一章　水与制度文化概述　001

第一节　文化与制度文化　002
第二节　我国古代水利制度文化的形成　004

第二章　我国水利管理制度的兴起与发展　015

第一节　清代以前水利法规的产生和发展　016
第二节　清代防洪法制及特点　027
第三节　民国水利立法体系及其理念　032

第三章　水利管理机构设置与职能划分　043

第一节　历代水利职官制度　044
第二节　水利管理职能的制衡与稽查　049
第三节　当代水资源管理体制　055

第四章　水利工程建设的组织与质量监管制度　069

第一节　古代水利施工组织法规　070
第二节　清代堤防工程质量管理制度　073
第三节　当代水利工程建设管理法律制度　082

第五章　民间水事规约与地域社会　097

第一节　民间水事规约的形成　098
第二节　明清以来"水案"频发催生水事规约大量出现　099
第三节　民间水事规约规范的主要事项　108

第四节　民间水事规约的特点　122

第六章　水事纠纷解决制度　129

第一节　水事纠纷概述　130
第二节　古代水事纠纷的解决方式　137
第三节　当代水事纠纷解决机制　143

第七章　水权制度　157

第一节　近现代以来我国水权制度的发展及主要内容　158
第二节　当代水权制度　168

第八章　现代水资源规划和开发利用制度　183

第一节　水资源的规划管理　184
第二节　水资源开发利用的基本原则　189

第九章　国外水利管理制度及理念　199

第一节　德国、英国、法国等国家水资源管理体制　200
第二节　西方国家水资源管理的主要举措　207
第三节　西方国家水资源管理的成功经验　213

第十章　当代中国水法治建设的不断完善　219

第一节　当代中国水法治建设的发展历程　220
第二节　当代中国水法治发展的基本经验　233
第三节　中国当代水法治建设的文化价值　238
第四节　当代中国水利制度建设的新任务　242

参考文献　249

第一章　水与制度文化概述

第一节 文化与制度文化

一、文化

文化是一个非常广泛的概念，不少哲学家、社会学家、人类学家、历史学家和语言学家一直试图从各自学科的角度来界定文化的概念。然而，迄今为止仍没有获得一个公认的定义。据统计，对"文化"的各种不同定义至少有两百多种。《中国大百科全书·社会学卷》对文化的定义是："广义的文化是指人类创造一切物质产品和精神产品的总和。狭义的文化专指语言、文学、艺术及一切意识形态在内的精神产品。"本书所指的文化，是指广义的文化。

广义的文化内涵，主要包括两分法、三分法和四分法。两分法，即将文化分为物质文化和精神文化；三分法，即将文化分为物质、制度、精神三层次；四分法，即将文化分为物质、制度、行为、精神四层次。一般而言，物态文化层，主要是由物化的知识力量构成，它是人的物质生产活动及其产品的总和，是可感知的、具有物质实体的文化事物。制度文化层，主要是由人类在社会实践中建立的各种社会规范构成。包括社会经济制度、婚姻制度、家族制度、政治法律制度、家族、民族、国家、经济、政治、宗教社团、教育、科技、艺术组织等。行为文化层，主要是以民风民俗形态出现，见之于日常起居动作之中，具有鲜明的民族、地域特色。精神文化层，主要是由人类社会实践和意识活动中经过长期孕育而形成的价值观念、审美情趣、思维方式等构成，它是文化的核心部分。精神文化层可细分为社会心理和社会意识形态两个层次。我们认为，两分法太笼统，四分法又太细，三分法较为合理。

如前文所述，不管是三分法还是四分法，广义的文化都包括制度文化，因此，制度文化是文化有机体或者复杂整体中的一个部分。从文化解释的角度讲，制度文化作为文化的一部分，实际上与思想、观念、精神层面以及物质层面无法绝对分离。人类的行为受思想、观念、精神因素的支配，然而人类行为实际上又是一种群体的、社会的共同行为。所以文化的精神因素必然会反映和形成习俗、规则、法律等制度因素。当制度诸因素产生和形成以后，就会使人的精神因素通过制度因素转化为物质成果。所以制度文化作为文化整体的一个组成部分，一方面构成了人类行为的习惯和规范，另一方面也制约了或主导了精神文化与物质文化的变迁。

二、制度文化

1. 制度

制度，一般的理解就是一些法律、政策、规章、习惯等。许多研究制度的理论家都对"制度"下过不同的定义。不论怎样定义，他们对制度的定义都有一个共同点，即认为制度是约定的一种对人的行为和状态构成约束的规则。

制度的要素，即制度的组成部分，一般地可分为制度的主体、客体和内容。主体要素是指参与制度关系、享受权利和承担义务的具有制度主体资格的自然人、法人和国家，即制度关系的参与者、权利的享有者和义务的承担者。客体要素是指制度关系的客体，有时称制度标的，是制度主体之间据以建立制度关系的对象性事物，是制度主体追求利益的反映，是制度主体活动的目标。内容要素是指具有制度主体资格的人如何实现其参与制度生活的目标，也就是制度的具体规定。

制度从不同的角度可以有不同的分类。从制度调整的关系来分，可以分为调整自然人之间、法人之间、国家之间，自然人与法人之间，自然人与国家，法人与国家之间……关系的制度。从制度客体的角度划分，可分为政治制度、经济制度、文化制度、生态环保制度等。从制度内容角度，可分为实体制度、追偿制度、权利体系的相互关系制度等。其中实体制度包括自物权制度（对权利人核心权力的具体规定）、他物权制度（是对权利人行使权力的限制性或禁止性规定）。追偿制度，就是为维护权利人的自物权和他物权而赋予权利人对侵犯自己权利第三方的追偿规定，包括要求停止侵权的权、调查权、起诉权、诉讼受益权等。

所谓治水制度，是指规范或影响人类在水资源的开发利用、节约保护、治理配置等环节行为的一系列规则。治水制度由三部分构成：①正式治水规则，有时也简称硬规则，主要指具有刚性约束力的法律法规；②非正式治水规则，是指一系列基于传统文化和长期历史积淀形成的对水资源开发利用、节约保护、配置治理各环节产生影响的各种历史经验、风俗习惯、社会思潮、文化理念等，有时也简称软规则；③实施机制，如水行政复议规则、水价听证规则、水事调解与裁决规则、违规处理规则、水执法组织等。

2. 制度文化

制度文化，一般认为，就是凝聚在规章制度中的文化因素以及在制度形成与执行过程中的文化现象。具体来说，第一，制度本身就是文化。制度的制定是主客观文化条件的产物，制度的具体内容建立在对特定事务内在规律认识的基础上,制度的执行是文化认同的过程,制度的变迁体现了文化的发展,制度是文化的显性体现和载体。制度本身不仅是文化,而且是最典型、最复杂、最持久的文化。第二,制度的具体规定是研究制度文化的基础。制度文化是基于制度的文化分析,离开制度本身无从谈论制度文化。

当然,制度与制度文化还是存在差别的。其不同之处主要表现在:第一,制度文化主要用文化学的方法对制度加以分析和解释。制度文化将制度本身当做文化现象来研究,而不像其他学科将制度作为经济制度来分析,或作为社会结构来分析,或作为政治现象来分析,或干脆将制度当做单独对象来研究。在历史或现实的制度中,不存在没有文化背景或文化内涵的制度,制度总是作为某种文化的存在。第二,制度文化更加偏重于强调制度的文化层面与规则层面的内在一致性,即强调制度的价值观念、道德伦理、思想意识、制度与习惯、规范、规则的内在一致性。也就是说,制度与制度文化虽然非常相似,但是制度文化作为文化的制度层面比制度带有更浓厚的文化色彩,与文化的联系也更紧密。第三,制度文化研究更注重文化系统中制度文化与精神文化之间的相容性、协调性和互补性。文化的本质是人化,制度文化的起源、产生、形成、演进及其功能,都有赖于精神文化,如果制度文化缺少精神文化的协调与互补,就会趋于僵硬、保守。第四,制度文化更加重视规则的形成原因、实际执行效果、历史地位、与社会的关系等制度本身以外的东西。

第二节　我国古代水利制度文化的形成

一、我国早期社会的水利活动

中华民族历来重视"治国必先治水"。这里所说的"治水",既包括对水灾害的治理和防御,也包含了对水资源的管理。对水的治理与管理总是互相联系,相辅相成。治水主要是为了克服人水矛盾,避害兴利;管水则是为了实现水资源的有效使用和公平使用。管水,有民众的集体行为,但更多的是政府行为。在中华水文化历史上,对水资源管理的深入认识体现了文化理念的发展。

水是人类生存不可缺少的资源。在农业社会形成之前,游牧民族的生活方式是逐水而居,不事稼穑。在那个阶段,人水关系主要体现为人对水资源的依赖和追逐,有意识地主动管理水资源的意识还比较淡薄。农耕社会，"水"和"土"（田地）是人类生活的基本依靠和条件。直到今天，上等的农业生产区通常都是灌溉条件好的地区。在农业社会，人水关系便突出体现为对洪涝灾害的排除和水资源的有效利用，水管理因此而成为社会生活中的重大事项。无论在生产力不发达的古代，还是在生产力较为发达的现代，治水、管水都必须协同进行，需要社会成员、社会团体的合作、协调。因此，治水、管水通常是政府领导下有组织的社会行为。

从中华民族的起源和国家形成来看，治水实现了社会的发展与进步，而对水资源的管理则进一步影响到社会管理体系和国家体系。中国古代，由于大规模的水利工程的施工和管理的需要，必须建立一个遍及全国或至少覆盖重要地区的组织，并有能够统一调度指挥的人物，于是就形成了管理系统和统治权力，并代代延续。古代社会的管理制度、法规都是因治水、管水而起，并逐步发展成体系的。治水的社会性决定了它的每一次成功或失败都不是纯技术的、纯经济的，而是具有更为广泛的政治意义和社会文化意义。

为什么管水的行为会有这样的影响呢？众所周知，水对于社会的生产、生活和发展极为重要，又是流动的资源，具有"公共物品"属性。特别是在缺水地区，人水矛盾突出，水资源配置，涉及千家万户，是关系到社会能否安定和谐的大事。大体来看，越是水资源珍贵的地区，水管理的制度和办法越多、越细致。历史上，水资源管理大都纳入政府管理的范畴，至少也要与区域性的管理相结合，才能有利于水这一公共物品的分配和利用。

在长期的水管理过程中，中国社会逐步建立了完善的管理体系，并积累了很多历史经验。对水资源的支配影响着社会网络的建立，水事关系直接延伸到社会关系上，中国社会的管理体制是在管水的基础上发展而成的，水事管理的制度、网络发展而成为国家行政体系。[①]

二、古代治水活动与治国安邦

1. 国运系于河运

中国自古以来以农立国，而水利是农业的命脉。水利兴则农业兴，农业兴则政权稳，因此，水利兴废关乎政权更迭。黄河是中华文明的摇篮，也是中华民族的心腹之患。纵观中国几千年的发展史，水利事业的盛衰往往同社会制度和生产关系的变革有着直接的关系。这种关系一方面表现在水利作为社会生产力的组成部分直接作用于社会，引起社会的变革；另一方面表现在社会的变

---

① 尉天骄. 从水管理看中华水文化理念的发展. 中国矿业大学学报（社会科学版），2011（2）.

革又影响水利事业的发展。

从一定意义上看,一部中国历史也是一部水利史。水利事业的发展,可以带来一业兴旺、百业繁荣的局面;而一旦水利失修,则会造成水患丛生、民不聊生、兵燹四起、社会动荡,甚至造成政权更替。大禹治水成功,为第一个奴隶制国家的形成奠定了政治基础。春秋战国时期,各国兴修水利,对增强国力发挥了重要的作用。隋唐大运河的开凿,为隋唐盛世提供了强大的物质条件。北宋京都水运网络四通八达,带来了封建文化的繁荣发展。黄河大堤的稳固与京杭大运河的通航,是元明清封建王朝统一和繁荣的生命线。水衰而民困,民困而国亡的事例在我国历史上屡见不鲜。翻开中国的农民革命战争史,可以发现,绝大多数的农民起义都是发生在政治十分腐败、水利年久失修、水旱灾害频繁发生的年代。

盛世治水,乱世河衰。任何水事活动都是在一定的经济、社会环境下进行的。政治清明,社会安定,经济发展,能为水利事业的发展提供良好的环境。历史上秦、汉、隋、唐、宋、元、明、清等朝在国家统一、社会比较安定、政治比较开明的时期,水利事业发展就比较快;而在五代十国、魏、晋、南北朝和政权更替的时期,由于封建割据,战争频繁,水利事业就会衰退。

2. 黄河流域是我国古代政治中心

黄河流域是中华民族的摇篮,是我国古代的政治中心。早在大约4000多年前,我国第一个王朝——夏朝,就在黄河流域立国建都。从夏朝建立到北宋,大都在黄河流域建都。夏都阳城,在今河南登封郜城镇。殷商以前曾6次迁都,这些都城的地点,都在黄河两岸。我国的八大古都中,安阳、西安、郑州、洛阳、开封均在黄河流域或黄河沿岸。

位于渭水之滨的关中盆地中部的西安,具有得天独厚的环境条件。自西周、秦汉乃至隋唐,先后有11个朝代在此建都,长达千年。位于洛河北岸的洛阳,自东周起,东汉、曹魏、西晋、北魏、隋、唐、后梁、后周等朝代均在此建都,历时900多年,被誉为"九朝古都"。黄河下游平原上的开封,战国时的魏,五代时的后梁、后晋、后汉、后周和北宋,以及金后期的都城,均设在这里。先后历时200多年。元和西夏等少数民族先后在银川建都。

黄河流域,自古为兵家必争之地。皇帝、炎帝、蚩尤之战;春秋战国的城濮之战,战国时期的长平之战,秦末楚汉鸿沟之战,东汉官渡之战等,都发生在这里。近现代以来,黄河流域更是中国人民进行革命斗争的政治中心。

时至今日,黄河已不仅仅是一条河流,而且已经成为日益走向强盛的伟大中国的象征,一个生生不息、聚而不散的伟大民族的象征。

三、治水对治国的重要启示

历代治水的思想、方法和各项规则、措施，内容博大精深，不仅对治国理政具有重要的启示，而且本身已成为传统治国思想的重要来源和组成部分。

1. 疏堵结合，综合治理

大禹治水的成功，首先是因为他尊重自然规律，做到了决策科学化，采用以疏导为主的办法。单纯的"疏"不能进一步控制水势、控制流路。在有些情况下如果不先加以围堵，也难以实现有计划的宣泄。史称"鲧障洪水而殛死，禹能修鲧之功"。三国时人韦昭解释说："鲧工虽不成，大禹亦有所因，故曰修鲧之功"。[1] 这说明大禹在疏导的同时，也把堵塞作为辅助手段。

实践证明，历史上的分流不能解决黄河的泥沙淤积问题，当然也不可能从根本上解决黄河的防洪和治理问题。于是，人们不得不探索治理黄河的新途径。这一探索实际上从西汉时期就开始了。到明朝中叶，潘季驯总结前人的经验，提出了"以堤束水，以河治河""束水攻沙""以清释浑"等一系列主张，把过去单纯的防洪思想转移到注重治沙，把治水与治沙结合起来。这是治黄方略的一个重要转变。

随着科技的发展、社会的进步，到近代，对黄河的治理方略更加全面，逐步提出了治理黄河要上、中、下游结合，治本与治标结合，工程措施和非工程措施结合，治水与治沙结合，兴利与除害结合的综合治理方针。其代表人物是李仪祉。

古人不仅总结了大量的治水规律，而且从治水活动中，悟出了深刻的政治理念。《管子·牧民篇》指出："下令于流水之原（源），使居于不争之官（职业）……下令于流水之原，令顺民心也。……令顺民心，则威令行。"用水自源头顺流而下、自然而然的形态，说明颁布实施政令应顺应民心、易于推行的道理。管子认为，教化像"秋云""夏雨""皓月""流水"那样文静柔和，并不令人害怕，效果却深入人心，"始于不足见，终于不可及"。管仲在《管子·七法篇》中认为，治国、治军必须要掌握好七条基本原则，其中用好"决塞"之术是重要的一条。"治人如治水潦……居身论道行理，则臣服教。"在《管子·水地篇》中说："是以圣人之化世也，其解在水。故水一则人心正，水清则民心易，人心正则欲不污，民心易则行无邪。是以圣人治于世也，不人告也，不户说也，其枢在水。"这些就是治国之枢在于水的道理。孔子说过"道之以政，齐之以刑，民免而无耻；道之以德，齐之以礼，有耻且格"，意思是仅有管理和刑罚，老百姓可以免于犯罪但没有羞

---

[1] 杨天宇. 礼记译注（祭法）. 上海：上海古籍出版社，2004.

耻之心，不能从根本上解决问题；如果先用道德来教育，再用礼仪制度来规范老百姓的行动，那么老百姓就会既有羞耻之心，心服口服，又能服从管理。既要有德，又要有刑；德为根本，刑罚辅助。这种德主刑辅的治国理念，与疏堵结合、以疏为主的治水思想是一脉相承的。

疏堵结合、综合治理，从全局、整体上去治理水患。这对治国的重要启示就是要从整体上考虑问题，综合治理，以疏导、教育为主，以堵塞、惩罚为辅。

治水思想不断丰富和发展，治国思想也不断丰富和发展。在改革开放的新形势下，中国共产党坚持的"两手抓""两手都要硬"思想，以德治国与依法治国相结合的思想，综合治理、标本兼治的思想，预防监督惩罚并重惩治腐败的思想等治国理政思想，毫无疑问，应该视为我国传统的治水思想、治国思想的继承和发展。

2. 统一领导，分工合作

水利施工是大规模的、群众性共同劳动，在生产力落后的远古时代，要战胜黄河洪涝灾害，难度之大，涉及面之广，耗费人财物资源之大，持续时间之长，都是今人无法想象的。要想取得治水事业的成功，必须动员全社会力量、整合全社会资源共同行动。只有有效组织起来，建立起统一领导、分工合作的领导体制和工作机制，形成一整套管理制度，才能奏效。

在大禹治水过程中，他善于把各部落的力量凝聚起来，形成合力，共同降伏洪水。例如，他请来四岳、后稷、皋陶、伯益等有名望的部落首领共同主持治水活动，并"合诸侯于涂山，执玉帛者万国"，即会同天下诸侯共同治水，协商后统一行动。

春秋时期，堤防工程又逐渐增加，水利矛盾也日益尖锐，水利纠纷日益增多，为了遏制类似恶性事件的发生，出现了"四禁""五禁""七禁"等禁令。其中，水利盟约最为重要。战国时期已有细致的施工管理制度。西汉以后，对防洪工程、灌溉工程逐渐形成了每年进行修护的制度，即岁修制度，岁修又分小修、中修、大修。施工组织的法规也日益完善。汉武帝元光三年（公元前132年），黄河瓠子（今濮阳西南）决口，汉武帝派汲黯、郑当时率10万人去堵塞，没有成功。直到23年后，西汉元封二年（公元前109年），汉武帝甚至亲临黄河决口处指挥堵口。宋代兵役逐渐为民役和募役取代，但兵役仍占有相当比重。

近现代以来的治水事业，更是最大限度地动员全社会的人财物力量，以更加有效的组织领导机制，形成管理的合力。即治水必须打破行政区域界限，上中下游、左右岸等统一规划、步调一致、统一行动，要坚决杜绝各自为政，以邻为壑等行为。

这些治水指导思想对治理国家也具有重要的启示，那就是要团结最广大人民的力量，用共同的理想信念凝聚人心，用有效的组织制度、体制机制使人力资源的配置模式科学化、效用最大化，形成合力。

3. 依法治国，奖罚分明

大禹在会稽山与各部落的首领共商治水大计，防风氏对治水活动消极懈怠，姗姗来迟，被大禹处决。

历代治水事业都形成了严明的组织纪律和一整套水利法规。从春秋时期水利法治的萌芽，到金代的《河防令》、明清的"四防二守"制度；从民国《水利法》，到新中国《水法》及大量治黄专项章程，中国的水利法制建设源远流长，成果丰硕，成效明显。此外，还有大量的地方性灌溉法规、惯例、民约、渠规等。这些共同构成了我国源远流长、内容丰富的水利法规历史遗产。

围绕黄河治理形成的法制意识和大量奖惩制度，构成中国法制史的重要来源和组成部分。治国要有章法、有纪律，要依法治国、奖罚分明，这已经成为我国优秀传统文化的重要组成部分，也已经成为广为接受的基本政治理念。

4. 以水喻民，以民为本

周厉王时期，人民不满情绪非常严重，一卫巫自称能为周王弥谤，大臣邵公坚决反对，提出了"防民之口甚于防川"的著名论断。在《国语·邵公谏厉王止谤》中，邵公告诫厉王："防民之口，甚于防川。川壅而溃，伤人必多，民亦如之。是故为川者决之使导，为民者宣之使言""民虑之于心而宣之于口，成而行之，胡可壅也？若壅其口，其与能几何？"。①但厉王不听，最终被赶下台。

荀子用水来说明君民关系。他说："君者，民之原也，原清则流清，原浊则流浊，故有社稷者不能爱民，不能利民，而求民之亲爱己，不可得也。"荀子主张君王要如清水般廉洁，积极为人民谋求幸福。如果君王能爱护人民，努力为人民做好事，就会赢得人民的拥戴；如果骑在人民头上作威作福，人民就会与君主离心离德。

特别值得一提的是，荀子提出了著名的"君舟民水"论。《荀子·王制》指出："传曰：'君者，舟也；庶人者，水也。水则载舟，水则覆舟。'"荀子在此把君王与臣民的关系形象地比做舟与水的关系，强调了人民的力量和作用。他以此告诫当权者，君王之舟要靠臣民之水来承载，君主为民，实行王道和仁政，国泰民安，君王之舟就会稳如泰山；反之，君王施行暴政，搞得国困民穷、民不聊生，百姓就会揭竿而起，倾覆君王之舟。正是基于这种认识，荀子提出了重"王道"兼采"霸

---

① ［春秋］左丘明. 国语·周语上. 上海：上海古籍出版社，1978.

道"的政治策略，以及以"礼"为主兼之以"法"的治国方略，形成了他的政治思想体系。

孟子认为，只有广施仁德于民众的政治才是真正的"王道"。在《孟子·离娄下》中，他多次举出大禹治水为民除害造福的业绩，盛赞其实行王道的功德。他说："禹思天下有溺者，犹己溺之。"意思是说大禹想到遭水淹没的百姓，就像是自己也被淹没一般。为了救民于水患灾难之中，"八年于外，三过其门而不入"，经过十多年的艰苦努力，终于制服了洪水，使人民安居乐业。由此，孟子告诫统治者，只有像大禹治水那样，以天下为己任，急民众之所急，忧民众之所忧，为民造福，才是王者应有的风范。

历代明君贤臣，无不以此为镜鉴，正确处理爱民与使民的关系，从而使国家长治久安。唐太宗李世民在与魏征、房玄龄等大臣研讨政务时，一再强调"载舟亦覆舟，所宣深慎""为君之道，必须先存百姓""水可载舟，亦可覆舟"等执政理念。

5. 尊重规律，随机应变

古人在治水活动的成败得失中，深刻地认识到了万事万物内在规律的客观性。这种客观性，人人不可违背，尤其是为政者，必须尊重。孟子说："如智者若禹之行水也，则无恶于智者矣。禹之行水也，行其所无事也。如智者亦行其所无事，则智亦无大矣。"①意思是说，如果智者像大禹疏导水流那样，就不会使先天的智慧受到损害。大禹疏通水流之道，是让它们不违背处下就低、随方就圆的自然规律，没有人为的开挖和引导。如果智者也使自己不违反自然规律而行事，一切符合天真，自然而然，那么这才是大智慧。

在《淮南子》中这样以水喻理："大禹决江疏河，以为天下兴利，而不能使水西流；稷辟土垦草，因为百姓力农，然不能使禾冬生。岂其人事不至哉，其势不可也。夫推而不可为之势，而不修道理之数，虽神圣人不能以成其功。"②

规律虽然是客观存在的，但也是发展变化的。因此，必须根据情况变化及时改变认识，随机应变。《孙子兵法》上说："水因地而制流，兵因敌而制胜。故兵无常势，水无常形，能因敌变化而取胜者，谓之神"，"夫兵形象水，水之形避高而趋下，兵之形避实而击虚"。③

6. 客观公正，过犹不及

中庸思想是孔子思想的重要内容。中庸思想是如何形成的呢？一方面，是水的自然形态给孔子

---

① ［战国］孟轲. 孟子·离娄下. 长沙：岳麓出版社，2000.

② ［汉］刘安. 淮南子·主术训. 北京：华夏出版社，2000.

③ ［春秋］孙武. 孙子兵法·虚实篇. 杭州：浙江人民出版社，2013.

以直接的启发。"中"者，水流之中线也。另一方面，也是最重要的一点，即"中庸"思想的形成，与古代先民对治理水患的经验教训总结与认识紧密联系。孔子所处的春秋时期，堤防已普遍存在，且已成为人们与洪水斗争的主要手段。有了堤防，遏制洪水的主动性大大增强了。由治水过程中鲧的"堙"，到大禹的"疏"，再到春秋时"堤"的大量出现，标志着治水理论和技术发展到了一个新的阶段。采用哪种治水方法为主，要因时、因地制宜。治水理论和实践中呈现出的"堙—疏—堤"的辩证发展过程，给孔子的理论思考以极大的启迪，使他深刻认识到：人类要去征服和改造自然，必须优选、探索成功的正道。这就为"中庸"方法论的出台开拓了道路。孔子将其集中起来，加以系统化和理论化，从而提出了"中庸"的思想。

"中庸"是孔子综合自然、人类社会历史和现实经验提出的一种择优方法论的概念。它是辩证法与系统论思想的原初形态。孔子认为，"中庸"是处理问题最好的方法，所以盛赞"中庸之为德也，其至矣乎!"所谓"中"，指"允执厥中"，即"正道"公允，其反面是"过"和"不及"，二者都是走极端的邪道。"庸"即常，常道，指规律。"中庸"，指办事要"时中"，通俗地说，就是要切合时宜，把握分寸，实事求是地选择能够中道的好办法和解决问题的好途径。孔子以"中庸"为处世要旨，强调人们在思考判断问题时要"执中"。后世儒士奉中庸为"修身、齐家、治国、平天下"的圭臬。

如果把中庸理解为无原则的、庸俗的调和主义，那对今天的管理和领导工作就有害而无益。如果把它理解为看问题办事情要多一点理性、少一点偏激，那就有益而无害。我们应该吸收其精华，剔除其糟粕，做到古为今用，增强管理和领导工作的科学性。

7. 重视积累，防微杜渐

姜尚曰："涓涓不塞，将为江河；荧荧不救，炎炎奈何；两叶不去，将用斧柯。"[①] 意思是说，不把问题解决在萌芽状态，就有可能酿成大患。还有，"千里之堤毁于蚁穴"等谚语，都是从治水活动中得出的深刻道理。

孟子曰："源泉混混，不舍昼夜，盈科而后进，放乎四海。有本者如是，是之取尔，苟为无本，七八月之间雨集，沟浍皆盈；其涸也，可立而待也。故声闻过情，君子耻之。"[②] 意思是说，源头里的泉水滚滚涌出，日夜不停，注满洼坑后继续前进，最后流入大海。有本源的事物都是这样，孔子就取它这一点罢了。如果没有本源，像七八月间的雨水那样，下得很集中，大小沟渠都积满了

---

① ［周］姜尚. 六韬·文韬·守土，（清）孙星衍校. 扬州：广陵书社，2009.
② ［战国］孟轲. 孟子·离娄下. 长沙：岳麓出版社，2000.

水,但它们的干涸却只要很短的时间。所以,声望超过了实际情况,君子认为是可耻的。水是有源的,所以才有动力,才能不舍昼夜,装满低洼地方后继续前进流入大海。这句话告诫君子修身应像水一样坚持不懈才能达到美好境界,如果急功急利、急于求成是不会长久的。

不要忽视一点一滴的积累,要着眼长远、立足眼前、重视量变;要有长期打算,积小胜为大胜;要及时发现思想苗头、及时解决一些小问题,不积小怨,才能不出大事等。这些思想已经深深内化为中国人的思维习惯和管理智慧。

四、"水为国之财富"的管理思想

对水进行管理基于水是财富的理念。人类对水资源价值的认识是逐渐由单一走向丰富的。从中国古代文献来看,早期的疆域意识主要是国土意识,统治者重视的是土地以及土地之上的城市、人口等,那时的战争也主要是"攻城掠地",重在对土地资源的争夺。此后,水作为社会财富的意识逐渐明确。对于农业经济来说,水不仅用于浇灌,还能出产物质财富,养殖和捕捞历来是传统农业经济的组成部分,也是国家财富多寡的一个重要标志。《墨子·非攻》中记载,墨子与楚王争论楚国应不应当攻打宋国,他特别说到,两国在水产资源方面的巨大差异:楚国的云梦大泽有犀兕麋鹿,长江、汉水的鱼鳖鼋鼍天下闻名;宋国却连一条鱼都不产。如此富有的楚国要攻打宋国,岂不像富人去偷穷人吗?可见,春秋时期人们就把水看作国家的重要资源,水域以及其中的水产资源,已成为"国之财富"的重要组成部分。

这种意识在汉代司马相如的《子虚赋》里表现得更为充分。这篇辞赋作品内容虽为虚构,但却鲜明体现了"水为国之财富"的意识。楚国的子虚先生出使齐国,在夸耀楚国时特别说道:"楚有七泽……臣之所见,盖特其小小者,名曰云梦。云梦者,方七百里。……",并大力渲染云梦的浩瀚,以及其中物产的丰富,旨在炫耀楚国的强盛和富有。齐国的乌有先生则不甘示弱,针锋相对地举出齐国的"渤澥"(渤海的港湾)、"孟诸"(大泽),它们可以把八九个云梦吞于胸中,以本国拥有的水域更广、更大,压倒对方的气势。从以上两人对话中可以看出,在汉代人心目中,"水"及附带的财富之大小多少已成为国力强弱的标志之一。[①]

---

① 尉天骄. 从水管理看中华水文化理念的发展. 中国矿业大学学报(社会科学版),2011(2).

五、水利管理制度的日臻完善

中国的水利法规具有悠久的历史。从春秋时期"无曲防"的条约算起，到民国时期制定近现代第一部《水利法》，我国的水利法规已有2000多年历史。古代许多水利工程的运行，都有系统的管理规章，这些制度文化遗产对于促进我国水利事业的可持续发展具有重要价值。新中国建立后，特别是改革开放之后，我国制定了一系列水利管理法律法规，形成了较为完备的水利法律、法规体系。

中国历代负责水管理的机构在长期实践中职能不断完善，专业化程度和社会地位不断提高。我国水利职官的设立，始于原始社会后期。《尚书·尧典》中记载禹担任的司空一职，就是主管水利、水事的官员。此后，历朝历代都在中央设立有专门的水利管理职官，秦汉是都水长（令、监等），隋、唐、宋都在工部之下设水部，主管水政。明清在工部之下设立都水清吏司，还设立总理河道、河道总督等治河机构。民国初期，著名实业家张謇督办导淮事宜，成立导淮总局。民国3年，扩大为全国水利局，为民初主管水政的最高机构。国民党统治时期，曾设立过全国水利委员会，1947年成立水利部。新中国建立后，中央政府成立水利部，主管全国水利事业。总之，水利管理机构和职官的设置，表明治水和管水在中国一直受到政府的高度重视。

第二章 我国水利管理制度的兴起与发展

中国是世界四大文明古国之一。中国自古以农立国，农业是整个社会的基础产业和支柱产业，而水资源又是农业的命脉。因此，历代统治者，对水资源的利用都非常重视，围绕防洪治水、排除渍涝、引水灌溉、水利工程修建及维护、漕运、城市供排水、水利职官设置、水事纠纷处理等诸多涉水问题，都有明确的法律规定。在诸多水事活动中，还形成了一些约定俗成的民间惯例，这些都构成了中国古代水法与水政管理的基本内容。研究中国古代的水法与水政管理，对进一步加强和改进今天中国的水利法制建设，促进依法治水具有积极的现实意义。

中国古代的水政与水法，如果按立法的级别划分，可分为两类：一是中央政府颁布的成文法，如唐代的《水部式》、宋代的《农田水利约束》、金代的《河防令》、明代的《漕河禁例》以及历代皇帝的单项谕旨等。二是地方性水利工程的专项法规，如汉代倪宽为六辅渠定的"水令"，召信臣为南阳六门陂、钳卢陂等水利工程定的"均水约束"，专门针对甘泉水灌区的《敦煌水渠》，元代专门针对关中郑白渠的《洪堰制度》《用水则例》，民国时期的《临时灌溉章程》等。如果按水法规范的水事活动范围来划分，可分为三类：①综合性水利法规，如唐代《水部式》等；②各类专项水利法规，包括防洪法、农田水利法、航运法、城市供排水法、水利工程施工组织法、水利工程维护法等；③国家大法中的有关水利条款，如《唐律》《大明律》《大清律》等综合性大法中有关盗决河防、失时不修河防等的处罚规定。如果按表述形式来分，还可分为成文法、案例法和习惯法。

第一节　清代以前水利法规的产生和发展

一、防洪法规

先秦时期，人们抵御洪水的方法是原始的，一般按习惯办事。传说中的共工、鲧都修过简单的堤防工程，共工的"壅防百川，堕高堙庳"[1]，可能就是把高处的泥土、石块搬下来，在离河一定距离的低处，修一些简单的土石堤埝来抵挡洪水的侵犯。鲧沿用共工的老办法，所谓"鲧作三仞之城"[2]，可能就是用堤埝把洪水挡在居住区和田地之外。

---

① [春秋]左丘明.国语·周语下.上海：上海古籍出版社，1978.

② [汉]刘安.淮南子·原道训.北京：华夏出版社，2000.

西周时，黄河堤防工程有一定规模。《国语·周语上》中"防民之口，甚于防川，川壅而溃，伤人必多"的记载从一个侧面反映了修堤防洪的事实。《春秋·谷梁传》中有天子之禁"毋雍泉"的记载，应该是周天子发布的防洪政令。

春秋时期，堤防工程又逐渐增加，但各诸侯国为了自己的利益，常私立关卡，堵塞河流，或以水代兵，冲决堤防，水利矛盾日益尖锐，水利纠纷日益增多，严重地阻碍着生产力的发展。为了遏制类似恶性事件的继续发生，迫切需要各国之间制定某种盟约，互相约束，共同遵守。齐桓公称霸时期，就假借周天子的名义，提出"四禁""五禁""七禁"等禁令，其中，水利盟约为其重要的内容。比如公元前656年的"召陵之盟"，管仲就向楚国提出"毋曲堤"；公元前651年的葵丘（今河南民权县境）会盟，齐桓公又提出"毋雍泉"（或曰"毋曲防"）[①]等五项禁令；公元前657年的阳谷之会提出"毋障谷"[②]，《春秋·谷梁传》还说，这是"壹明天子之禁"，即重申天子的禁令。可见在此之前的西周时代已有类似法令。虽然这些盟约并未得到认真执行，但却是中国防洪法规的早期雏形，是解决水利纠纷和水利矛盾的历史性尝试。

反映秦汉以前社会礼仪制度的典籍《礼记·月令》中也有"修利堤防，导达沟渎，开通道路，毋有障塞"的记载，说明春秋末期在国家大法中已有约束水利活动的条款。

战国时期防洪工程已相当普遍，已有较为详细的施工管理制度。《管子·度地》中记载，要委派学习过水利技术的人主持施工；水官冬天巡视各处工程，发现需要修理和新建的要向政府书面报告，待批准后实施；水利施工规定在春天进行，一者农闲，二者土壤解冻，含水量适宜。完工后要负责检查；劳动力从老百姓中征调。每年秋季按当地人口和土地面积摊派。区别男女及劳力强弱，造册上报官府，服劳役的可以代替服兵役；冬天，民工要事先准备好筐、锹、板、夯、土车、棚车、食具等施工工具和生活用具，预先准备好防汛的柴草等埽料；各种工具配备要有一定比例，以便组织劳力、提高工效，并要预留储备，以替换劳动中损坏的工具。工具和器材准备好后，要接受水利官员和地方官吏的联合检查，并制定有相应的奖惩制度。

秦统一六国后，制定了一系列的法规。其中与防洪有关的条文有"决通川防，夷去险阻"[③]，即拆除春秋战国以来阻碍泄洪的工事和交通关卡，使河流防洪工作从整体上把握成为可能。《秦律·田律》中规定"春二月，毋敢雍（壅）堤水"，就是为了迎接雨季防洪需要而做的规定。

---

① ［战国］孟轲. 孟子·告子下. 长沙：岳麓出版社，2000.

② ［战国］公羊高. 春秋·公羊传. 沈阳：辽宁教育出版社，1997.

③ ［汉］司马迁. 史记·秦始皇本纪. 北京：中华书局，2000.

西汉时期，黄河多次泛滥成灾，严重地阻碍了社会经济的发展。自汉文帝十二年（公元前168年）到王莽始建国三年（公元11年）的175年间，前129年中平均25年黄河决溢一次，后50年中，平均7年决溢一次。因此汉代对防洪尤其是黄河防洪非常重视，在治河官员设置、河堤防守队伍组织以及经费等方面都有规定，如设有"河堤都尉""河堤谒者"等官管理河务；有治河专职和修堤人员多达千人，最多时高达万人以上；每年报款修堤，形成制度。

西汉的防洪法规和相关制度在东汉得以沿用，"诏滨河郡国置河堤员吏如西京（即西汉）旧制"①。此外，东汉也制定了一些防洪法规。如汉明帝于永平十三年（公元70年）巡行汴渠后发布了一个诏书，其中规定"无令豪右得固其利"，从立法的角度看，很有积极意义。东汉和帝于东汉永元十年（公元98年）下《疏导沟渠诏》，"堤防沟渠，所以顺助地理，通理壅塞。今废慢懈驰，不以为负。刺史二千石其随宜疏导，勿因缘妄发，以为烦扰，将显其罚"。

三国时期，蜀汉章武三年（223年）九月十日，蜀国丞相诸葛亮颁布护堤令："按九里堤捍护都城，用防水患，今修筑竣，告示居民，勿许侵占损坏，有犯，治以严法，令即遵行。"②

隋唐是我国封建社会的黄金时代，从唐建国到唐玄宗开元时期的一百多年，唐朝的经济在全国范围发展都较快。但是这时的黄河河患也显著增加，从唐贞观十一年（637年）到唐乾宁三年（896年）的260年间，有明文记载的河溢、河决年份达21年，灾情相当严重，因此唐朝对治河非常重视。在工程兴建方面，规定对于需要修筑的堤防及需要的人工，应该列出计划报上级部门，待批准后才能动工。在水利工程维护方面，规定"近河及大水有堤防之处，刺史、县令以时检校，若需修理，每秋收讫，量功多少，差人夫修理。若暴水泛滥，损坏堤防，交为人患者，先即修营，不拘时限"。还规定"堤内不得造小堤及人居"，对西汉以来在河滩地带修建的私人建筑物一律拆除，使黄河畅流。还要求："其堤内外各五步，并、堤上种榆柳杂树"，以加固河堤。③

违犯防洪法规的行为，必须受到处罚，这方面的法规主要集中在《唐律疏义》中：一、不修堤防或不及时修筑者，"主司杖七十"。如果因此造成财物损失的，比照贪污罪减五等处罚，如果因此造成人员伤亡者，比照斗杀伤罪减三等处罚，如将雨量特大、不可抗拒者免于处罚。二、私自决堤放水者，不论因公还是因私"杖一百"，如果因此造成财产损失者以贪污罪处罚，如果因此造成人员伤亡者，以斗杀伤罪减一等处罚。三、故意决堤者，处以三年徒刑，因此造成严重财产损

---

① ［晋］袁宏. 后汉书·王景传. 清康熙三十五年刻本.

② 杨重华. "丞相诸葛令碑". 文物，1983（5）.

③ 唐六典（卷六）. 开元前令，营缮令，西安：三秦出版社，1991.

失的，以盗窃罪论处，因此造成人员伤亡者，以故意杀伤罪论处。四、对于筑堤，不管是筑新堤还是修旧堤，如果不按程序报批，或者虚报经费者，都要受到处罚。唐律的以上规定对后世有重要影响，如《宋刑统》和《明会典》中有关不修堤防和盗决堤防致实的量刑都和唐律基本相同。

北宋首都汴梁（今开封）在黄河下游，黄河安澜与否，对首都的安全及漕运的畅通等均有重要影响，宋代黄河频频决口、改道，灾害大大超过前代。因此，北宋对治理黄河非常重视，防洪法规制定得更加具体。北宋明确规定了治河防洪的责任制度，除在《宋刑统》中保留唐代有关护堤条例外，还有一些新的规定。宋淳化二年（991年）三月，宋太宗赵光义下诏："长吏以下及巡河主埽使臣，经度行视河堤，勿致坏隳，违者当置于法。"宋咸平三年（1000年）宋真宗赵恒下令，沿河官员虽然任期已满该调离异地任职，也必须等汛期过后才能交接，知州、通判两月一巡堤，县令及幕官要经常巡察堤防，转运使不要再委任别的职务（以专心监察河务）。对黄河堤防的岁修也作了具体规定。宋乾德五年（967年），因黄河堤防连年溃决，赵匡胤"分遣使行视，发畿甸丁夫缮治"，并决定以此为例，把每年春季作为集中修堤的时间。对堤上植树也有规定，宋开宝五年（972年），赵匡胤下诏："缘黄、汴、清、御等河州县，除准旧制种艺桑枣外，委长吏课民别树榆柳及土地所宜之木。仍按户籍高下，定为五等：第一等岁树五十本。第二等以下逆减十本。民欲广树艺者听，其孤、寡、恂、独者免"。宋咸平三年（1000年），宋真宗又"申严盗伐河上榆柳之禁"。①宋代对盗决堤防、不修堤防的量刑虽然沿袭唐律，但规定更为具体。规定盗决堤防，致使漂溺杀人，害及十家以上，首犯处死刑，从犯减罪一等；害及百家以上，主谋及同案犯皆处死刑。②宋代编纂过系统的河防法规。据《玉海》记载，宋宣和二年（1120年）编有《宣和编类河防书》共计292卷，其主要精神是："元丰之制，水部掌水政，崇宁二年十月有司请推广元丰水政"。③只可惜今已散佚，不知其详。

金代颁布的《河防令》，是现在能见到的中国历史上第一部系统的防洪法令。《河防令》颁布于金泰和二年（1202年），内容是关于黄河和海河水系各河的河防修守法规，共11条，现存于元代沙克什所著的《河防通议》中仅有十条。其主要内容有：一、每年要选派一名政府官员视察、督促地方政府和水利主管机关落实防洪措施情况。二、水利部门可以使用最快的交通工具传递防汛情况。三、州县主管仿洪的官员每年六月初一到八月底要上堤防汛。平时，分管官员也要轮流上

---

① ［元］脱脱. 宋史·卷九一，河渠一·黄河上. 北京：中华书局，1997.

② ［宋］窦仪，苏晓. 宋刑统·卷二七，杂律·不修堤防门. 北京：中华书局，1984.

③ ［宋］王应麟. 玉海·卷二二. 广陵书社，2008.

堤检查。四、沿河州县官吏防汛的功过都要上报。五、河防军夫有规定的假期，医疗也有保障。六、堤防险工情况要每月向中央政府上报。情况紧急要增派夫役上堤等。

元代的治河法规，集中反映在《通制条格》中。《通制条格》是《大元通制》的一部分，共有27个篇目，其中《河防》《营缮》与防洪关系甚为密切。但《河防》篇现已遗失。

明代，运河在南北经济交流中的作用更为重要，淮河与黄河之间的泗州和淮北的凤阳，又是明代皇陵所在，黄淮决口，将威胁着皇陵安全。因此，明代统治者在治河上更加重视，防洪法规规定得更为具体详尽。明代制定了"四防二守"的防洪制度。"四防"，即昼防、夜防、风防、雨防，"二守"，即官守、民守。这种防汛管理制度，被奉为防守法规。此外，关于修筑堤防的位置选择、修堤取土的地点、修堤的土质、大堤的断面等都有规定。对于破坏河防工程犯罪的处罚，明代把唐代规定的盗决、故决堤罪，改为盗决、故决河防罪，保留失时不修堤防罪。①

随着长江流域经济开发的深入，自宋元以来，人与水的矛盾逐渐显著。自明代中叶，长江大堤修防也开始有系统的管理制度。明嘉靖四十五年（1566年）至明隆庆二年（1568年），荆江知府赵贤主持大修江堤后始立《堤甲法》，即每千丈堤老一人，五百丈堤长一人，百丈甲一人，夫十人，职责是"夏秋守御，冬春修补，岁以为常"，② 可见当时荆江大堤修守人员共3700多人。万历《湖广总志》载有《护守堤防总考略》和《修筑堤防总考略》，《修筑堤防总考略》共10条，分别是：审水势、察土宜、挽月堤、塞穴隙、坚杵筑、卷土埽、植杨柳、培草鳞、用石甃、立排桩等。

二、农田水利法规

农田灌溉或排水，各受益农户都捆绑在同一条水源上，构成一个利益共同体。在这个共同体中，客观上需要制定相对公平的用水法则，保证按一定规则使用水资源或排泄滞涝，维系共同体正常运行。《淮南子·齐俗训》在讲到万事万物都需要遵循规律和原则时举例说："辟若同陂而溉田，其受水均也"，③ 即灌溉要平均供水，就应制定相应的法则。

有明确记载农田水利的律文开始于战国时代的秦国。四川省青川县战国墓发掘的秦简中发现，秦武王二年（公元前309年）曾制定《田律》，条款中有"十月，为桥，修陂堤，利津溢"的规定。

---

① ［明］刘惟谦，怀效锋，点校. 明律. 工律·失时不修堤防. 北京：法律出版社，1999.
② ［清］傅泽洪. 行水金鉴·卷七九. 台北：商务印书馆，1983.
③ ［汉］刘安. 淮南子·齐俗训（诸子集成本）. 北京：华夏出版社，2000.

湖北云梦秦简中有《秦律十八种》，其中的《田律》是有关农田水利的条文。主要内容是：在春季二月，不准进山砍伐木材，不准壅堤堵水。在播种后，下了及时雨，也应报告降雨量多少和受益农田顷数。发生旱灾、暴风雨、涝灾、蝗虫和其他虫害，也要报告受灾田地顷数等。这些规定是农田水利法规的雏形。

最早见于记载的专门性灌溉法规始于西汉。汉元鼎六年（公元前111年），左内史倪宽建议开六辅渠，灌溉郑国渠旁地势较高的农田，并且"定水令，以广溉田"。[①]这个水令，应该是这个灌区的灌溉用水制度，有了合理的用水制度，以扩大灌溉面积。汉武帝发起兴修水利时，朝廷所直接管理的"三辅"（京兆府、左冯翊、右扶风）赋税田租高于其他郡国，影响农民兴修水利的积极性，因此于元鼎六年下《减内史稻田租挈诏》（或称为《平繇行水诏》），减内史（即三辅）稻田租税，并采取"平繇行水"政策，即合理分配用水。西汉末年，召信臣在河南南阳大兴水利，建成了六门陂、钳卢陂等著名蓄水灌溉工程，同时，"为民作均水约束，刻石立于田畔，以防纷争"[②]，均水约束就是按需要均衡用水的法则，以约束各受益农户，以免引起用水纠纷。东汉永平十六年（公元73年），王景任庐江太守时主持恢复古灌区芍陂，"隧铭石刻誓，令民知常禁"[③]，制定合理分配用水的法规，并刻石示众，目的是减少纠纷。遗憾的是，这些法规的具体内容已无法考证了。

晋时由于黄淮之间诸陂引起土地盐碱化，排涝问题亟待解决。晋咸宁四年（278年），度支尚书杜预上疏提出了废魏氏陂堤排涝的意见："其汉氏旧陂及山谷私家小陂，皆当修缮以积水；其诸魏氏以来所造立及诸因雨决溢蒲苇与马肠陂之类，皆决沥之。"同时还主张："其旧陂沟渠，当有所补塞者，皆寻求微迹，一如汉时故事，预为部分列上，须冬东南休兵交代，各留一月以佐之。"即建议把曹魏修的陂竭和雨水决溢形成苇塘及马肠陂废掉，而将质量较好的汉代陂竭保留下来。对保留的陂竭，要列出项目上报，并让冬天换防的戍兵留一个月施工，予以维修养护。晋武帝批准了这一建议，黄淮之间的涝灾逐步得到缓和，从而正确地调整了农田水利的布局。

北魏时刁雍，主持开凿的艾山渠，约在今宁夏青铜峡以下的黄河西岸。整个工程不仅有100多里的渠道，而且因地制宜地增修了拦河坝，保证了灌溉用水。这项工程的用水制度是"一旬之间，则水一遍，水凡四溉，谷得成实"。使当时青铜峡以下的黄河两岸干旱地区出现了万顷良田，成了"官课常充，民亦丰赡"的富饶之乡。

---

① ［汉］班固. 汉书·倪宽传（卷五八）. 上海：上海古籍出版社，1986.
② ［汉］班固. 汉书·召信臣传（卷八九）. 上海：上海古籍出版社，1986.
③ ［南朝］范晔. 后汉书·王景传. 北京：中华书局，1965.

从晋至唐，由于权势们在渠道上设置水碓、水磨等营利，影响到农田灌溉用水，解决这一问题成为朝廷的一大难题，围绕这一问题的解决，形成了一系列规章制度。如曹魏重修的河内郡引沁灌区，入晋后，"郡界多公主水碓，遏塞流水，转为浸害"，已不能灌溉。后经刘颂上书力争，皇帝才批准下令将水碓拆去，重兴灌溉之利。

唐代的农田灌溉法规集中体现在综合性水利大法《水部式》中。《水部式》是现存最早的全国性综合性水利法规。唐代的"式"凡十一次修订，《水部式》也有多次修订过程。现在可见的《水部式》只是一个残卷，仅有29自然条，约2600余字。其内容包括农田水利管理，水碾、水磨设置及用水的规定，运河船闸的管理和维修，内河航运船只及水手的管理，海运管理，渔业管理以及城市水道管理等内容。这部综合性水利法规的内容很丰富，充分体现了法律的一些基本精神：

（1）法律是用来衡量是非的，它的规定必须具体而明确。《水部式》残卷对此有突出体现。现存《水部式》残卷的第一条规定，需要灌溉的田地应预先申请报告田亩面积；渠道上设置配水闸门。闸门要牢固，以控制灌溉时间和水量；闸门有一定规格，并在官府监督下修建，不能私自建造；地势较高的田地，不许在主要渠道上修堰壅水，而只能将取水口向上游伸展；在较小渠道上可以临时修堰拦水，以灌溉附近高处农田。《水部式》中也有灌溉行政管理的规定。例如，灌区设渠长和斗门长，其职责是合理分配灌溉用水。灌区管理工作由所在州县政府派一名官员主持。水利部门的官员也要时常检查。灌区用水合理，农业丰产，则奖励主管官吏，反之，将给予记过处分。

（2）水法的主要经济目标是保证对有限的水资源进行综合利用，以求得最大的经济效益。水资源的开发利用往往是多目标的。因此，当不能同时满足各方面的用水需求时，取得最大经济效益特别是稳定社会的需要，是制定水法的重要依据。对于各个用水部门之间的利益关系，《水部式》有专门条款。例如，处理灌溉用水和航运以及水碾、水磨的用水矛盾。一般来说，它们的用水次序是，首先要保证航运、放木的需求，而后是灌溉。而一般只在非灌溉季节，才允许开动水碾和水磨。在灌溉季节里，水碾和水磨的引水闸门要下锁封印并卸去磨石，而如果因为水力机械用水而使渠道淤塞，甚至渠水泛溢损害公私利益者，这座水碾或水磨将被强迫拆除。

（3）权利与义务相联系。把经常重复着的出工和受益联系起来，而规定的合理性则成为水法的权威性和持久性的保证。对于灌溉水法来说，维修出工一般按灌区内受益面积进行摊派。即使是公廨田和职分田也应该和灌区内民田一样，这种协调受益与出工的规定，关系着灌区的效益以至兴废。

《水部式》也是现存最早的中央政府制定的水利法规，它的出现是社会发展和水利事业发展的必然结果。《水部式》收入《文苑英华》的判文中有"清白二渠判"一条。① 考试题目是：清白二渠交口没有关闭闸门，知府据此要治高陵令渎职罪。高陵令辩曰：时间是在二月一日以前，按规定可以不下闸板。在考题之后所附六张答卷都依据"令式"认为不应治县令罪。核以《水部式》残卷第三条内容，② 可知考子无不熟悉《水部式》的有关规定。③ 唐长庆三年（823年）高陵县令刘仁师依据《水部式》条文，控告泾阳大地主霸占郑白渠水源，致使下游高陵等县失于灌溉的案子，所征引之《水部式》条款是："决泄有时，畎浍有度，居上游者不得拥泉而专其腴。每岁少尹一人行视之，以诛不式。"其内容与残卷第1第2条相合。在安史之乱后，各地管理混乱，刘仁师还能依据法律胜诉，说明《水部式》的权威性。诗人刘禹锡称赞道："尊水式兮复田制，无荒区兮有良岁。"④

宋代对农田水利建设和管理也很重视，管理制度和法令集中反映在《疏决利害八事》和王安石的《农田水利约束》中。《疏决利害八事》颁布于天圣二年（1024年），其主要内容如下：

（1）认真察看地形，按水势及传统沟洫走向疏浚，由州县计算所需人力，组织实施。

（2）疏浚工程完工投入使用后，如果和原规划标准相差较大，或者水流不畅危害民田，要对主管官员治罪，并令赔偿损失。

（3）约束官员，"毋敛取夫众财货入己"。

（4）县令佐、州守卒，有令劝课部民自用工开始不致水害者，叙为劳绩，替日与家便官，功绩尤多，别议旌赏。

（5）严禁百姓在灌溉河渠中修筑堰遏，截水取鱼，以致淤泥不能行水排涝。

（6）开治工毕，按行新旧广深丈尺，以校工力。以所出土，于沟河岸一步外筑为堤埒。

（7）凡沟洫上广一丈，则底广八尺，其深四尺，地形高处或至五六尺，以此为率。有广狭不等处，折计之，则毕工之日，易于覆视。

（8）如果沟洫原址现已淤平为田，现需重新开挖，应根据占地多少减免赋税。

---

① 周魁一. 中国科学技术史·水利卷. 北京：科学出版社，2002.
② 《水部式》残卷第3条："京兆府高陵县界清白二渠交口著斗门，堰清水，恒准水为五分。三分入白渠，二分入清渠。若水雨过多，即与上下用水处相知开放，还入清水。二月一日以前，八月卅日以后亦任开放。"
③ 罗振玉依据《白氏六帖》中收入的清白二渠分水条的文字，证明了敦煌文献中的这篇系《水部式》残卷。《文苑英华》所收判文，应是罗振玉判断的一个佐证。
④ 刘禹锡. 刘梦得文集（卷二八），高陵令刘君遗爱碑，四部丛刊本.

王安石变法前期，颁行的《农田水利约束》（又称《农田利害条约》），是全国性的农田水利政策法令，颁布于宋熙宁二年（1069年）。这部法规的颁布促成了历史上著名的水利建设高潮，其主要内容如下：

（1）凡能提出有关土地耕种方法和某处应兴建、恢复和扩建农田水利工程的人，核实后有参考价值的要予以奖励或重用。其建议交付地方政府负责实施。

（2）各县应上报应修浚的河流和灌溉工程，并做出预算和施工计划，若工程涉及数县，各县都要提出意见并上报主管官吏。

（3）各县境内应修堤防和应开挖的排水沟渠都要提出预算和施工计划，报请上级复查，批准后实行。

（4）对州县的报告，行政主管官吏要和各路提刑和转运官吏核实、协商，再组织州县施工。

（5）如果工程量大，涉及几个州，要报往中央批准。

（6）工程较多的县，县官不能胜任的要调离，如果确系头绪太多忙不过来的，可添设助手。

（7）私人兴办农田水利工程，经费无力负担者，可向官府贷款。

（8）凡出力出资兴办水利的，按效益大小，官府要给予奖励和录用。

（9）不按计划施工的要罚款，罚款用作工程经费。

（10）兴修水利有成绩的官员给予升赏，临时委派的官员也要奖励。《农田水利约束》在实行过程中又不断完善。熙宁四年补充，对兴修农田水利有功的官员，按灌溉农田1000顷以上、500顷以上和100顷以上三等分别予以奖励。熙宁五年又补充兴修水利占用民田，应以官田补偿的办法以及对无力承办兴工者，出官钱资助的办法等。①

元世祖忽必烈对农田水利建设采取了积极的措施，使黄河流域大型灌溉工程的建设有所发展。元代《通制条格·田令》，对农田水利的规定较为详细。《田令》又分《理民》《立社巷长》《农桑》《司农事例》《佃种官田》《妄献田土》《官田》《典卖田产事例》《军马扰民》《准讼革限》《逃移财产》《江南私租》《拨赐田土》《影占民田》《拨赐田土还官》《召凭官房》《打量田土》等条律。与农田水利有直接关系的集中在《农桑》中，主要内容是规定了地方官员兴修农田水利的责任及奖惩规定。

明代开始设水司掌管水利政令。明初，朱元璋下诏："所在有司，民以水利条上者，即陈奏。"明洪武二十六年（1393年）规定："凡各处闸坝陂池，引水可灌田亩以利农民者，务要时常整理疏

---

① ［清］徐松. 宋会要辑稿·食货七之二三. 北京：中华书局，1957.

浚。如有河水横流泛滥，损坏房屋田地禾稼者，须要设法堤防止遏，或所司呈禀，或人民告诉，即便定夺奏闻。"明洪武二十七年，朱元璋又指示工部："陂塘湖堰可潴蓄以备旱涝者，皆因其地势修治之，勿妄兴工役，掊支吾民。"又遣"监生及人材分诣天下"。在水事犯罪方面，明代规定有"盗决圩岸陂塘"罪、"不修圩岸及修而失时"罪等条文。

三、航运法规

我国航运历史悠久。原始社会，人们用石器"刳木为舟"，创造了最早水上交通工具。大禹治水时，传说有"陆行载车，水行载舟"之举。

春秋战国时期，为通航的需要，在河流两岸曾规定设"表"以示水的深浅。《荀子·富国》中记有"其政令一，其防表明"的文字，《荀子·天论》进一步解释："水行者表深，表不明则陷。"

北魏元宏之后，为了保持东南的航运，宣武帝元恪接受了崔亮的建议"修汴蔡二渠以通边远，公私赖焉"。

隋初十分重视漕运，先后开凿了广通渠、通济渠、永济渠等较大的漕渠，形成了南北相连的大运河。从唐代起，运河逐渐成为历代王朝的南北经济大动脉，围绕工程维修、航运管理等方面形成了一系列具体的法规。航运与灌溉争水，在唐代运河上是普遍存在的问题，汴河、淮南运河都有类似情况。航运所关系的是整个国家运输动脉的畅通，牵掣全局利益，而农田灌溉只涉及一个地区的农业收成，因而，当水源不足，航运与灌溉不能兼顾时，《水部式》规定，应首先满足通航要求。在社会安定，法律被尊重时期，可以依据《水部式》处理有关矛盾，但当社会动乱，法制削弱的唐代后期，则往往需要由政府下达行政命令，指派专门官吏处理此类矛盾。

唐宋以来，汴河上航运与灌溉的矛盾最为突出。每当春夏灌溉季节，两岸广开斗门引水浇田，汴河因而断航。在主要航道上灌溉与航运争水的矛盾相当突出，尤其是在藩镇割据时期更是如此。这类问题甚至成为测验官吏行政能力和科考题目。例如，《文苑英华》中有一道试题是："转运使以汴河水浅，运船不通，请筑塞两岸斗门。节度使以当军营田悉在河次，若斗门筑塞，无以供军。"负责中央财政运输的要求关闭两岸引水灌溉闸门，集中水量保证运河通航；而地方节度使则以营田收成不好，军需供应有困难相要挟。《文苑英华》同时收入的答案则明确表示，航运涉及国家整体利益，地方应服从中央。①

---

① 周魁一. 中国科学技术史·水利卷. 北京：科学出版社，2002.

明代京杭大运河主线贯通以后，大量的管理问题随之出现。于是，具有法律效力的禁例、规章制度相继制定出来，为维护航运的正常进行发挥了重要的作用。其主要包括：

（1）闸坝管理法规。其核心原则就是合理地设置闸坝，闸坝之间密切配合，适时启闭闸门。明代还制定了"制闸三法"，即所谓"填槽""乘水""审浅"。另外，规定闸门启闸一次最少过船数。船只必须结队编组过闸，不准单船航行。

（2）运河河道管理。运河河道管理主要有河道疏浚、堤防修守两大部分，有定期维修和常规管理之分。河道疏浚与堤防修筑同属挑浚之工，两者同时并举。例分小挑和大挑（或称小浚和大浚），小挑为每年一浚，即岁修，大挑或二三年五七年不等，视各段自然条件而异。小挑、大挑还有河段、工程量的区别。小挑指疏浚闸旁月河；大挑则为正河挑疏，隔年一次。大挑之年，筑坝断流，船由月河绕行。挑浚时间，明初无大小挑之别，定例正月十五兴工，二月中旬完工，万历四年开月河以后，遂有大小挑之制，时间改为九至十月。此例清代沿袭不变。大挑、小挑制度的建立，使运河工程维修期间可以通航，有利于回空漕船及商民船南返。

（3）运河水源管理。由于运河地域降雨的差异，地形地势的变化以及枯丰水量年际不均，运河不得不依靠沿线湖泊、陂塘调节水量，维持通航。明永乐九年（1411年）大运河重修后，便制定了具有法律效力的湖泉水源管理法规，其核心内容是在航运需水时段，禁止灌溉用水，沿途河湖堤岸禁止盗掘。

（4）综合性航运法规《漕河禁例》。明成化九年（1473年）二月，兵部尚书白圭拟定南京各衙门法定时鲜贡船船只数目，装载物品名称、数量的《漕河禁例》17条，从时鲜贡船、漕运、河道三个方面制定了比较全面系统的综合性漕河禁例。此外，明代还有一些国家法律涉及到漕运管理，如《大明律》中有关盗河防、圩岸及不应河防差役的量刑及处罚条款；《问刑条例》《占夫条例》也有对水源管理、运河河道管理方面的具体条文等。

四、城市供排水法规

古代重要城市如长安、开封、洛阳、杭州、北京等对供水河道管理都很严，历代定有专门制度。如元代大都（今北京）对使用金水河河水规定，洗手洗衣物者要受鞭笞。

唐代文献中保存了两条有关城市排水的资料：一条是某甲宅中修排水渠将污水排往宅外街道被告发；另一条是某乙将家中污水排往邻街，被县令责杖六十下。乙上诉，认为责杖六十不合法，请求"依法正断"①，答案认为应判乙胜诉。可见当时已有城市排水法细则。

明代西安原有龙首渠供水，但只够东城使用，明成化元年（1465年）兴建广济渠，引交河、皂河入西城，工成后建《新开通济渠记》碑。碑阴刻有水规11条，主要内容有：一、皂河上源至西城壕的70里间，每里设夫二名，负责修理河道堤防和植树。又设老人（夫头）四名领导维修工作，每月初一、十五赴宫中汇报情况。二、城西南丈八头有引水石闸一座，丈八头上游可引水灌田，引水数量由老人控制，但禁止沤导致水质污染的蓝靛。三、丈八头石闸由闸夫二人看管，向城内供水要保证水深一尺。余水仍归皂河故道。四、西城引水河上有水磨一座，其北有窑场一所，附近修堤修渠费用由其收入中开支。五、渠水自西城入，东城出。地下渠道用砖灰券砌，券顶填土后与街面平。每20丈留一井口，由附近一户居民看管。严冬每半月、微寒每7日、微热每4日、大热每2日一次进入渠内检查，发现污物，追究看管户责任。六、官府分水闸口平时锁闭，以防仗势取水。七、城内渠旁不许开饮食店或堆放粮食，以防老鼠和害虫打洞。

清代北京地下排水系统发达，由于是都城，管理制度十分严格。清乾隆十七年（1752年）规定京城内外所有河道沟渠事务每年派一名"直年大臣"总管，当时内城共有排水大沟（大街两旁排水沟）30533丈，小沟（巷沟）98100多丈，大小沟相互灌注，并与护城河和有关排水河道高程统一抄平；每年二月开冻后至三月底止统一进行疏浚和维修。各下水道所留沟眼一律注册登记，随时检查。②

第二节　清代防洪法制及特点

一、清代水利立法的成果

清代作为我国最后一个封建王朝，继承了历代重视防洪及防洪立法的传统。康熙皇帝即位以后，"三藩"战争还在进行，即开始筹划系统治河，他任用治河专家靳辅治河，把防洪工作摆到非常重要的地位，正如他说："朕听政以来，以三藩、河务及漕运为三大事。"此后，重视防洪的理念

---

①② 周魁一. 中国科学技术史·水利卷. 北京：科学出版社，2002.

不断得到强化。晚年的乾隆皇帝自己认为，治河是其一生中的两件大事之一。即使在河政日渐腐败的嘉庆、道光时期，朝廷仍然积极寻求办法解决治河、漕运等问题。清朝重视防洪工作的主要表现，除了建立健全管理机构，任用重臣治河，不惜血本投入巨额资金外，还表现在重视防洪法制建设上。

在重视防洪法制的思想指导下，清代防洪立法工作不断完善，尽管没有形成以防洪法冠名的成文防洪法典，但实际上逐步形成了以防洪减灾为中心，以农田防洪、航运等为重要内容的，既有统一要求又层次分明的法规和管理制度体系。概括来看，清代水利立法的成果主要集中在以下三个方面：

一是中央政府的综合立法。中央的综合立法以防洪法为主，从康熙时期开始，至雍正、乾隆时期基本上完成了较为完备的防洪法规的制定工作。乾隆时期编写的《钦定工部则例》和光绪年间撰修《清会典》以及《清会典事例》载入了这些立法成果。工部则例中关于防洪方面的法规，包括防洪工程的维护与修治、防洪工程管理人员安排、工程的使用等。其中有关法规，按具体防洪工程项目排列，包括"河工""漕河""防洪""海塘""江防"等，依据各种防洪项目的特殊性，并根据各地的不同情况分成章节与条款。光绪年间撰修《清会典》100卷和《清会典事例》1220卷。《清会典事例》中河工占19卷，海塘占4卷，水利占8卷，共计达31卷之多。条文规定得相当细致。以河工为例，内容包括河务机构、官吏设置、职责范围；各河工机构的河兵和河夫的种类数量及其待遇；各地维修抢险工程的经费数量及开支；河工物料（木、草、土、石、秸料、绳索、石灰等）的购置、数量、规格；各种工程（堤、坝、埽、闸、涵洞、木龙等）的施工规范和用料；不同季节堤防的修守；河道疏浚的规格和经费；施工用船只和土车的配备；埽工、坝工、砖工、石工和土工的做法、规格和用料；河工修建保险期限的规定和失事的赔修办法；河工种植苇柳的要求和奖励办法；以及河工和运河禁令等。

二是在以圣谕、硃批奏折等形式出现的针对具体河工事务作出的单项规定或司法解释中，也包含有极为丰富的防洪法内容。

三是在河道总督等治河大臣发布的地方性、专门性规章中，也包含有大量的防洪法内容。比如清道光二十九年（1849年）河道总督钟祥制定颁发《防汛章程》九条，清道光二十年（1840年）直隶济宁州知州徐宗干颁行的《运河修防条约》，清道光十年（1830年）湖北布政使林则徐主持制定《修筑堤工章程》十条，湖广总督卢坤（道光十年至十二年在任）主持制定《修筑湖北堤工章程》十二条（后又增补六条）等，都具有法律效力。

就防洪法内部各方面而言，立法内容涉及河堤日常养护、河堤修复工程质量、料物保障、施工组织、工程经费、责任追究等方面，每一项又有很多更详细的规定，而且认真实施了这些法规，依法惩处了大批徇私舞弊、修防不力的官员，为防洪建设的开展发挥了积极的作用。

二、清代水法与水政的特点

1. 综合治理，统筹兼顾

综合治理、统筹兼顾是处理复杂问题的客观需要。历代统治者大多遵循此原则。以清代为例，12世纪之后，黄河夺淮入海，黄河的泥沙使淮河下游日渐淤积，河床逐渐抬高，至清初，黄河夺淮已有500多年的历史，淤积日益严重，决溢的发生较前频繁。黄河、淮河相交的清口，也是漕船出入运河的咽喉。清口治理的指导思想是保漕。其时保漕有两大顾虑：一怕黄河改道使漕运中断，因为黄河从徐州至清河一段与运河共用河道；二怕黄河决口冲淤山东境内的运河。这就决定了黄河要继续走南道，而且豫东、鲁苏北河堤的防御和江苏境内黄河的治理是重点。淮水出清口后主流会黄入海，余水南流补给江北运河。由于黄河的顶托与高家堰大堤（洪泽湖东岸大堤，史称高家堰或高堰）的拦蓄作用，洪泽湖逐渐扩大，淮河与之相合，清口成为洪泽湖（即淮水）的主要出口。黄河多沙，若清口淤塞，则漕运受阻，洪泽湖亦排泄不畅，会转而使洪泽湖水位提高，威胁湖东高堰大堤的安全。如高堰溃决，不仅为患苏北，阻碍漕运，而且洪泽湖不能蓄积淮河清水，就不能借淮河清水冲刷清口和黄河淤积，还会导致黄河水倒灌洪泽湖。为了冲淤保漕，就需要利用淮河清水与黄河抗衡，冲刷泥沙，只好不断加高高家堰建成巨大的洪泽湖。但洪泽湖蓄水量的增加和冲淤导淮水量的增加又容易使洪泽湖洪水不断冲入运西高邮等湖中，诸湖容纳不了则冲决运堤，向里下河地区倾泻。如此交相影响，必使问题更为复杂。因此有清一代治河、导淮、济运三策，群萃于淮安清口一隅。康熙、乾隆两帝多次到此巡视，确立了三河必须综合治理的指导思想。

基于以上原因，清代主要的防洪立法都把黄河、运河相提并论，主要的奖惩措施对各大流域管理系统既是通用的，又结合实际有一定的区别。如清雍正五年（1727年）出笼的"赔四销六"政策规定：凡黄河一年之内、运河三年之内堤岸工程冲决者，其重修所用钱粮一律责令承修官"赔修其中四分，其余六分准其开（报）销"。如黄河一年之外、运河三年之外堤岸工程冲决者，则责令防守官员赔修其中四分，其余六分由政府报销。清道光五年（1825年）修复影响全局的高堰、山盱石工，改保固期为四年。清乾隆五十三年（1788年）以后参照黄、运等河的做法建立起长江的保固制度，结合长江堤防的实际，保固期定为十年。对运河与沿途水柜的治理也是统筹考虑、一并进行的，如清乾隆二十三年（1758年）议准："山东省运河、卫河及南旺、蜀山等湖民垺，令该管地方官于每年汛候亲诣履勘，凡有单薄残缺处，劝谕居民及时培补，定限岁内完工，年终出具完固印结咨部，如失时不修，即将该管官照河工堤岸不行豫修例，降一级调用。如捏报完固，照修造战船捏报完工例革职"。

当然，清代防洪综合治理也有很多局限和误区。比如，没有从泥沙的来源问题考虑治理措施。再如，关心徐、淮等地区的治理，而对河南注意不够，实际上清乾隆四十三年（1778年）后，黄河的大决事件多发生在河南。另外，未在长江流域建立统一的管理机构，洪水蓄泄冲突的长期存在和不断升级以及堤垸修防中的种种弊端与此有一定关系。

2. 重赏重罚，执法从严

防洪责任大如天，如果防洪工程出了质量事故，要根据情节追究责任。清代以前，这种责任主要是行政责任和刑事处罚，清代在此基础上，又增加了经济责任追赔制度。根据案情，这些手段经常综合使用。清朝前期和中期，大力兴修防洪，重视法制建设，赏罚分明。如果治河有功，连年安澜，各级官员都会得到提升，甚至破格提拔，但如果出了质量事故或防守事故，不管是工程承修官员，还是防守官员，他们的责任是终身的，不因官的调离而免于追究责任。如前文所述，一旦出现了河堤冲毁、漫滩等事故，负责防守的官员必须立即组织抢修。事后经调查划分责任，即使该官员受到革职、调离处分，也必须负责把修复工程做完，才能交接工作。如果该官员应该承担赔修责任，即便日后调离本岗位也必须完成赔偿任务。如果该官员在未出事故之前调离本岗位，事故发生以后也照样要按规定追究他的相关责任。如果事故发生时该官员已经致仕在家休养，或者已经死亡，也不能免除他的责任。如果负有赔偿责任的官员在未交清赔款之前死亡，其赔偿责任由其子女或近亲承担。翻开清代防洪史料，因为工程质量问题以及防守责任问题受到追究的官员比比皆是。由于执法从严，官员也多能畏法效命。清人金安清在他的笔记《水窗春呓》中记载："河工向来比照军营法，故河督下至河厅得罪，有枷号者，有正法者。而年年安澜，皆有保举。凡堵合决口，有特保花翎及免补本班者，同知即可升道，道即可升河督，多破格为之。然乾嘉时人皆以河工为畏途，盖赏虽重而罚亦严耳。"[①] 奖罚分明而且重赏重罚的情形由此可见一斑。

3. 明确职责，强化监督

中国古代刑法中对于一些严重的刑事犯罪规定要予以连坐，这种因他人犯罪而使与犯罪者有

---

① ［清］欧阳兆雄，金安清. 水窗春呓. 北京：中华书局，1984.

一定关系的人连带受刑的制度，是刑法中连带责任的体现。以清代为例，直接负责修筑防洪工程的承修官以及防守官如经管河道同知、通判为直接责任人，河道总督、分司道员及地方督抚等承修官和防守官的上级为主管责任人，或间接责任人。对于直接责任人和主管责任人，他们承担的责任既有联系又有区别。从联系的一面来看，双方都有责任，出了责任事故，都有受行政处罚或连带赔付的责任，不仅按比例分配，下级无力上缴追赔款，上级有责任代缴；从区别的一方面来看，他们承担责任的大小及方式是不同的。这种连带责任的规定，可以促使上下各级官员同心协力，共同完成防洪任务，当然也有一定的不合理性。

4. 德治法治，相得益彰

德治与法治相结合是我国一大思想传统，在防洪管理中的很多方面也体现了这一思想导向。以清朝为例，清代对治河官员的各种职责要求和注意事项都详细列出，对各种禁止性规定都三令五申、一再告诫，教育引导在先。翻阅大量上谕等原始文献，对各级官员的劝谕、警告等语言比比皆是。从对各级防洪官员的奖惩措施来看，革职之后还可戴罪督修，赔修合格还可以复职，修守有方，连年安澜，可以破格提拔。对待私垦河滩淤地、在河堤上盖房居住、修筑私垸等行为，一方面多次下达禁令，坚决打击，另一方面也认真考虑百姓的眼前利益和实际执法难度，网开一面。

5. 专制集权，效率低下

秦汉以后，中央集权不断加强，尽管法制建设取得了一定成就，但皇权和行政权力无所不在，不能不对防洪法制的实施造成重大的影响，产生严重的后果。由于专制主义盛行，人治高于法治，各级官员的主观能动性未能最大限度调动起来，更谈不上科学决策、民主决策的机制，严重影响防洪工作的成效。

防洪立法中体现专制主义思想的表现比比皆是。以清代为例，河工预算，康熙初年要求所有工程必须由河道总督亲自核实，报工部批准。后来进行了改革，但仍然规定物料价银五百两以上，工价二百两以上，由总督审核，工部审核，户部批准才能兴工。清代河工开支巨大，动辄几十万两，可连五百两的工程都要求报中央批准，河道总督的工作积极性可想而知。翻阅清代上谕、奏折等历史文献，感觉几乎所有的防洪事务都要皇帝亲自裁决。在交通、通信条件非常落后的当时，由于专制主义思想作怪，没有民主，必然导致行政效率低下和决策的延误、失误、错误。

再以清道光朝对清口一带的治理为例，道光朝的河湖形势和康、乾时代已有重大变化，清初湖高河低，"蓄清敌黄"方针可以奏效，道光时河道淤积严重，要实现蓄清敌黄目标难度加大，必须不断加高高家堰，不仅工程量大，而且潜伏着运河及以东地区被冲毁的风险。但朝廷固守治河通漕的成法，认为"蓄清敌黄者，列祖列宗相传之成法也"。道光帝要求河督，漕船每进一帮，即具奏一次，若有延误，即以该督等是问。河臣因此遭处罚者络绎于途。这使得河臣思想很受禁锢，丧失主动进取精神，目光仅限于清口一隅，不求有功，但求无过，忙于催渡，疲于奔命，无暇治河。治河，实际上有防无治；治河为保漕，实际上保漕成了唯一目标。结果漕运仍滞，河患日增。清道光四年（1824年），蓄清过旺，高堰掣塌，"山阳、宝应、高邮、甘泉及下游兴化、盐城等县，伤毙人口、漂没田庐，不计其数"。此后御黄坝不启，清无所出，为保高堰动辄开闸泄涨，下游数百万人民频受其害。道光朝河政因此陷入了恶性循环的可悲境地。

第三节　民国水利立法体系及其理念 *

一、民国水利立法体系

民国17年（1928年），随着南京国民政府的成立，有关方面开始酝酿制定全国水利法。几经讨论，水利法草案于民国23年（1934年）脱稿。是年，恰逢国民政府中央政治会议通过统一水利行政的决议，以全国经济委员会为全国最高水利机关。行政院随即将水利法草案，附送其下设的全国水利委员会审核，获准通过后，一面交由各级水利机关填注意见，一面推举水利委员会的李仪祉、陈果夫、傅汝霖、孔祥榕、茅以升等六位委员组成专家小组，专门负责水利法草案的修改和审议。此后不久，抗战爆发，国民政府迁都重庆。民国27年（1938年）1月，经济部成立，负责水利，随即召集水利机关技术专家审议草案，并拟具修正案，于民国29年（1940年）7月，连同水利法立法原则一起呈送行政院。民国30年（1941年）9月，水利委员会接管全国水利事业，行政院令将草案发交水利委员会审议，拟具修正意见。旋由行政院转送国防最高委员会核定立法原则，交立法院审议，于民国31年（1942年）6月完成立法程序，并于当年7月7日由国民政府令行公布，民国32年（1943年）1月起施行。

南京国民政府于民国31年（1942年）7月公布的《水利法》共有71条，分为9章，其内容结

---

* 郭成伟，薛显林．民国时期水利法制研究．北京：中国方正出版社，2005．

构概括介绍如下：

第一章《总则》。内容包括水利事业的范畴，从中央到地方的各级水利机关及各自的职权归属。

第二章《水利区及水利机关》。按全国水道自然形态划分水利区，并设置相应的水利主管机关；对于水利事业的经费、劳动力来源及经营方式作出部分规定。

第三章《水权》。规定了水权的含义，用水权的取得及丧失，用水权的顺序，引水的路线等内容。

第四章《水权之登记》。主要规定了水权登记的程序，水权申请书的书写格式，水权状的格式，免于登记的用水范围，等等。

第五章《水利事业》。对于兴办水利事业的核准、审核作出规定，同时还规定兴办水利事业与交通、航运等部门的协调；对因水利建设而征用土地的补偿作出规定。

第六章《水之蓄泄》。规定一切蓄水、排水事宜以及所有防洪工程的使用，均由上级主管部门控制或经过上级主管部门的核准。

第七章《水道防护》。对汛期设防的有关规定，包括汛期的水文监测，水道的维护及其人力、工料的调集；对堤岸区域植被的保护；禁止围垦水道沙洲滩地；保护洪水行水区域土地；对因防洪而拆毁建筑物的补偿办法。

第八章《罚则》。对于毁坏水利设施，未经许可而私开、私塞河道，以及违反法定义务等行为的处罚办法。

第九章《附则》。规定由行政院制定《水利法》的实行细则以及施行日期。

《水利法》是我国历史上第一部以近代法学及水利科学理念为基础而制定的法律，具有开创性意义，它开启了中国水利法制现代化的进程。

民国时期在建立水利法制体系时，所采用的法律表现方式主要包括以下几种。

1. 宪法

民国历届政府都很重视宪法的制定，利用宪法作为证明自己政权合法性的工具。在此期间，仅正式颁布的宪法就有《中华民国临时约法》《中华民国约法》《中华民国宪法》（曹锟宪法）《中华民国训政时期约法》《中华民国宪法》（1947年），此外影响较大的宪法草案还有被称为"五五宪草"的《中华民国宪法草案》。在这些宪法性文件中，有的对水利问题作出了规定，从而成为水利法的渊源之一。

1923年颁布的《中华民国宪法》又被称为"曹锟宪法"或"贿选宪法",在实践中也没有很好实施,但它对水利问题的规定却有创造性,被1947年的《中华民国宪法》所吸收。在该法的第24条中规定:"左列事项由国家立法并执行或地方执行之:……五、两省以上之水利及河道";第25条规定:"左列事项由省立法并执行或令县执行之:……四、省水利及工程"。① 在中国历史上,这是第一次利用宪法对水利问题作出规定,并划分了中央和地方关于水利事业的权限问题。

1931的颁布的《中华民国训政时期约法》是南京国民政府在训政时期的宪法性文件,在该约法的第四章国民生计部分,第34条规定:"为发展农村经济改善农民生活增进佃农福利国家应积极实施左列事项:一、垦殖全国荒地开发农田水利……"② 1947年的《中华民国宪法》涉及水利事项者主要有三个方面:一方面是关于中央和地方的水利权限的,如第108条规定:"左列事项:由中央立法并执行之,或交由省县执行之:……九、二省以上之水利、河道及农牧事业。……";第109条规定:"左列事项:由省立法并执行之,或交由县执行之:……六、省农林、水利、渔牧及工程。……";第110条规定:"左列事项,由县立法并执行之:……五、县农林、水利、渔牧及工程。……"。③ 从这几条的规定来看,宪法对中央、省、县的水利权限作了划分,原则上按照涉及的地域来划定不同级别的事权。第二方面是有关水利资源的所有权,如第143条第2款规定:"附着于土地之矿、及经济上可供公众利用之天然力,属于国家所有,不因人民取得土地所有权而受影响。"这一条规定来源于"五五宪法"第118条。该条规定保证了国家的水利资源属于国家所有,同时将土地所有权与附着于其上的水利资源所有权区别开来。第三方面是关于国家对发展水利应尽的职责,如第146条规定:"国家应运用科学技术,以兴修水利增进地方,改善农业环境,规划土地利用,开发农业资源,促进农业之工业化。"④ 第169条规定:"国家对于边疆地区各民族之教育、文化、交通、水利、卫生及其他经济、社会事业,应积极举办,并扶助其发展。"⑤ 这两条规定表明国家认识到水利对农业工业化的重要作用,因此国家应兴修水利,同时应扶助边疆地区水利事业的发展。

2. 法律

在民国水利法制系统中,属于法律这一层次的规范性文件主要分为三类:第一类就是水利法制的核心内容《水利法》;第二类是由国民政府公布的其他法律,有些内容与水利有关,如《民法》《刑法》当中的相应内容;第三类是国民政府公布的专门的水利规范性文件,虽然没有以法律命名,

---

①②③④⑤ 荆知仁. 中国立宪史. 台北:台湾联经出版事业公司,1984.

但由于是由国民政府公布，具有与前述两类相同的法律效力，如《兴办水利事业奖励条例》。《水利法》前文已述，其他几类均有关于水利的条文。

(1)民法。

《民法》由国民政府于1929年5月23日公布，同年10月10日施行。在第三编权的第二节不动产所有权部分，对于用水权以及由此可能发生的水利纠纷作了预防性规定。第775条是关于自然流水之排水权及承水义务的，规定高地和低地所有人不得相互妨阻；第776条是蓄水等工作物破溃阻塞之修缮疏通或预防，规定土地所有要因为用水对他人土地造成或有可能造成损害时应承担的责任；第778条规定了高地所有人之疏水权，高地所有人可以在低地疏通被阻塞的水流；第779条是关于土地所有人之过水权即人工排水的，高地所有人可以使其水通过低地，但对低地造成损害的应予赔偿；第780条他人过水工作物使用权，高地所有人为了使其土地之水通过，可以使用他人土地上的工作物；第781条规定了水流地所有人之用水权；第782条是用水权人之物上请求权，规定用水权人对于他人损害其水者，可以要求赔偿或恢复原状；第783条使用邻地余之水用水权，规定土地所有人在必要时可以有偿使用邻地所有人的余水；第784条规定水流地所有人不得变更其水流或宽度损害他人对岸之土地；第785条规定了堰的设置与利用。民法中关于水利事项的规定主要是从相邻权的角度对高地所有人与低地所有人之间的关系、水流地所有人与邻地及对岸人的关系进行调整。

(2)刑法。

《刑法》由国民政府于1935年1月1日公布，同年7月1日施行，1948年11月7日总统令修正公布。在该法的第十一章公共危险罪部分有涉及水利的罪名。第178条是决水侵害现供人使用之住宅或现有人所在之建筑物及交通工具罪，处无期徒刑或5年以上有期徒刑，因过失决水侵害前项之物者，处1年以下有期徒刑、拘役或500元以下罚金。第179条是关于决水侵害现非供人使用之住宅或现未有人在之建筑物罪，处1年以上7年以下有期徒刑；如果决水侵害的是自己的物品，导致公共危险的，处6个月以上5年以下有期徒刑；如果是过失发生前两项行为的，处6个月以下有期徒刑、拘役或300元以下罚金。第180条决水侵害住宅等以外之物罪，导致发生公共危险的，处5年以下有期徒刑；如果决水侵害的是自己的住宅等以外的物品而导致公共危险的，处2年以下有期徒刑；过失有前两项行为的，处拘役或300元以下罚金。第181条是破坏防水蓄水设备罪，决溃堤防、破坏水闸或损坏自来水池，致生公共危险者，处5年以下有期徒刑。因过失犯罪前项之罪者，处拘役或300元以下罚金。第182条是妨害救灾罪，于火灾、水灾之际，隐藏或损坏防御之器械或以他法妨害救火、防水者，处3年以下有期徒刑、拘役或300元以下罚金。第188条是妨害公用事业罪，妨害铁路、邮务、电报、电话或供公众之用水、电气、煤气事业者，处5年以下有期徒刑、拘役或500元以下罚金。在这些罪名中，有的是将水作为犯罪的工具的，如决水。还有一些是直接危害水利事业的，如妨害救灾罪。还有的是关于妨害公众用水的，如妨害公用事业罪。

另外，在《刑法》的第19章妨害农工商罪中，规定意图加损害于他人，而妨害其农事上之水利者，处2年以下有期徒刑、拘役或300元以下罚金。

（3）土地法。

《土地法》由国民政府于1930年6月30日公布，1936年3月1日起施行。土地法中涉及水利的部分主要是关于土地的所有权问题的。按照《土地法》第2条的规定，土地依照使用用途，分为四个类别，其中第三类即为交通水利用地，如道路、沟渠、水道、湖泊、港湾、海岸、堤堰等。第12条规定了因为变化而引起的私有土地所有权的消灭，私有土地因为天然变迁成为湖泽或可通运之水道时，其所有权视为消灭。第13条则规定了在相反情况下所有权人的权利：湖泽及可通运之水道及岸地，如因水流变迁而自然增加时，其接连地之所有权人，有优先取得其所有权或使用受益之权。第14条规定了有些土地不得作为取得私有权的对象，其中大部分与水利有关：如海岸一定限度内之土地、天然形成水湖泽而为公共需用者及期沿岸一定限度内之土地、可通运之水道及其沿岸一定限度内之土地、城镇区域内水道湖泽及其沿岸一定限度内之土地、瀑布地、公共需用之水源地。第17条规定了不得移转设定负担或租赁于外国人之土地，其中包含了渔地和水源地。第208条规定国家因为公共事业的需要，可以依照本法之规定征收私有土地，其中也包括了水利事业。

（4）违警罚法。

《违警罚法》由国民政府于1943年9月3日公布，同年10月1日起施行，该法第54条规定了对于某些妨害安宁秩序的行为的处罚，处7日以下拘留或50元以下罚款，其中第3项是当洪水或其他灾变之际，经官署令其防护救助，抗不遵行者。《违警罚法》相当于我们今天的违反治安管理处罚条例，这样一条规定对于洪炎灾发生时召集民众防护救助起到了保障作用。

（5）电业法。

《电业法》于1947年12月10日由国民政府公布，总计9章115条。按照第8条规定，水力发电容量在20000瓦以上者为国营。第50条规定，在事先通知其主管机关后，电业因工程上之必要，得使用河川、沟渠、桥梁、堤防等，从而使电业与水利主管机关发生了密切的联系。

（6）国民义务劳动法。

《国民义务劳动法》由国民政府于1943年12月4日公布。该法第2条规定：义务劳动之主管官署在中央为社会部，在省市为省市政府，在县为县政府。第3条规定了义务劳动的事项，其中第2项就是水利事项。《国民义务劳动法》对于水利法的实施有着配合的作用。

（7）兴办水利奖励条例。

《兴办水利奖励条例》由国民政府于1935年4月4日修正公布。其实在此之前，1929年1月24日国民政府曾公布《兴办水利防御水灾奖励条例》，在此之后，1943年7月29日，国民政府曾颁布《兴办水利事业奖励条例》。我们以1935年颁布的《兴办水利奖励条例》为例说明它的内容。该条例规定：凡兴办水利确有成绩或于水利上有重大贡献者得依本条例奖励，奖励分为两种褒扬和奖章，并规定了在哪些情况下给予褒扬或奖章。如捐助款项者、经募款项者、种植森林有裨水利者、抢险出力者、革除河工积弊者、办理河工修防止泛安澜者、办理大工计划适当工料坚实者、水利著述有特殊贡献者均可能获得奖章。

（8）黄河水利委员会组织法。

早在1929年1月，国民政府就公布了《国民政府黄河水利委员会组织条例》；1933年6月28日又公布了《黄河水利委员会组织法》，规定该委员会直隶于国民政府；1935年7月1日进行了修正，规定该委员会隶属于全国经济委员会；1937年1月16日，又进行了修正；1942年10月17日，国民政府再次修正公布该法，规定黄河水利委员会直属全国水利委员会。与该法同时修正公布的还有三部组织法，即《导淮委员会组织法》《扬子江水利委员会组织法》《华北水利委员会组织法》。以《黄河水利委员会组织法》为例说明其内容。该法规定黄河水利委员会掌理黄河及渭、洛等支流一切兴利防患事务，下面设立总务、工务、河防三处及其各自的职责范围，黄河水利委员会的会议召开，设立地点等内容。

3. 行政法规

民国政府颁布《水利法》后，由于水利涉及事项繁多，仅仅有一部水利法并不足以满足依法治水的需要。作为国民政府最高行政机关的行政院制定公布了大量的行政法规，从而与水利法相配套实施，以形成完善的水利法制体系。这一时期较为重要的行政法规有《水利法施行细则》《管理水利事业办法》《整理江湖沿岸农田水利办法大纲》《整理江湖沿岸农田水利办法大纲执行办法》《灌溉事业管理养护规则》等。除了上述行政法规之外，同一时期，行政院还颁布了其他一些与水利有关的法规，比较重要的有《各省发行水利公债兴办农田水利原则》《各省酌拨田赋超收部分成数兴办农田水利办法》《乡镇储蓄拨充地方造成部分提成兴办农田水利办法》等。

4. 行政规章

民国时期，从1941年起，在行政院领导下，水利委员会颁布了大量有关水利的规章。此外，民国政府时期曾经主管过水利的部门，如经济部也曾经颁布过一些规章，代表性的有《水权登记规则》《水权登记费征收办法》《奖励民营水利工业办法》《水利建设纲领实施办法》《水利建设纲领》《办理各县小型农田水利贷款暂行办法纲要》等。水利委员会为保障工作的开展，还颁布了大量的关于内部行政方面的规章，比较重要的有《派驻各省区农田水利视察工程师服务规则》《行政院水利委员会业务检查办法》《行政院水利委员会财务检查办法》等。

5. 地方性规章

整个民国时期，实际上对水利建设发挥作用的是地方性的规章。代表性的如《河套灌区水利章程十条》《宁夏灌区管理规则》《陕西省水利通则》《陕西省泾惠渠灌溉管理规则》等。

6. 习惯规约

民国以后，对于民间习惯持认可的态度，并在有关法律中作了承认。如《民法》第1条就规定："民事，法律所未规定者，依习惯，夫习惯者，依法理。"《水利法》第1条也规定："水利行政之处理，及水利事业之兴办，悉依本法行之。但地方习惯与本法不相抵触者，得从其习惯。"在此之前颁布的《陕西省水利通则》第2条也规定："各地方水利事业，其相沿之习惯或规约，与现行法令不抵触者，得从其习惯或规约。"

二、民国水利立法的理念

（一）水是资源，应依法治水

民国20年（1931年），中国水利工程学会第一届年会《宣言》中明确提出了依法治水的思想方针："我国关乎水利之法律，除民间片断章程之外，尚一无所有，是宜由同人参考各国成法吾国习惯，勤加研求，以供政府采择，早为厘定者也。"[1]

辛亥革命以后，国家更重视从立法上保障和推动近代化的进程。在这种环境下，自然资源对

---

[1] 中国水利工程学会. 中国水利工程学会第一届年会宣言. 水利月刊，1931（5）.

于推动国民经济工业化、推进社会文明进步的巨大作用也日益显现。此时，水资源的经济意义更为人们所重视。民国 31 年（1942 年）薛笃弼任行政院水利委员会首脑时指出："水利事业，头绪繁多，国计民生，所关甚巨。法制必须严密，设施方有依据。现在水利法，已经公布，此外如河川法、海洋法、灌溉法等，亦应分别着手编写，以便公布实行。俾与水利法，相互为用，益宏法治。"① 由此可见，立法者已认识到，水作为一种特殊的自然资源，必须把水利立法视为一项根本性的工作，并注重各经济部门的协调统一，重视效益，科学指导。

（二）规范职责，加强监督

通过立法来规范水利管理机构的职责，已经逐步成为水利界的共识。立法界则进一步认识到，要实现这一目标，首先要通过健全法制体系，健全责任机制，加强行政监督，增强公职人员的责任意识，才是其关键所在。基于这种理念，一大批相关立法先后出台，意在建立完善从中央到地方的层级负责与行政监督机制。如民国 32 年（1943 年）行政院核准通过了《行政院水利委员会分层负责办事细则》就是这类法律的代表，该法分为六章，主要内容是落实层级责任。从人员组织方面来看，从主任委员到科室主管直到普通职员，均规定了详细的职务分工；从行政程序方面看，从法规编订到处理行政诉愿，大到工程计划审批，文书通信，每一环节，都设专门职守。值得一提的是，该法还增设"服务纪律"一章，通过对公职人员出勤会客等日常行为进行规范和监督，增强其职责意识，提高行政效率。类似规定属细节，但对于规范职工行为，整顿机关作风，具有非常积极的意义。

与传统社会相比，法为治导是民国时期水利行政的基本理念。体现在对于水资源的重新定位并以国家立法的形式确立水权价值体系；在水利行政方面改变了以往以官统事、官为治导的行政模式，以立法作为构建和完善行政体系的基本手段，力求做到各个行政环节都有法可依，尽量减少行政管理过程中的官僚习气，增强各职能部门的责任意识，提高行政效率。

（三）科学主导，重视科研

民国 29 年（1940 年），国民政府通过《水利建设纲领》，全文共分"根本篇""当前篇""善后篇"三个部分。该《纲领》开篇即明确提出水利建设要"力求科学化"的原则。

近代水利科学是一门包括工程力学、地质勘测、气象学等科目在内的综合性学科领域。如果

---

① 郭成伟，薛显林. 民国时期水利法制研究. 北京：中国方正出版社，2005.

单从水利立法的角度看，它除了涉及部分法理学内容，更要涉及与上述自然学科有关的技术性内容，这就要求立法者对这些学科的知识有相当的了解。

水文是水资源开发、利用、管理及水利工程规划、设计、运行管理的重要基础，然而，由于种种原因，古代留下来的水文资料十分稀少。民国以来，我国的河川测量工作也先后展开。民国35年（1946年）通过的《民国水利建设纲要》第14项就针对这一问题作出了规定："全河流应从速普遍勘测，并应用航空测量"[①]，该纲领《实施细则》进一步规定："为水利根本建设计应大量组织查勘队、测量队，普遍查勘尚无资料之河流……为迅速完成全国水道地形图起见，应用航空测量。"

水工实验以近代自然科学原理为理论依据，其结果相对来说具有更大的普遍性，对于水利建设的指导意义更加深远。由于各界的努力，民国24年（1935年），中央水工实验所在南京破土动工。两年后，因抗战爆发而迁址重庆。民国31年（1942年），中央水工实验所改称中央水利实验处，民国30年（1941年），行政院核准通过的《中央水利实验处办事细则》规定，实验处分设试验、研究、制造、测验、编译、文书和事务7个组，除了第七组主管日常行政事务外，其他六组各自负责水利科研一个或几方面的任务，其中试验组的地位尤为重要，负责从学理准备到水利模型的设计等重要项目。

总体来说，以科学主导水利立法是时代的要求，反映了社会进步的共性特征。通观民国水利政策及立法，处处体现出科学的价值取向，既反映在对于各种机构、团队的组织、设施完善等"硬件"方面，又体现在加强水利教育、促进水利学术研究，为水利建设提供人才与知识储备等"软件"方面。

（四）重视传统，吸收经验

民国《水利法》第1条规定："水利事业之处理及水利事业之兴办，悉以本法行之。但地方习惯与本法不相抵触者得从其习惯。"

早在民国21年（1932年）陕西省政府颁布的《陕西水利通则》第2条规定："各地方水利事业，其相沿之习惯或规约，与现行法令不相抵触者，得从其习惯或规约。"在一些地方性水利法规中，时常可以见到习惯法的影响，尤其是在水政管理体制不健全的环境下，吸纳习惯法中的某些经验可以节省国家管理成本，提高行政效率，此类事例比比皆是，如在陕西一带的渠堰管理中，政府就部分吸取了民间水利自治机制。以民国21年（1932年）李仪祉撰写的《泾惠渠管理章程拟议》

---

① 郭成伟，薛显林．民国时期水利法制研究．北京：中国方正出版社，2005.

为例，其"总则"第1条就明确指出："泾惠渠之管理，由官民合组为之。"

民国水法规体系的构建反映出立法者追求科学与传统和谐统一的主观价值取向。可以说，这种理念的形式来源于传统技术经验的合理性及近代科学的先进性，同时也与社会的发展密切相关。

（五）统筹兼顾，注重效益

1. 统筹理念表现在对水资源利用及水利工程建设的规划中

（1）重视水利建设规划中的"多目标性"。力求在一项举措中实现多重效益，促进工、农、商、交通等各经济部门间的全面发展。

早在民国初期，孙中山先生在对中国水利事业的规划中已经提出了类似的理念。他的《建国方略》一文中设有六大实业计划，水利独占其三，其余三项为工业、矿业计划。《建国方略》将水利建设纳入整个国民经济发展的全局之中进行考虑，注重水利建设与其他经济部门的配合。近代著名水利学家李仪祉也明确阐释过这一思想，他认为："水利事业，大别为三：一是利于农业的，就是灌溉、排水、改良土地等事；二是利于交通的，就是开辟航道等事；三是利于工业的，就是发展水力等事。"① 在实践中，这三种目标则常常合为一体。

由于水利学界的普遍提倡，这种"多目标"式的水利建设理念也渐渐步入国家立法领域，民国29年（1940年），国民政府通过了《水利建设纲领》，其中第1条即提出了"水利建设，以袪除水患，增进农产，发展航运，促进工业为目标"的原则。

（2）树立全局观念，以港口建设推动全国水陆运输网络的完善，促进国内外市场的整合，加强中外经济交流。

在对于这一理念的论述方面，孙中山的《建国方略》一文堪称典范。

《实业计划》中包含六大计划，前三项分别是围绕北方、东方、南方三大海港建设整理全国水道的大型水利计划。

它以外向型商港的建设来推动全国水利事业的进步，最终水利事业融于国民经济整体中加以考虑。具体而言，各大港口的建设工程不是孤立进行的，它们伴随着全国性水陆交通航运网络的构建而进行。

2. 统筹理念表现在水行政主体的调配方面

事权的统筹体现在民国21年（1932年），国民政府军事委员会委员长蒋介石、国民政府内务

---

① 李仪祉. 李仪祉全集. 北京：中华丛书委员会出版，1956.

部长黄绍雄共同提出的《关于改组全国水利行政机关》议案中,"于中央设立全国水利局,为全国水利最高机关,所有水利事业,无论为防潦、利运、溉田、排水、及水力发电,均应由该局提纲挈领,以免顾此失彼。"

人事上的统筹体现于国家对人力资源的培养与配置等方面。民国22年(1933年),汪胡桢发表《统制全国水利方案要》一文提出两条建议,代表了多数人观点:"中央应登记全国水利工程人才,给以各级工程师证书";"全国水利机关所用技术职员应限于技术人才,并需报告中央水利机关审核加委或备案"。这些建议得到了立法支持。根据有关法律规定,全国所有大学水利科目学生情况均由各校详细造册上报水利委员会统一管理;学生在暑期及毕业前由国家统一安排至各地水利机关从事业务实习;学生毕业后由国家根据不同需要统一安排工作。

民国23年(1934年),国民政府发布《统一水利行政及事业办法纲要》,对各级水利机关经费的主要来源作出统一安排:"中央总预算内自二十三年度起,年列中央水利事业费六百万元,准由全国经济委员会按月请领五十万元,统筹支配";"各省县水利事业经费,应由各省县自筹,各省原有修防费等,仍由各省照旧负担"。① 国家通过各种方式扩大资金融通渠道,集中社会资金兴办水利。

---

① 郭成伟,薛显林. 民国时期水利法制研究. 北京:中国方正出版社,2005.

第三章 水利管理机构设置与职能划分

第一节　历代水利职官制度

中国历代负责水利建设和管理的机构、官员在长期的实践中逐渐形成了一套完整的体系，是中国制度形态水文化的重要组成部分。

一、历代中央负责水利的机构和职官

我国水利职官的设立，可上溯至原始社会末期。相传公元前21世纪以前，舜即位，命大禹为司空负责治水，一般都以此作为中国水官设立之始。

夏商周，开始有专门职责的官吏，同时出于对大自然的敬畏，又赋予官与神一体发号施令的权力，《周礼》所列官名为天地春夏秋冬或金木水火土各官。管水和治水的官，分别为冬官和水官。西周时，中央主要行政官员"三有司"之一的"司工"即"司空"，《考工记》和《荀子·王制》都指出其的职责是"修堤梁，通沟浍，行水潦，安水藏，以时决塞"。

春秋战国时，司空之下具体的水官有川师、川衡、水虞、泽虞等，都是掌管水资源和水产的官。

秦汉设都水长、丞，掌理国家水政，隶属中央的有关部门，如太常、大司农、少府和水衡都尉，负责管理水泉、河流、湖泊等水体。西汉时由于都水官数量多，武帝特设左、右都水使者管理都水官。西汉末期，罢都水官员和使者，并设河堤谒者专管河务。东汉将司空、司徒和司马并称为"三公"，是类似宰相的最高政务长官，虽负责水土工程，但不是专官。晋代又设都水台为中央机构，其长官为都水使者。

魏晋以后，水部下又有都水郎、都水从事等。但这些官员的职位都不高，而且职数逐渐减少，甚至有时只剩一人，治河机构也不显赫。

隋代重新建立了一统的中央政权，整个中央官制进入了一个新的阶段。隋初设工部，工部尚书也通称"司空"，工部下设都水台，后改台为监，又改监为令，统管舟楫、河渠两署令。唐代以后除在工部下设置都水监外，还在工部之下设水部郎中、员外郎。

五代时期，黄河决溢频繁，治河机构略有加强。后唐时（923—936年），又设水部、河堤牙官、堤长、主簿等。后周显德时（954—959年）又设水部员外郎等官。

宋代河患加剧，沿河机构更加完善，北宋初年，工部下属的水部形同虚设。宋元丰（1078—

1085年）以后水部实权加强，主要体现在改制后员外郎负责水利工程规划、经费调度、对地方官水利政绩的考核等，水部下设6分案4司，有官员30多人。水部设都水监，以监和少监为正副长官，属官有丞和主簿等，职能是防洪、防汛管理，以及对重要水利工程的督导等。宋代水部及下属都水监的权限较历朝为重，"廷臣有奏，朝廷必发都水监核议，职责十有八九皆在黄河"。

金代水利官制仿宋制，工部下设都水监，并在工部置侍郎一员、郎中一员，"掌修造工匠屯田山林川泽之禁，江河堤岸道路桥梁之事"。

元代在工部之下不设水部，农田水利属大司农，而河防等则归并都水监，水利工程的施工、维修、管理等职能划归流域机构，农田水利划归地方各省管理，河道及漕运管理则由中央政府直接派设专职机构。

明代工部下设有"营缮、虞衡、都水、屯田"四清吏司，各设郎中一人，正五品，后增设都水司郎中四人，后增设都水司主事五人，其中"都水典川泽、陂池、桥道、舟车、织造、券契、量衡之事"。

在清代，仍沿明制，在工部下设营缮、虞衡、都水、屯田四清吏司，其中"都水掌河渠舟航、道路关梁、公私水事"。

民国时期中央水利机关经历了几个阶段。民国初期，中央主管水利机关，最初分属内务及农商两部，在内务部则属土木司，在农商部则属农林司。1914年12月，北京政府以导淮局为基础成立全国水利局。农商总长张謇兼全国水利局总裁，丁宝铨为副总裁，并通令全国成立水利分局。1927年国民政府成立后，水灾防御属内政部，水利建设属建设委员会，农田水利属实业部，河道疏浚属交通部。1933年水利建设又从建设委员会改归内政部主管。1934年以后，全国经济委员会为全国水利总机关。1938年国民政府裁撤全国经济委员会及水利委员会，在经济部内设立水利司，接管全国经济委员会水利处所经办的工作。1941年，因为后方水利对于抗战日显重要，成立行政院水利委员会接管全国水利。1947年扩大水利委员会之组织，改为水利部。下设水政局、防洪司、渠港司、水文司和总务司。1949年4月，又恢复经济部水利司的建制。

二、中央派出的水利管理机构及职官

为了加强对水利工作的领导，秦汉以后，还设有中央派往地方专门巡查水利工作或者主持阶段性治河任务的官员。从汉代开始，这一官员名称是"河堤谒者"或"河堤使者"，有的在中央任职，有的以钦差大臣身份派往地方主持大规模水利工程。有些以原官兼任河堤都尉，或"领河堤""护河堤""行河堤"等。东汉河堤谒者成为中央主持水利行政的长官，晋至唐为都水使者的属官。从唐代起，还通过御史台的外派，形成了跨行政区划的专业系统，以及水利的稽查系统。

金宜宗兴定五年（1221年）另设都巡河官，掌巡视河道、修完堤堰、栽植榆柳等，其管理职责更为广泛具体。此外，还在黄河下游沿河设置25埽（16在河南，19在河北），每埽设"都巡河官"，下领"散巡河官"，每4～5埽设都巡河官1员，散巡河官管埽兵若干，负责险工段的监管。

元代另设河道（河防）提举司、总治河防使，专管治理黄河。元至正六年（1346年）置山东、河南都水监，以专堵疏之任。元至正八年又诏"于济宁、郓城立行都水监"，九年又立山东、河南行都水监。十二年各行都水监添设判官二员。

明永乐时，令漕运都督兼理河道。明永乐九年（1411年），以工部尚书宋礼治河，此后兼或派侍郎或御史治河，逐渐形成派朝官任治河专任官吏的做法。明成化七年（1471年）以王恕为总理河道，为黄河设立总理河道之始。隋唐以来的重要事务部门都水监逐渐被总督领导下的分司和道所取代。此外，各省巡抚、都御史及中央的御史、锦衣卫、太监也常派出巡视河道。

清承明制，设工部，掌天下百工政令，水利管理的职能属于工部。同时，又设立河道总督，也称总河，直接受命于朝廷，和工部几乎分庭抗礼，品秩可达到一品，曾有大学士充任。另外单独设立漕运总督管漕运，下有若干巡漕御史，行督察及催运漕船之责。河道总督和漕运总督的责任严格分开，漕运总督只管漕粮运输，河道总督管黄、淮河道和运河道工程。清雍正七年（1729年），分设江南河道总督和河南、山东河道总督，后又设直隶河道总督，并称南河、东河、北河三总督。南河、东河两河道总督兼兵部尚书、右都御史衔，清乾隆四十八年（1783年）改兼兵部侍郎、右副都御史衔。南河总督，驻清江浦，管理江苏、河南境内黄河、运河、淮河；东河总督，驻济宁，管理河南、山东两省境内黄河、运河；北河总督，驻天津，管理海河水系各河及运河，后由直隶总督兼任。清咸丰十年（1860年），撤销江南河道总督及其下属机构，河务归河东河道总督统辖。清光绪二十八年（1902年）清政府又裁撤河东河道总督，河务分由河南、山东、直隶三省巡抚兼任。

民国时期，中央派驻各流域的水利机关的名称、职责、隶属关系等几经变革，1947年水利部成立后的流域管理机构分别是淮河水利工程总局、黄河水利工程总局、扬子江水利工程总局、华北水利工程总局和珠江水利工程总局。

三、地方水利管理机构及职官

我国古代早期地方水利管理职责由各级地方官兼任，限于资料，具体情况不很清楚。

唐开元十年（722年）六月，"博州（今聊城）黄河堤坏"，唐玄宗下令派博州刺史柳儒"乘传旁午分理"，并令按察使萧嵩"总领其事"。中央水官（隶属于工部）和地方水官（隶属于地方政府）条块清晰的水利管理体系形成。

北宋沿黄河地方各州长吏也兼管黄河。宋初太祖乾德五年（967年），"诏开封、大名府、郓、澶、滑、孟、濮、齐、淄、沧、棣、滨、德、博、怀、卫、郑等州长吏，并兼本州河堤使"①。五年后，太祖规定开封等沿河17州府各置河堤判官一名，以本州通判兼任。

金代沿河地方官也兼理河务。金大定二十七年（1187年），世宗命沿河"四府十六州之长、贰皆提举河防事，四十四县之令，佐皆管勾河防事"，并下令"添设河防军数"。①

明清时期，在地方，各省布政使，各府知府，各州知州，各县知县，无不肩负管理一方水利事业的重任。明代黄河沿河各省巡抚以及以下地方官也都负有治河的职责。南方的海塘和长江防汛实行流域性质的分司驻守，但官员由各州县派出，归省督统一调度，州县政府则按辖区范围承担劳工、物料组织。

民国时期，各省水利机关，以1934年为界分为两个阶段。第一阶段水政紊乱，归属不一。中华民国成立后，在组建全国水利局时，曾要求各省也组织水利局，但由于国家并没有实际上统一，因此各地的情况大不相同。有的水利专设机关，归建设厅，如浙江、江西、湖南等；有的水利机关隶省政府，如江苏、福建、湖北等；有的未设专局，业务由省建设厅办理。1934年以后，水利事业统一归各省建设厅主管。

四、运河管理机构及职官

宋代开始出现漕运专业管理机构，北宋在开封设排岸司和纲运司，将漕运分为两个系统：排岸司负责运河工程管理及漕粮验收、入仓；纲运司负责随船押运。两司下领指挥，属于武职系统。从管理上纲运司服从排岸司调度，验收、卸粮、入仓等重要环节均由排岸司主持，业务上两司之间有比较严格的交接制度。

明代运河管理体系，按职能区分，可划分为运河河道管理和漕粮运输管理两大体系。漕运最高行政长官明初设运粮总官兵（简称总兵，属武职），后改漕运总督（属文职）。总漕、总兵主管漕粮的征收、运输、入仓三大主要环节。除了催督漕船外，总漕和总兵还负有考核河道官员工作、

---

① 周魁一. 二十五史河渠志注释. 北京：中国书店出版社，1990.

检查工程修防情况的责任，起河道、漕运两司互相制约的作用，但两者常互有摩擦。明末总漕巡视河道之制逐渐废弛。

清代，自清康熙二十年（1683年）起恢复总漕督运。起初每年漕运期总漕驻通州，后改驻淮安，其职责"掌佥选运弁、修造漕船，派拨全单，催趱重运，查验回空，核勘漂流，督催漕欠诸务。"①

漕运监督属漕运管理的监察系统。中央设巡漕御史，由京官出任，明代锦衣卫太监常充此职。巡漕御史监察河道、漕运二司吏治，驻漕运枢纽转运地，明代多驻淮安。清初一度废御使巡漕制度，清雍正七年（1729年）复设巡漕御史二员，驻淮安、通州；清乾隆二年（1737年）又增到四员，分驻淮安、济宁、天津、通州。② 各省巡抚、运河沿线城镇守军均负催趱之责，以防止漕船沿途停泊滞留，或带动客货，或沿途经商。

漕运管理中，地方、河道、漕司构成漕运中征收、运输互相制约而又相对独立的三个管理体系，《明史·食货志》简略地阐述了三者的职责："米不备，军卫船不备，过淮误期者，责在巡抚；米具，船备，不即验收，非河梗而压帮停泊，过洪误期，因而漂冻者，责在漕司；粮船依限，河渠淤浅，疏浚无法，闸座启闭失时，不得过洪抵湾者，责在河道。"清代基本上维持了这一工作机制。

五、中国水利职官制度的基本特点

水利管理机构和职官设置是我国水利事业不断发展的产物。随着生产社会化程度日益提高，社会分工越来越详细，分工授职也越来越细。水利管理机构和职官设置就是这种社会发展趋势的具体体现。在先秦时期，尽管已有水利活动，但是水利并没有从其他社会活动中单独凸现出来，水利管理机构和管理职责合并在其他职官中。秦汉以后，我国大一统的国家形成，封建专制制度开始形成，专门的水利管理机构都水丞、长开始出现，但依然不是中央一级管理机构，而是太常、大司农等的属官，隋唐之后职责属于一级管理机构工部之下，名称多变，明清为都水清吏司。民国时期，管理职能先后归内政部、经济委员会等机构，1947年成立单独的水利部。新中国建立以后，水利部作为中央以及管理机构的地位才正式确立下来。中央派往地方的专门水利管理机构的

---

① ［清］赵尔巽，等.清史稿·食货志.北京：中华书局，1977.

② ［清］王庆云.石渠余纪（卷四）.北京：北京古籍出版社，1985.

设置也体现了这一点。早期没有派驻机关,汉代以后的河堤谒者,到明清的河道总督、曹运总督,再到民国以后的几大流域机构,分工日益明确,从临时机构日益演变为常设机构,管理职能不断强化。水利管理机构和职官设置,是中国官制文化的重要组成部分,也是中国制度形态水文化的重要内容。

纵观中国水利管理机构和职官设置变迁史,围绕条块结合这一基本轨迹,流域管理与地方管理相结合的体制不断完善。河流的流域性特征决定了全流域统一管理的必要性,水利工作的社会性、复杂性又要求地方政府参与管理。从唐代开始,令地方大员刺史、按察使兼管水利,中央工部和地方官员条块结合的体制开始出现,此后不断完善,到清代,形成了中央工部统管、河道总督与漕运总督流域专管、省以下各级政府兼管水利,条块结合的构架已基本形成。从民国后期到新中国建立以后,中央水利部单列为政府一级组成部门,各大流域管理机构统一管理,各级地方政府设立水利厅局,统一领导、分工负责、互相配合的领导体制和工作机制不断完善。

此外,官方水利管理机构与民间水利管理机构并存。历史上所谓朝廷命官只到县一级。县以下基层水利事务的管理机构和管理人员由民间推举,不享受国家俸禄待遇,接受灌区受益农户的监督。官府对民间管理机构实行宏观指导和管理。这种关系长期存在,尤其是明清时期较为普遍。这种职官结构是中国独特的社会结构、文化背景的产物,具有一定的合理性,对今天推进基层水利管理民主化进程具有一定的借鉴意义。

第二节 水利管理职能的制衡与稽查

中国具有丰富的权力制衡和监察传统,这种管理文化在水利职官设置中也得到了充分的体现。

一、水利管理职能的制衡机制

历代中央水利管理机构、中央派出的治河机构和地方官员的水利职责既有明确分工,又互相监督。这种监督的职能不断发展,到明清时期已较为典型。以清朝为例,建立了中央统一领导、逐级负责、职责明确又互相制约的水利执法和管理体系。在中央,工部设都水清吏司负责全国水利管理,但同时又设河道总督,负责具体事务,直接受命于朝廷,和工部几乎分庭抗礼,以达到互相监督制约的作用。

河道总督之间、河道总督与地方督抚之间、河道总督与漕运总督之间也有互相监督的机制。清雍正七年（1729年），分设江南河道总督和河南、山东河道总督，后又设直隶河道总督，并称南河、东河、北河三总督。三总督之间职责明确，南河总督管理江苏、河南境内黄河、运河、淮河；东河总督管理河南、山东两省境内黄河、运河；北河总督管理海河水系各河及治理境内运河，后由直隶总督兼任。三总督的设立本身既是分担治河任务的需要，也是分权和制约的需要。由于黄河、淮河、运河三条河流的问题在清代相互交织，治理行动牵一发而动全局，这就决定了三总督之间谁也不可能自己说了算，必须互相配合，重大问题必须奏请皇帝定夺。另外，每条河道都纵贯数省，三条河的治理又都需要沿途各省督抚的配合，各省督抚的治河责任很清楚，主要是征调民夫、派购料物等协助性工作。但清朝也同时赋予了各省督抚的监督权。如清雍正二年（1724年）议准，河务官员的岁修预算不准虚报，否则由"该督抚题参严加议处"①。清雍正四年（1726年）议准，"嗣后承修之官估计工程，总河（即河道总督）与该督抚分司勘明工程丈尺，椿埽料物……察勘之官不实心详核，扶同徇隐，即照徇庇例议处（降三级调用）"。②清乾隆三十年（1765年）下令，江南三道十七厅有关岁修抢修、加高土工、另案大工、苇荡营地修防、料物采办及三汛大工等的费用须由河道总督主核，并报两江总督查考，以达到两江总督与河道总督相互稽察的目的。出了河工质量事故或防守责任事故，督抚要承担责任。在清乾隆三十九年（1774年）制定的经济追赔办法中，地方督抚要承担十分之一的赔偿任务。清代还单独设立漕运总督，直属于中央。河道总督和漕运总督的责任严格分开，漕运总督只管漕粮运输，河道总督管河道和运河修防工程。但是二者的职责又紧密相关，在闸坝管理、漕船期限等方面常意见不一，漕运管理系统多强调运期不能迟延，河道管理系统多强调水源不足必须到期才能开闸。二者矛盾的解决只能由中央裁决，以达到相互监督和制约的目的。

河道总督以下的机构中也有相互监督的机制。河道总督之下设文武两套机构，文职机构设管河道、厅、汛，设道员、同知、通判、县丞主簿等职；武职机构参照文职系统设河标、河营等机构，设副将、参将、守备、千总等职。文职核算钱粮、购买河工料物等，武职负责河防修守。两者职责也互相连带，互相牵制。清乾隆二十八年（1763年）议准，河工办理岁修抢修料物，以厅员为专管、守备为兼管，稽查做工，以守备为专管，厅员为兼管。二者互相监督。如厅员预备料物岁

---

①② ［清］托津. 钦定大清会典事例（卷九一七）. 工部，河工，考成保固. 台北：文海出版社，1991.

内不能依限全到，许守备据实揭报题参，将专管办料之厅员降三级调用，守备奏明免议，倘守备容隐不报，经该管上司查参，将兼管之守备降一级留任。守备修做埽工不能如式，许厅员据实揭报题参，将专管办工之守备降一级调用，厅员奏明免议，倘厅员容隐不报，经该管上司查参，将兼管之厅员罚俸一年。①

水利管理机构上下级之间也有监督。在办料和施工过程中，要求责任段道员不时亲身赴工实力查勘，如所报不实，除处分厅营外，"将该管道员一并查参，如系办料迟延，厅员降三级调用者，将道员降一级调用，如系修做不能如式守备降一级调用者，将道员降一级留任，赔修完竣准其开复"。②前文所述修防责任追究制的规定也非常鲜明地体现了上下级之间的监督。以行政处罚为例，清康熙十五年（1676年）议准，黄河堤岸半年内，运河堤岸一年内冲决者，分司道员降四级调用，总河降三级留任；黄河堤岸过半年，运河堤岸过一年冲决者，经修防守等官降三级调用，分司道员降二级调用，总河降一级留任；如已过年限冲决者，管河各官皆革职戴罪修筑，分司道员住俸督修，工完开复，总河罚俸一年。③康熙时河道总督靳辅制定连带责任细则，"请责成道府州并监理各官，如各该道府州所属有一官议处者，将该道府州罚俸半年，两官议处者将该府州罚俸一年，三四官议处者将该道府州降一级调用，五六官以上议处者，将该府州降二级调用"。④关于经济处罚，上下级之间也体现了相互监督、共担责任的原则。清雍正五年（1727年）规定，在应该赔修的四分中，由河道、知府赔二分，同知通判州县守备赔一分半，县丞主簿千总把总赔半分。⑤清乾隆二十八年（1763年），朝廷将应赔的四分再分成五股，其中道员、知府参游、厅营州县、文武汛员的分赔比例为1:2:1.5:0.5。清乾隆三十九年（1774年），又将应赔的四分分为十股，具体分赔数目是河臣赔二成，督抚赔一成，河道赔二成，厅员赔一成，知府州县赔二成，参游赔一成半，文武汛员赔半成。如无兼管督抚及参游等官省份，即将应赔银两在于总河以下文武各官名下，按应赔成数分别摊赔。⑥下级无力上缴追赔款，上级有责任代缴。

这种相互监督、相互制约的机制，从积极的方面来看，可以促使中央和地方之间、平行机构之间、上下各级官员之间同心协力，密切配合，共同完成修防任务。从消极方面看，也容易造成

---

①② ［清］托津. 钦定大清会典事例（卷九〇七）. 工部，河工，物料一. 台北：文海出版社，1991.

③⑤ ［清］托津. 钦定大清会典事例（卷九一七）. 工部，河工，考成保固. 台北：文海出版社，1991.

④ 周馥. 治水述要（卷四）. 引靳辅奏议. 1922年刻本.

⑥ ［清］佚名. 南河成案（卷二八）. 清刻本.

互相推诿、行政效率低下，而且还容易罪及无辜。

二、水利管理的稽查 *

清代鄂尔泰在授时通考中说："国家司空有总职，水利有专官，省以督之府，府以督之县，而县之陂塘圩堰又莫不有长。重役宪臣之稽查。"① 这段话概括了水利管理的两大体系：行政和监察。宪臣则是御史台官员的泛称。

古代御史对水利建设和管理的参与主要表现在对工程建设、管理及重大事故的人事和财务的稽查。

（一）对人事及行政管理的稽查

历代御史体系在水政方面一直发挥了重要的稽查职能，并握有官员奖罚升谪的大权。

1. 对水利工程及管理的稽查

唐代以后，农田水利建设和管理是地方政府的事，司农寺负有考核的责任。北宋末，宋重和二年（1119年）有人批评地方水利监督不力："为监司守令者，虽有劝农之名而不考其实；为提举常平县丞者，虽有农田水利之职，而不举其事"②，建议监司恢复其对地方行政长官农田水利业绩的监察、督导与考核之职，建议监司应以荒地、农户数、米价、租赋作为地方官员农田水利政绩的主要考核内容。

中央对水利建设经费和水利工程管理的控制还通过御史体系的稽查来实现。以都江堰为例，宋代都江堰管理分为稽查、行政管理和工程管理三个层次，即"差宪臣（指御史台的官员）提举，守臣提督，通判提辖。县各置籍，凡堰高下、阔狭、浅深，以至灌溉顷亩，夫役工料及监临官吏，皆注于籍，岁终计效，赏如格"③。即提举官由御史充任，经常性地巡视；地方行政长官即路和州共同负责灌区的水政，县官主持岁修及日常的工程管理。都江堰的工程形制、岁修劳役工料，以及

---

* 周魁一. 中国科学技术史·水利卷. 北京：科学出版社，2002.

① ［清］鄂尔泰. 授时通考. 北京：中华书局，1956.

② ［清］许松. 宋会要辑稿·食货六三. 北京：中华书局，2006.

③ 周魁一. 二十五史河渠志注释本. 北京：中国书店出版社，1990.

岁修主持的官吏等工程及人事情况均造册存档以供稽查。

元代都江堰岁修，经费征收于民，上报工程项目繁多。元元统二年（1334年），佥四川肃政廉访司事吉当普实地考察渠首岁修工程后作了大幅度的削减，"得要害之处三十有二，余悉罢之"，并将一些竹笼结构的堤堰改为砌石。惠宗下诏制文立碑以表彰。① 吉当普对都江堰岁修的干预，证明他负有对省、州、县地方政府稽查的责任。明弘治时，都御史丘鼐以都江堰灌渠上豪权势要多私建碾磨或开小渠引水，建议四川增加宪臣一员专门提督水利。为此，明弘治三年（1490年）"升刑部员外郎刘昊为四川按察司佥事，提督水利"②。

2. 对防洪防汛管理部门及河官的稽查

对河官稽查是御史的重要职责。宋代御史就经常被授权审理河官。宋庆历八年（1048年）黄河在澶州商胡埽决口。宋至和二年（1055年），朝廷以殿中丞李仲昌提举河渠，内殿承制张怀恩为都监，以30万人在商胡堵口及开六塔河。宋嘉祐元年（1056年）四月，商胡堵口成功，但不久因为黄河改道全入六塔河，六塔河宣泄不及而黄河向北泛滥。事后，"诏御史吴中复、内侍邓守恭，置狱于澶。劾仲昌等违诏旨，不俟秋冬塞北流而擅进约，以致溃决"③。李仲昌流放英州，张怀恩流放潭州，其下属官全部夺官去职，"由是议者久不复论河事"④。

御史的稽查甚至决定着机构的兴废。元至大三年（1310年），河北河南道廉访司（元行省的御史机构）对都水监考察之后，给予其极为严厉的评价："水监之官，既非精选，知河之利害者，百无一二。虽每年累驿而至，名为巡河，徒应故事。问地形之高下，则懵不知；访水势之利病，则非所习。既无实才，又不经练。乃或妄兴事端，劳民动众，阻逆水性，翻为后患。"⑤为此，廉访司建议在汴梁设都水分监，任用懂水利之人，"专职其任，量存员数。频为巡视，谨其防护。可疏者疏之，可堙者堙之，可防者防之。职掌既专，则事功可立"。⑥此后，设行都水监，分管巡视御河和黄河。

御史还负有对河官政绩考察的责任。清康熙二十七年（1688年）靳辅罢官就是一例。河道总督靳辅治黄，采用多重堤防，以实现其期望的刷沙、淤滩和保堤的目标。御史郭琇弹劾靳辅，说他的举措"内外臣工亦交章论之。耗资巨大而治河无绩，令停筑重堤，免辅官，以闽浙总督王新

---

① ③ ④ ⑤ ⑥ 周魁一. 二十五史河渠志注释本. 北京：中国书店出版社，1990.
② 明实录·孝宗（卷三六）. 台湾：中央研究院历史语言研究所影印本，1962.

命代之"①。

行政长官与监察官的矛盾和冲突是经常的，有时皇帝赋以行政官员以特权，使其独立事权而不必顾忌。明万历帝曾经授予总理河道潘季驯这种特权："今特命尔前去督理河漕事务，将河道都御使暂行裁革，以其事专属于尔。其南北直隶、山东、河南地方有与河道相干者，就令各该巡抚官照地分管，俱听尔提督。……如有违抗不服，及推诿误事者，文官五品以下，武官四品以下径自提问；应奏请省，奏请定夺。其提督军务事宜，查照河道衙门原管行事。"②

（二）对工程经费的稽查

宋代，曾经对故意加大工程的预算，然后侵吞工款的行为有严厉制裁规定：超额预算，剩余部分作贪污论，已经收入私库者按监守自盗罪论处。如宋徽宗时针对当时都江堰岁修经费浩大、民不堪其扰的情况，于宋大观二年（1108年）七月诏书："自今如敢妄有检计，大为工费，所剩坐赃论，入己准自盗法，许人告。"③

清代工部都水清吏司拥有对工程审计的权力。国库拨款的黄河岁修工程、灌溉工程，在500两以内者，每年工程项目造册备案，完工后稽核、估销。工料银超过1000两的岁修和抢修工程，要奏报皇帝御批，另派大臣督修。特许国库开支的江防抢修工程也在此例。清代建立了工程款的审计制度。工部是这项制度的执行部门，御史则负有工程款拨发、开支是否合理的监察职责。清雍正二年规定了岁修及抢修经费预估和工款题销的时限：一是岁修工程"本年十月内题估，次年四月内题销。逾限不销者，令授受各官赔修工费"；二是抢修工程"将冲决丈尺，动用何项钱粮报部。工完之日，汇册题销，迟至次年不题销者，如前赔偿"。④

三、奖罚条例

《唐六典》规定渠长、斗门长职责及相应的考评办法，"每渠及斗门置长各一人。至溉田时，乃令节其水之多少，均其灌溉焉。每岁府县差官一人以督察之。岁终录其功以为考课"。⑤

---

①③ 周魁一. 二十五史河渠志注释本. 北京：中国书店出版社，1990.

② ［明］潘季驯. 河防一览·敕谕（卷一）. 中国水利珍本丛书，1936.

④⑤ 周魁一. 中国科学技术史·水利卷. 北京：科学出版社，2002.

宋代评价地方官员的政绩，水利建设或管理情况是主要依据。如宋绍熙二年（1191年）光宗发布诏书规定地方官到任后半年，需要报告应修水利工程数，离任时报告成绩："守令到任半年后，具水源湮塞合开处以闻；任满日，以兴修水利图进，择其劳效著明者赏之。"①

明清漕运总督和河道总督由朝廷直接委任，总督属官的升迁则主要靠保举，即长官推荐。河道总督离任前，可以推荐一批河官；河工完成后，河道总督在奏报中推荐熟悉河务、勤勉能干的官员，使之受到封赏或优先补缺升迁。对河道总督奖励主要是提升官阶和授衔。只要连年安澜，或者没有重大事故，就会加官进爵。

清《河工考成保固条例》对水利官员的考核奖惩作了详细规定，具体内容在其他章节将详细论及。尽管有很多不合理之处，但它从条例上制度化了处罚规定，并对失事责任和相应的处罚提出了定量的依据，这在此前的国家法规及制度上是少有的。

第三节　当代水资源管理体制

一、我国现行水资源管理体制的形成

水资源管理体制作为国家管理和监督全社会水事活动、保证各方面合法权益、实现水资源可持续利用而确立的组织体系和权限划分的制度，是实现国家治水方针、政策、目标的组织保障，是合理开发、利用、节约和保护水资源以及防治水害，实现水资源可持续利用的组织保障。2002年8月通过的《中华人民共和国水法》（以下称"2002年《水法》"），从水资源的自然特性和我国的政治体制出发，总结吸收国内外水资源管理的成功经验，按照资源管理与开发利用管理分开的原则，规定了我国建立流域管理与行政区域管理相结合的水资源管理体制，明确了国家统一管理与地方分级统一管理的职责。这一水资源管理体制经历了由"统一管理与分级、分部门管理相结合"的管理体制到"流域管理与行政区域管理相结合"的管理体制两个主要发展阶段。

（一）1988年《中华人民共和国水法》确立的管理体制

1988年《中华人民共和国水法》（以下称"1988年《水法》"）规定："国家对水资源实行统一

---

① 周魁一. 中国科学技术史·水利卷. 北京：科学出版社，2002.

管理与分级、分部门管理相结合的制度。国务院水行政管理部门负责全国水资源的统一管理工作。国务院其他相关部门按照国务院规定的职责分工，协同国务院水行政主管部门，负责有关的水资源管理工作。县级以上地方人民政府水行政主管部门和其他部门，按照同级人民政府规定的职责分工，负责有关的水资源管理工作。"依据该规定，国家确立了"统一管理与分级、分部门管理相结合"的水资源管理体制，其实质上是以区域为单元的水资源管理体制。

1988年《水法》确立的以区域为单元的水资源管理体制，为推进我国水资源的统一管理迈出了重要的一步，但由于对水资源的权属管理部门与开发利用部门相互间的关系和职责划分不清，没有明确流域管理机构的职责和权限，导致部门之间职能交叉和职能错位的现象并存，主要表现为流域按行政区域分割管理、地表水和地下水分割管理、水量与水质分割管理等。这种管理体制在实践中产生一系列问题：首先，不利于江河防洪的统一规划、统一调度和统一指挥。例如，有的地方在汛期上下游、左右岸各自为政，只顾自保，不顾整体，影响全局的防汛抗洪工作。其次，不利于水资源统一调度及统筹解决缺水的问题。例如，一些地区在枯水期争相抢水，还有一些上游地区大量引水，造成下游地区江河断流、无水可用，给下游的经济社会发展和生态环境带来巨大的损害。其三，不利于地表水、地下水统一调蓄，加剧了地下水的过量开发。其四，不利于城乡统筹解决城市缺水的问题。其五，不利于统筹解决水污染的问题。由于我国跨区域的水污染问题日益严重，局部治理，特别是下游地区治理无法真正改善江河水质和水环境，只有上下游统一治理、统一水量调度才能取得成效。其六，不利于水资源经济、社会和环境等综合效益的发挥。

（二）2002年《水法》确立的管理体制

水是人类赖以生存与经济社会发展不可替代的基础性资源，也是生态环境的基本要素。水资源与土地、森林、矿产等资源不同，它是一种动态的、可再生的资源。流域是一个以降水为渊源、水流为基础、河流为主线、分水岭为边界的特殊区域概念。水资源按照流域这种水文地质单元构成一个统一体，地表水与地下水相互转换，上下游、干支流、左右岸、水量水质之间相互关联，相互影响。这就要求对水资源只有按照流域进行开发、利用和管理，才能妥善处理上下游、左右岸等地区间、部门间的水事关系。水资源的另一特征是它的多功能性，水资源可以用来灌溉、航运、发电、供水、水产养殖等，并具有利害双重性。因此，水资源开发、利用和保护的各项活动需要在流域内实行统一规划、统筹兼顾、综合利用，才能兴利除害，发挥水资源的最大经济、社会和环境效益。目前，以流域为单元进行水资源的管理已经成为世界潮流。1992年，联合国环境与发展会议通过的《二十一世纪议程》指出：水资源的综合管理包括地表水与地下水、水质与水量两个方面，应当在流域一级进行，并根据需要加强或者发展适当的体制。我国重要江河流域均是跨省区的，这一自然特点使得协调流域管理与行政区域管理的关系显得更为重要。

2002年，国家立法机构对《水法》进行了修订，根据水资源的自身特点和我国的实际情况，借鉴一些国家水资源管理的通行做法和经验，按照资源管理与开发利用管理相分离的原则，确立了流域管理与行政区域管理相结合、统一管理与分级管理相结合的水资源管理体制。其中，对水资源管理体制作了这样的修订："国家对水资源实行流域管理与行政区域管理相结合的管理体制。国务院水行政主管部门负责全国水资源的统一管理和监督工作。国务院水行政主管部门在国家确定的重要江河、湖泊设立的流域管理机构（以下简称'流域管理机构'），在所管辖的范围内行使法律、行政法规规定的和国务院水行政主管部门授予的水资源管理和监督职责。县级以上地方人民政府水行政主管部门按照规定的权限，负责本行政区域内水资源的统一管理和监督工作。"

二、现行水资源管理体制中的机构及其职责

2002年《水法》确立了流域管理与行政区域管理相结合、统一管理与分级管理相结合的水资源管理体制，该体制包括下述内容：

首先，国务院水行政主管部门负责全国水资源的统一管理和监督工作。水资源统一管理的核心是水资源的权属管理。2002年《水法》明确规定，水资源属于国家所有，水资源的所有权由国务院代表国家行使。为了实现全国水资源的统一管理和监督，国务院水行政主管部门制定全国水资源的战略规划，对水资源实行统一规划、统一配置、统一调度、统一实行取水许可制度和水资源有偿使用制度等。为了实现全国水资源的统一管理和监督，国务院水行政主管部门在国家确定的主要江河、湖泊设立流域管理机构，在所管辖的范围内行使法律、行政法规规定和国务院水行政主管部门授予的水资源管理和监督职责。

2002年《水法》对流域管理机构在水资源监督管理方面的职责也作了明确规定，具体包括：①水资源的动态监测和水功能区水质状况的监测；②国家确定的重要江河、湖泊以外的其他跨省、自治区、直辖市的江河、湖泊的流域综合规划和区域综合规划的编制；③在国家确定的重要江河、湖泊和跨省、自治区、直辖市的江河、湖泊上建设水工程的审查；④国家确定的重要江河、湖泊以外的其他跨省、自治区、直辖市的江河、湖泊的水功能区划；⑤管辖权限范围内的排污口设置审查；⑥管辖权限范围内的水工程保护；⑦跨省、自治区、直辖市的水量分配方案和旱情紧急情况下的水

量调度预案的制订以及年度水量分配方案和调度计划的制定；⑧管辖权限范围内的取水许可证颁发和水资源费收取；⑨水事纠纷处理与执法监督检查等。

其次，县级以上地方人民政府水行政主管部门依法负责本行政区域内水资源的统一管理工作。我国地域广阔，各地水资源状况和经济社会发展水平差异很大，实行流域管理和行政区域管理相结合的管理体制还必须紧密结合各地实际情况，充分发挥县级以上地方人民政府水行政主管部门依法管理本行政区域内水资源的积极性和主动性。2002年《水法》规定的流域管理机构与县级以上地方人民政府水行政主管部门在水资源监督管理上的一些具体职责，还须由国务院或者国务院水行政主管部门制定的配套行政法规或者政府规章进一步界定。从总体上说，流域管理机构在依法管理水资源的工作中应当突出宏观综合性和民主协调性，着重于一些地方行政区域的水行政主管部门难以单独处理的问题，而一个行政区域内的经常性的水资源监督管理工作主要应由有关地方政府的水行政主管部门具体负责实施。地方在维护全国水资源统一管理、水法基本制度统一的前提下，也可以结合本地实际制定地方性法规和有关政府规章，制定有利于本地水资源可持续利用的有关规划、计划，依法加强对本行政区域内水资源的统一管理。

三、水资源管理体制的发展

（一）中央统一管理

我国水资源短缺、水旱灾害频繁，中央和各级政府历来重视水资源统一管理，不断进行水资源管理体制改革。我国很早就懂得而且十分重视按流域治水、管水，自秦始皇起，中央政府就有派出机构或官员专职督办江河治理。黄河自明代有河督负责黄河和修防工作。清咸丰五年，黄河改道北流后，河督遂废。1918年起由顺直水利委员会负责流域水务。20世纪30年代前后，国民政府在主要江河设置了具有现代意义的流域管理机构：扬子江水利委员会、黄河水利委员会、导淮委员会、华北水利委员会、珠江水利局、太湖流域水利委员会，并着手编制流域综合规划。但由于经济、技术落后及长期战乱，各流域综合规划不是没完成，就是没有得到实施，绝大多数江河流域未得到治理、开发。

例如，1933年成立黄河水利委员会掌理黄河及渭河等支流一切兴利防患施工事务，1947年改名黄河水利工程总局。在此之前，冀鲁豫解放区人民政府建立冀鲁豫黄河水利委员会，下设黄河河务局，山东省解放区政府设立黄河山东河务局。新中国建立后，成立水利部黄河水利委员会。

20世纪六七十年代,由于种种原因,一些流域机构被撤销,黄委会虽未变动,但工作上也受到一定影响。1981年12月,在国务院召开的治淮会议上,对流域水管理工作进行总结并重新认识按水系统一治理的必要性。随后,在水利体制改革中,1984年12月,水利电力部召开了流域机构座谈会,进一步研究并明确流域机构的地位、性质和任务。流域机构是水利电力部的派出单位,负责各大江大河的防汛调度和水资源规划管理。它的基本任务是:"加强基本工作,搞好宏观决策,确保重点任务,调度协调水源,服务各地各方"。

此外,新中国建立后,人民政府开展了大规模的水利建设,为了全面规划、实施江河治理和管理,中央设置了水利部并在重要江河设置了流域管理机构,实行高度集中的江河治水管理模式,各流域治理取得了显著成效。后因种种原因,流域管理机构几经调整变化,但是人们在实践中越来越认识到按流域治水、管水的必要性和重要性。改革开放以来,经济大发展,要求流域治理开发加快步伐。与之相适应,流域管理也逐步加强。

流域机构代表中央实施水管理经历了长期的演变过程,但水的特殊自然属性使其从来离不开中央的关注。1988年《水法》由于受当时立法条件的限制,未能将流域管理列入水资源管理制度。《水法》规定国务院水行政主管部门负责全国水资源的统一管理工作,但直到同年3月,国务院机构改革时,才明确新组建的水利部是国务院水行政主管部门。作为水利部派出单位的流域管理机构,也就难以在《水法》中确立其法律地位。同年9月,水利部召开流域机构体制改革会议,又经一年多的调查研究,于1990年6月制定了黄委会等流域的"三定"方案;1990年7月,国家人事部批准长江水利委员会、黄河水利委员会升格为副部级机构。到目前,我国在长江、黄河、淮河、珠江、海河、松辽这六大江河流域和太湖流域都成立了作为水利部派出机构的流域管理机构,行使《水法》《防洪法》《水污染防治法》《河道管理条例》等法律、行政法规规定的和水利部授予的水资源管理和监督职责。

1996年,国务院办公厅在对水利部《关于取水许可制度实施情况的报告》的批复中指出:"我国水资源十分紧缺,各级人民政府要加强对水资源管理,各级水行政主管部门要加强对水资源的统一管理,切实负起《水法》所赋予的责任"。"《取水许可制度实施办法》由水利部负责解释。水利部、国务院法制办应商有关部门,对涉及水资源管理的文件进行清理。各部门发文内容涉及水资源管理问题时,发文前须征求水利部的意见"(国办通〔1996〕7号《国务院办公厅关于取水许可制度实施有关问题的通知》)。1997年12月27日,在第八届全国人大常委会第29次会议上作了《全国人大常委会执法检查组关于检查〈中华人民共和国水法〉实施情况的报告》,提出"我们认为，鉴于目前我国水资源的严峻形势，必须尽快改变水资源分割管理体制，实行统一管理。水资源只宜统一管理和分级管理，不宜分部门管理。这是强化国家对水资源实行权属管理的根本保证"。1999年6月21日，江泽民在郑州主持召开黄河治理开发工作座谈会上指出："要坚持依法治水的原则，研究制定有关法规，依法调整和规范黄河治理开发与管理工作中各方面的关系，统一规划、统一管理水资源，严格监督执法，逐步建立起符合中国国情，适应21世纪治理开发要求的新型流域管理体制。"应该说，我国水资源管理理念和改革实践既符合也丰富了国际水资源管理的先进理论和经验。水法确定流域管理与行政区域管理相结合的管理体制，符合世界水管理体制的发展方向，具有鲜明的时代特征。

（二）遵循自然规律

长期的探索使得人类能够通过智慧构建合理体制缩减行政区域对水系统的分割造成的危害，更是尊重自然法则的必然要求。流域管理与行政区域相结合的管理体制既符合水资源的自然特性，又与我国行政管理体制相一致。

流域是地表水及地下水分水线所包围的集水区域的统称，习惯上往往将地表水集水面积称为流域。流域的界限是自然形成的，不是人为划定的。水的流动性和循环性决定了水资源具有流域性，即以流域为单元表现出自身的特点，使上下游、左右岸、支干流、水质与水量、地表水与地下水等形成相关联的有机整体。水的多功能性又使水资源的兴利除害、开发利用必须以流域为单元整体规划、统筹考虑。因此，按流域统一管理是人类尊重自然规律、尊重科学、实现人水和谐的必然要求。

行政区域是国家为分级管理而划分的地方。行政区域的划分往往有其历史渊源，但总与人们的经济、社会活动相关。因此，行政区域的划分与流域界限不可能一致。较小的流域可能在一行政区内，较大的流域则是跨行政区甚至跨国界的。我国的重要江河都是跨行政区域的，长江流域就跨越和伸展到19个省、自治区、直辖市，流域面积达180万 km^2，相当于5个法国。我国地域辽阔，国家不可能直接管理所有社会行政事务，而是按中央、地方分级管理社会的行政事务。行政区域是国家政治、经济、社会生活的基本单元，地方人民政府要对本行政区域的经济社会发展负责，必然要管理本行政区域的自然资源，包括统一管理本行政区域的水资源。一方面国家要对跨行政区域的水资源实行流域统一管理，另一方面行政区域又要统一管理本行政区域的水资源。如何处理好中央与地方的关系？《宪法》规定："中央和地方的国家机构职权的划分，遵循在中央统一领导下,充分发挥地方的主动性、积极性的原则",这是处理好水资源管理中中央和地方关系的基本原则。《水法》规定流域管理与行政区域管理相结合的管理体制,符合上述基本原则,既遵循了水的流域性,又与行政管理体制相一致。

遵循自然规律是环境资源法的一项基本原则,作为环境资源法分支的水法也应遵循水循环规律,但1988年《水法》却忽视了水资源流域动态循环的整体性规律,对水资源流域管理未做规定,在各地区、各部门强调依法管理水资源的实践中形成水资源管理地区分割现象而无视流域水资源整体开发、利用、保护,这是导致黄河、塔里木河、黑河等出现断流的重要原因。如黄河流域20世纪70年代就开始出现断流,在1997年甚至断流达到226天。残酷的现实和黄河上中游过量用水、黄河中下游用水不足或无水可用导致的沿黄省、自治区之间用水的尖锐矛盾迫使国务院水行政管理部门重视水资源的流域整体性动态循环规律,强化流域水资源整体开发、利用、保护观念,决定从1999年3月1日起由黄河管理委员会对黄河水资源进行统一协调,取得了明显效果,在基本保证了沿黄省、自治区城乡居民生活用水和工农业生产用水的情况下,至1999年年底,黄河仅断流8天,而来水相近的1996年同期断流时间则为106天。可见对黄河流域水资源整体协调管理,可有效地缓解黄河流域水资源开发、利用、保护中形成的人与人和人与水之间的矛盾。在水行政管理部门主持下,修改完善后的2002年《水法》遵循了水资源流域整体性规律,确立了"国家对水资源实行流域管理与行政区域管理相结合的管理体制",至此,水资源流域管理被纳入法制轨道。

(三)流域管理与行政区域管理相结合

流域管理与行政区域管理相结合的水资源管理体制是2002年《水法》修订后确定的。其实流域管理与行政区域管理相结合作为一种管理模式、一种管理权制度,人们并不陌生。特别是1988年《水法》诞生后,随着水资源统一管理的加强,水管理改革的深化,流域管理与行政区域管理相结合有效管理水资源的实践和经验不断出现。目前我们已实施的流域综合规划制度、取水许可制度、水量分配和水量调度制度、河道管理范围内建设项目审批与行政区域管理相结合的思路建立的管理制度。这些制度的实施强化了国家和地方水行政主管部门对水资源的有效管理,保障了经济社会发展对水资源的基本需求。黄河不断流,塔里木河、黑河向下游输送生态用水,黄淮河流域引黄济津、济青,太湖流域引江治太,漳河上游、太湖流域、淮河流域等一系列水事纠纷的查处等,无一不是流域管理与行政区域管理相结合取得的成效。协调机制、联手打击非法采砂的执法行动更是按《水法》改革水资源管理体制的范例。

四、现行水资源管理体制的完善

我国1988年通过的《水法》及《防洪法》《水污染防治法》《河道管理条例》等水事法律法规对流域管理和行政区域管理做出了许多规定，有些条款还做出流域管理与行政区域管理相结合的规定，如"防洪工作按照流域或者区域实行统一规划、分级实施和流域管理与行政管理相结合的制度"，"河道、湖泊管理实行按水系统一管理和分级管理相结合的原则"。但是，上述规定明确规范的只是防洪事项，而不是针对水资源综合统一管理的规定。作为规范水资源管理的基本法，1988年《水法》规定，国家对水资源实行统一管理与分级分部门管理相结合的制度。该法规定了水行政管理主体和执法主体是县级以上人民政府及其水行政主管部门，但没有规定地方人民政府水行政主管部门统一管理水资源的职责，特别是没有明确流域管理和流域管理机构的法律地位。所以不能在体制、机制、制度上保障以流域为单元实现水资源统一管理，亦不能保障在行政区域内实现水资源统一管理。

改革水资源管理体制是《水法》修订的首要任务。《水法》修订删除原第九条"国家对水资源实行统一管理与分级部门管理相结合的制度"，规定"国家对水资源实行流域管理与行政区域管理相结合的管理体制"，基本理顺了一系列关系：一是明确了流域管理水资源的地位，按流域管理水资源，是国家对水资源统一管理的重要形式，流域管理机构依据法律授权行使国家对流域水资源统一管理的职责；二是明确了行政区域管理水资源的地位，县级以上地方人民政府水行政主管部门在国家（含以流域为单元）对水资源统一管理的前提下行使行政区域水资源统一管理的职责；三是明确了相互关系，流域管理与区域管理的关系是相结合，既不是相排斥也不是相取代，流域管理机构与县级以上地方人民政府水行政主管部门都是根据规定权限行使水资源管理和监督职责；四是明确了水资源管理与部门按分工进行开发、利用、节约、保护的关系，在水资源统一管理的前提下，水资源开发、利用、节约、保护的有关工作可按职责分工由有关部门负责。

《水法》修订在水资源管理体制方面做出重大调整，对加强水资源管理，保证水资源的可持续利用意义十分重大。但是必须看到，体制改革涉及利益调整，与国家政治体制改革也密切相关，还需要进一步统一认识，逐步实施并不断建立制度、健全机制。各级水行政主管部门和流域机构应在《水法》实施过程中推进流域管理与行政区域管理相结合的水资源管理体制的建立。

从长远发展趋势看，只有切实贯彻流域保护和综合管理思想，才能形成长效体制机制以应对水管理中流域与区域、上下游、左右岸、水量与水质、开发与保护、兴利与除害、生态与生产生活等错综复杂、纵横交错的关系。流域立法和综合管理制度是调整、平衡复杂利益关系的基本保障。

综合生态系统管理是指管理自然资源和自然环境的一种综合管理战略和方法，它要求综合对待生态系统的各组成成分，综合考虑社会、经济、自然（包括环境、资源和生物等）的需要和价值，综合采用多学科的知识和方法，综合运用行政的、市场的和社会的调整机制来解决资源利用、生态保护和生态退化的问题，以达到创造和实现经济的、社会的和环境的多元惠益，实现人与自然的和谐共处。区域综合立法不是仅对单项环境介质、单个资源要素的单项管理，也不仅仅局限于单一的土地类型、保护区域、政治或行政单位，而是多种介质、多种目标的全过程管理，它是一种跨部门、跨行政区域、多元主体参与的系统管理，它涵盖所有的利益相关者，将经济、社会和环境因素有效整合到管理目标中。这促使我国流域综合管理法的出现，如我国目前正在酝酿制定的《长江法》《黄河法》等流域管理法。2010年在地表水污染依然较重，七大水系总体为轻度污染，湖泊富营养化问题突出的背景下，我国践行"让江河湖泊休养生息"理念，重点流域和区域污染防治取得新突破：国务院办公厅转发的《重点流域水污染防治专项规划实施情况考核暂行办法》，以及重点流域省界断面水质考核制度的全面建立，成为推动重点流域水污染防治的关键抓手；水体污染控制与治理科技重大专项进入全面实施阶段；综合生态管理思想衍生出相应的制度如生态用水制度、水生态补偿制度和根据优化开发、重点开发、限制开发、禁止开发确立的功能区划制度等。

五、世界各国的流域管理体制

国际上流域管理的多样化不断推动水资源管理体制走向完善。一种观点认为，目前，流域管理机构在国际上主要有三种模式。水文模式：管理的组织体制以水文分界线为基础，实行权力在"流域管理局"的高度集中管理模式。行政模式：管理的组织体制以行政区域界线为基础，实行权力在"流域水务委员会"的协商管理模式。综合模式：综合模式介于水文模式和行政模式之间，由流域委员会依法进行协调管理。我国《水法》采用第三种管理模式。

另一种观点认为，由于国与国之间甚至一个国家内部不同流域之间的情况差异较大，流域机构的组织形式和职责也有很大不同。具体到一个国家某一流域的流域管理机构应采取何种组织形式，不仅取决于流域本身的自然状况和社会经济状况，还要适应本国政治、经济体制和国民经济发展总体战略要求。从总体上看，世界上各种流域机构大体可分为三种类型。

以美国田纳西流域为代表的高度集中的流域管理模式。以1933年美国建立的田纳西河流域管理局（TVA）为典型，田纳西流域管理模式是在特定历史背景条件下形成的，也是至今世界上同类型流域管理模式取得成功的唯一特例。第二次世界大战后，这种模式在发展中国家受到广泛推崇。其共同特征，一是对经济和社会发展具有广泛的权力；二是属政府的一个机构，直接对中央政府负责；三是法律授予高度的自治权；四是有专门经费，滚动开发。由于这类机构集中很大的权力，它们在协调与地方政府、各有关部门对水资源开发利用的利益方面逐渐遇到相当大的阻力。

以协调和规划为主要任务的"水议会"的流域管理模式，即流域规划和协调机构。这类性质的流域管理机构一般出现在土地和水资源所有权归各州政府管理的联邦制国家。其主要职责是根据协议对流域内各州的水资源开发利用进行规划和协调，实行协商一致或多数同意的原则。这类机构间的权力差别很大，大致可分为两类：一类是通过州协议并经国会批准，建立没有联邦政府代表参加的流域委员会。其作用仅限于协调州际矛盾，制定流域规划并提出规划实施建议，促进流域资料的搜集和研究，向政府和用户提供咨询。在美国，根据州际协议而产生的委员会多属此类。另一类是通过联邦政府和州际协议建立的由联邦政府和各州代表组成的流域委员会，这类流域机构的权力较大，除上述权限之外，还有权制定计划和管理政策、修建和管理水工程、负责用水调配等。澳大利亚墨累－达令河流域成立的流域管理机构是这类机构中较为成功的代表。

负责流域治理和水资源统一管理的综合性流域管理模式。它的职权不像流域管理局那样广泛，又不像流域协调委员会那样狭窄或单一。这类流域机构根据国家的立法，基本按水系设立，对流域地表水、地下水水量和水质实行统一规划、统一管理和统一经营，依法向流域内水资源和水环境用户征收水管理费和经营性收费。在欧共体各国及东欧一些国家已普遍实行这种综合性流域管理方式，在这些国家的流域机构，除了法国外，不仅建设、管理和经营河道及水工程，而且负责市政供水和污水处理系统，确定流域水质标准，颁发取水和排水（污）许可证，制定流域管理规章制度，管理流域内水文水情监测预报系统，防洪、供水、排水（污），水产和水上娱乐。国外典型的综合性流域管理机构是1974年英国成立的泰晤士河水务局。

可见，世界主要国家以建立有效的流域管理机构作为实施流域综合管理的体制保证。各国流域管理机构均根据相关立法、协议或政府授权而建。例如，莱茵河流域的管理机构就通过国际协议建立了莱茵河航运中央委员会、莱茵河国际保护委员会（1950年）和莱茵河国际水文委员会（1951年）。墨累－达令河流域通过联邦政府与州政府的《墨累－达令河流域动议》建立了部级理事会、流域管理委员会和社区咨询委员会。美国根据流域法律成立了田纳西河流域管理局,通过联邦政府与州政府的协议建立了特拉华河流域委员会。加拿大弗雷泽河流域根据广泛接受的《可持续发展宪章》建立流域理事会。美国和加拿大通过国际协定建立了国际联合委员会,处理两国跨界河流问题。

流域机构和管理模式的多样化反映了流域独特的自然人文特点、历史变化和国家政治体制。流域管理机构是流域综合管理的执行、监督与技术支撑的主体,但不同的流域管理机构在授权与管理方式上有较大的差别。流域管理机构作为利益相关方参与的公共决策平台,其权威性往往是各种利益平衡的结果与反映。有效的流域管理机构通常有法定的组织结构、议事程序与决策机制,其决策对地方政府有制约作用。虽然流域管理机构的权限范围会随着流域问题的演变而有所调整,其权威性也会受到来自地方与部门的挑战,但符合国情与流域特点的流域机构依然是流域综合管理的体制保障。

在以自然流域管理为基础的一些国家里,流域机构大都是水管理和水资源开发的主体,并实行按行政区划的水管理要服从流域管理或通过流域机构进行协调。1997年中国水利代表团赴德国访问,了解到莱茵河流域瑞士、法国、德国和荷兰四国还建立了莱茵河管理委员会,共同规划、协调莱茵河治理、开发与控制浸染物排放问题。1992年在巴西里约热内卢召开的联合国环境与发展会议,全世界102个国家元首或政府首脑通过并签署的《二十一世纪议程》中,要求按照流域一级或子一级对水资源进行管理。以流域为单元对水资源实行管理已成为当前世界水资源管理的共识。

六、我国水资源管理体制存在的问题与改革要求

(一)仍然存在的问题

我国现行《水法》确立了流域管理与行政区域管理相结合的管理体制,从实施情况来看,这一管理体制取得了积极的成效,但也存在一些客观问题,尤其是水资源流域管理服从于行政区域管理的制度安排,对流域管理的顺利实施造成了一定的障碍。

首先,实行流域管理和行政区域管理相结合的管理体制,必然会导致以地方行政区域管理为中心的分割管理状态。在市场经济的条件下,由于经济利益的驱动,流域的各地方政府为了各自的利益,势必会对流域自然资源、自然环境的开发、利用和保护方面的统一管理产生不同程度的

抵触，势必会"充分"地利用其在流域行政区域管理方面的权力，大力开发和利用其行政区域内的流域自然资源和自然环境，为本地方社会经济的发展谋取利益，而不会自觉地、主动地从全流域的利益、从流域可持续发展的角度来开发、利用本行政区域内的自然资源和自然环境。

其次，流域管理实际是一个如何架构水行政管理体制和如何划分水行政管理职权的问题。我国以往的水行政管理总是顺应行政建制，行政区划就是水权地界，无形中河流、水系被"腰斩"，有悖于水性，严重违反自然规律。其结果是，水流在地理上被人为切割，水行政管理机构受地方行政权控制，加上各部门功能性管理的漏洞，权力交叉，范围不清，职责纠缠，难免形成制度性障碍。以黄河为例，黄河流经九省市，水在上、中、下游各有其主，上游以地势之利在其"辖区"理直气壮地用水，下游连续近二十年的断流，暴露出调控体制的不适应性。黄河断流固然有自然因素的影响，但沿河缺乏统一管理和调度是不容忽视的原因。

再次，水资源管理偏重于按行政区划进行，因而将取水、用水、排水、治理等过程人为分割，打破了水资源利用与保护的自然状态。水源地不管供水，供水的不管治水，治污的不管回用，污染管理者、资源开发者与排污者各行其是，各自为政。管理者收费不治理，资源开发者既要开发又要治理，排污者只交费什么都不管，其结果是水资源得不到有效保护，最终导致水危机。以流域管理与行政区域管理相结合的管理体制，不可能根据水资源的自然循环规律和水资源的总体状况进行科学合理分配和管理社会用水，更难以做到从水源的丰枯调度、地表水和地下水综合利用，难以实施城市自来水管理、城市排水与污水回用等各个环节的统一规划、科学调度。同时，由于部门管理的条块分割，难以形成取水、供水、排水、治污、污水回用的连续管理，最终导致一方面水资源严重短缺，另一方面在农业用水和生活用水方面又严重浪费。

总而言之，水资源具有独特的地域特征，以流域或水文地质单位构成一个统一体，每个流域的水资源是一个完整的水系。现行的水资源管理体制，不利于实施流域可持续发展战略和维护河流健康生命。因此，必须改革现行的流域管理体制，建立促进水资源高效利用和维护流域健康生命的流域管理体制。

（二）深化改革的要求

流域管理体制是行政管理体制的组成部分。开始于1982年的我国行政管理体制改革，伴随着市场经济的发展进程不断推进、不断突破，现正在向纵深发展。经过改革开放以来六次行政管理体制改革，基本实现了宏观经济调控、能源管理、交通运输、食品药品卫生等方面的体制机制与市场经济要求相适应。但是,自然资源管理体制的改革,尽管得到学术界和有关实践部门的不断关注,因其涉及到自然与社会、中央与地方、保障发展与保护生态以及区域之间、部门之间等多方面的复杂关系,改革的步伐相对缓慢。

　　流域管理以水资源管理为基础,涉及到多部门、多地区、多行业,前述自然资源管理的复杂关系在流域管理中表现更为突出,特别是存在着流域整体利益与区域、部门利益的矛盾,流域管理体制与运行机制的改革,几乎交织在流域现存的所有问题中,改革的难度更大。中央进一步深化改革的部署为流域管理体制改革提出了目标和要求,为我国行政管理体制改革进程的加速也提供了契机。

　　现行流域管理体制不符合市场经济条件下流域管理客观规律的需求,应当管理的事项不能管,能够管理的事项因外部干扰无法管或者管不好,管理过程所需要的决策权、执行权、监督权既相互制约又相互协调的行政运行机制难以形成。建立利益相关方参与的流域管理委员会,是从领导体制和工作机制上确保流域管理有效实施的重要措施。有关专家和水利管理部门在理论和实践上已经进行了一些探索。

　　中共十八届三中全会通过的《中共中央关于全面深化改革若干重大问题的决定》提出了"深化生态文明体制改革"的任务。2014年1月24日发布的《水利部关于深化水利改革的指导意见》提出了"健全流域综合管理体制机制"的任务,具体要求是推进以流域为单元的综合管理,强化流域机构在流域规划管理、防洪和水资源统一调度、河湖管理、"三条红线"控制指标考核评估、流域综合执法等方面的职能。建立各方参与、民主协商、共同决策、分工负责的流域议事协调机制和高效执行机制,协调好流域水资源开发利用与保护,防洪安全与河湖岸线利用,江河治理与水能资源开发、航道建设等关系。在有条件的流域探索建立利益相关方参加的流域管理委员会。目前,有关部门正在调研论证在具备条件的流域进行委员会管理体制的试点工作。

第四章 水利工程建设的组织与质量监管制度

第一节　古代水利施工组织法规

水利施工是大规模的、群众性共同劳动，必须有明确的条例加以约束和协调。这些条例可以视为水利施工组织法规。

先秦时期，人们抵御洪水的方法是原始的，一般按习惯办事。西周时，黄河堤防工程有一定规模。《国语·周语上》中"防民之口，甚于防川，川壅而溃，伤人必多"的记载从一个侧面反映了修堤防洪的事实。《春秋·谷梁传》中有天子之禁"毋雍泉"的记载，应该是周天子发布的防洪政令。战国时期已有细致的施工管理制度，具体表现在《管子·度地》中的有关记载。西汉以后，对防洪工程、灌溉工程逐渐形成了每年进行修护的制度，即岁修制度，岁修分小修、中修、大修。施工组织的法规也日益完善。

一、水利施工人力的征调

古代堤防岁修劳力，一般在沿河州县征调，如果不够，就在其他州县征调。参加河堤岁修，是必须服的徭役之一。西汉元封二年（公元前109年）堵黄河瓠子口决口，就动用吏卒数万人。西汉建始四年（公元前29年）王延世主持黄河堵口，民夫来源有二：一是服劳役的百姓，当年曾规定，服河役的民工相当于成边六个月（当时每个成年男子一生中要分别服兵役一年，戍边一年）；另一个是花钱雇夫，当年每雇一夫，一月需钱二千。[①] 宋初规定，不服役者，可用钱顶替，即"免夫钱"。王安石变法时，鉴于劳役制度弊病甚多，提出免役法（又称募役法），即取消劳役而完全收取免役钱，再用这笔经费就近雇夫。王安石变法失败后，又恢复了以差役法为主，辅以雇夫的办法。金、元大体上沿用，在抢险堵口等紧急情况下还调用军队参加。明代河工大都出于徭役、河工"皆近河贫民，奔走穷年，不得休息"[②]。万历年间张居正改革，时任总理河道的万恭曾建议改革河工制度，"官自雇募，民夫出总银，官免岁编之苦，民亡月扰之累"[③]。为节约开支，他建议将河工分为两种：长年在工者为长夫，汛期临时雇募者为短夫，短夫厚给工资，不怕

---

① [东汉]班固.《汉书·沟洫志》注释，苏林曰："平贾，以钱取人作卒，顾其时庸之平贾也。"如淳曰："律说，平贾一月，得钱二千"。
② [清]王庆云. 石渠余纪·纪河夫河兵（卷一）. 北京：北京古籍出版社，1985.
③ [明]万恭. 治水筌蹄（卷上），朱更翎整编本. 北京：水利电力出版社，1985.

临时招募困难。

农田水利工程的劳力征调方式与防洪工程大体一致，但略有不同，国家出资兴建或修复的工程，劳力主要是以兵充役或征调劳役；民间自行修建的各种规模的农田水利工程，多由受益户分摊劳力。

二、水利施工劳力的组织

清初沿用明代做法，以徭役为主，而政府很少出资雇夫。清顺治十六年（1659年），河南临颍县应派夫195名，屡催未到；鄢陵县应派夫241名，屡次行催，于五月十三日解到一半，实际到位比121名少21名。处理结果是，临颍县知县熊启艮、鄢陵县知县经起鹏被总督河道朱之锡奏请革职。① 清康熙十二年（1673年），河南巡抚佟凤彩进一步要求停止派夫，而改作雇募。清康熙十六年（1677年）靳辅在实施云梯关外黄河两岸修筑束水堤工程时，拟动用2万余人，安排在凤阳府等地募夫，年龄规定为20~40岁之间，并制定了对河官、河兵的奖惩办法。但是第二年靳辅又改变了主意，建议维持旧的派夫制而取消募夫制，理由是雇募之民夫多系贫穷无籍之徒，不便管理，在工程紧要关头往往逃避不前，从而影响工程质量。

为了解决这一问题，靳辅请立劝惩之法：凡各州县协募人夫有老弱病废及奸猾逃逸一名至五名免议外，6名至20名者，各该州县官罚俸半年，所委专管官罚俸一年，21名至50名者州县官罚俸一年，专管官降一级调用；51名至100名者，州县官降一级留任，专管官降二级调用；100名以上者，州县官降一级调用，专管官革职。② 清康熙十七年（1678年）靳辅建议废除河夫制，而根据防洪的准军事性质实行河兵制，得到批准，最初在南河江苏段设河兵六营，共兵丁5860名，其薪饷以募夫钱充抵，不足部分再从河工款项内补足。至清乾隆二年（1736年）增加至20营9145人。河兵分为作战兵和守兵两类，战兵分管下桩、下埽等危险和劳动强度大的工作，而守兵分管堤防巡查、运料等较轻工作。比靳辅稍晚的顾栋高评价河兵制的优点说："其人率皆宿河干，熟谙水性。平时不责以骑射之能，而专司填筑之事。每遇河工紧急，合龙下埽，不爽分寸。去梯碇筑，悬绝千仞。当河涛决怒时，持土石与水争胜，性命悬于一刻，惟责任专谙练熟，故能凑功而无害。此尤本朝兵制之超出前代也"。③

---

① 清代宫廷档案，黄河档案馆清1-9（3）-1．

② ［清］周馥．治水述要（卷四），引靳辅奏议．民国11年刻本．

③ ［清］王庆云．石渠余纪（卷一），纪河夫河兵．北京：北京古籍出版社，1985．

雇募堡夫，由专人负责，其他人等不得包揽谋利，清雍正五年（1727年）议准，"河工关系重大，嗣后有指称夫头包揽代雇希图抑勒良民者，照运河一带用强包揽闸夫溜夫之例治罪，二名以上者发附近充军，一名者枷一月杖一百发落"。①

如果不能积极应募，要受到惩罚。清雍正六年（1728年）正月十六日黄河兴工堵口，"四十八村里民咸称情愿帮工，莫不勇跃从事，乃有龙喜村之官华等仍逞故智妄行抗阻"，后经河官"批饬将为首之官华、杨图英二犯枷示河干，限完工日释放，自此里民得以并力，不数月而报竣"。②

三、施工组织协调和劳动纪律

水利施工需要有严格的组织纪律作保证。历代关于水利施工组织纪律的具体规定很少见到。在敦煌千佛洞所发现的文献中，有许多转帖（转帖是为召集一次公益性活动而发的通知。由于通知是在有关人户间轮转传递，故名。转帖中有专门召集受益户共同维护和修理灌溉渠道的，叫做渠人转帖）。帖中不仅写明应出工的各户人名、所应携带的工具以及集合时间、地点等，还特别强调"如有后到，决杖七下，全段不来，重有责罚"③等规定。

四、承修官和监理官的责任

清代规定："每年霜降水落后厅营各官即将汛内黄河两岸滩地，冲刷支河几道，长宽深浅丈尺若，应筑土坝几道，高矮长宽丈尺若干，逐一亲加确勘移会地方印官，严勘核计土方数目，先尽兵夫力作将额积土方分派堵筑，如兵夫额土不敷，地方官即拨民夫堵筑。统限霜降后一月内会造清册详道核，限次年春融兴工，务于桃汛前如式完竣估报。该管河道亲验转详永为定例。于水落后，如厅营各官于水落后不即亲勘估计，移会印官覆勘，或印官推诿不即查勘堵筑，及桃汛前不能完竣者，即行查参，照堤岸预先不行修筑例，经管官降一级调用，该管官罚俸一年，总河罚俸六个月。至堵筑不坚致有坍塌及冲突夺溜情事，亦即查明，承筑各员揭参，照管筑堤工例，有一处夯杵不坚盛水即漏，并有一二丈不丰满合式者，革职。监理并兼管营汛各官，有因筑堤不坚固合式一员议处者，罚俸一年，二员议处者降一级调用，三员议处者降二级调用，四员以上议处者，

---

① ［清］托津. 钦定大清会典事例（卷九一八），工部，河工，禁令一. 台北：文海出版社，1991.

② 中国历史第一档案馆. 雍正朝汉文谕旨汇编（十）. 桂林：广西师范大学出版社，1999.

③ 唐耕耦，陆宏基. 敦煌社会经济文献真迹释录. 北京：书目文献出版社，1986.

革职，如议叙议相同，准予抵算。如系监理并兼管营汛官揭参，准免连坐。该管河道于每年九月后验明上年所有支河堵巩土坝，经历伏秋大汛，如果坚实完整者即取结具题议叙，如果有承办不力以致冲突坍卸夺溜者，即详题请参，河臣核明具题。如有迟延，听部议处。"①

地方官官员协助组织施工不力要受处罚。"兴举大工，附近地方官不协力设法募夫及急需柳苇等事，不火速协买上紧解运，以致违误河工，州县降三级调用，道府降一级调用。官员奉修，冲决地方官雇夫不发，或令挑浅不行挑浅，或称非系本汛推卸，或将柳埽椿木等物不速买解送，以致迟误要工，州县降三级调用，道府降一级调用"。②

第二节　清代堤防工程质量管理制度

清朝是中国最后一个封建王朝，是历代水利制度的集大成者。清代堤防工程质量管理制度，内容较为系统和具体，还有创新，尤其是第一次采用行政处罚、刑事处罚、经济处罚相结合的办法惩治失职河官，令人耳目一新。清代水利法规不仅规定较为严格，而且执行也较为严格，为有效治理河务进行了难能可贵的探索，在中国水利法制史上具有重要的地位和影响。

一、行政处罚

清顺治初年（1644年）规定，黄运两河堤岸修筑不坚，一年内冲决者，管河同知通判州县等官降三级调用，分司道员降一级调用，总河降一级留任，如异常水灾冲决者，专修、督修官皆住俸修筑，完日开复。

清顺治十六年（1659年）议准，河工各官遇有升迁降调事故将任内修防事宜造册交代，离任后有堤岸冲决者，该管官参处。清顺治十七年（1660年）题准，修筑堤岸工完，令承修官出具伏秋无虞印结同册奏销，如本年冲决者，即指名题参。③

清康熙元年（1662年）题准，黄河堤岸冲决在一年内者，参处修筑之官；运河堤岸冲决在三年内者参处修筑之官。清康熙十五年（1676年）议准，黄河堤岸半年内，运河堤岸一年内冲决者，

---

①② ［清］徐端．安澜纪要（卷下）．道光乙丑七月重刊，德清治安堂藏版．台北：文海出版社，1991．
③　［清］托津．钦定大清会典事例（卷九一七）．工部，河工，考成保固．台北：文海出版社，1991．

经修、防守同知通判州县等官皆革职，分司道员降四级调用，总河降三级留任；黄河堤岸过半年，运河堤岸过一年冲决者，经修、防守同知通判州县等官降三级调用，分司道员降二级调用，总河降一级留任；如年限内冲决，经修之官已去，而防守之官防守疏忽致有冲决者，仍将经修官与防守官一同处分。

清康熙三十三年（1694年）议定，嗣后堤岸冲决，河流迁徙者照定例处分；若堤岸漫决，河流不移者，免其革职，责令赔修；清康熙三十九年（1700年）议定，嗣后堤岸冲决河流不移者管河各官皆革职，戴罪勒限半年赔修，分司道员各降四级督赔，工完开复。如限内不完，承修官革职，分司道员降四级调用，总河降一级留任，未完工程仍令赔修，其应赔工程已经奏明动帑者，仍将应赔银亦照赔修例勒限处分。如限内不完，分司道员不揭报，总河不题参者，皆照徇庇例议处。①

清雍正五年（1727年）对无视法纪、一再惰玩、所修工程不坚之河员，除照例赔修外，增加了"革职枷示工所"的处罚。

对运河闸坝工程的修防质量也作出规定。清雍正八年（1730年）议准，嗣后不请开放之闸，审度形势果系不应开放，虽限内未开，亦应准期保固年限，以免承修官守候之苦；如本应开放之闸，承修官因修筑不坚故意不请开放，希图掩饰，虽已过三年，仍应以开放之日起限保固，并将故忌迟延之承修官及不行查报之该官一并参处。②

直隶河工冲决处分。直隶河工分为四局，一切河道工程令该管官各分工段照例保固，如有堤岸修筑不坚以致冲决者，该督查明题参，系一年内冲决者，将该管官降三级调用，管河道官降二级调用，总督降一级留任。

二、经济追赔

追赔制度的形成经历了一个过程。最早起源于清康熙三十年（1691年），目的是为了减轻对官员的行政和刑事处罚，开始只是单独使用，清康熙三十九年（1700年）起又和革职、降级等行政手段同时使用，规定："嗣后堤岸冲决，河流不移者，管河各官皆革职，戴罪勒限半年赔修，分司道员各降四级督赔，工完开复。如限内不完，承修官革职，分司道员降四级调用，总河降一级留任。未完工程另派贤员发给钱粮修筑，所用钱粮仍由承修官赔修，如限内不完，分司道员不揭报，总河不题参者，皆照徇庇例议处。"③雍正年间，朝廷开始认真考虑赔修的具体操作问题。先是清

---

①②③ ［清］托津. 钦定大清会典事例（卷九一七）. 工部，河工，考成保固. 台北：文海出版社，1991.

雍正二年（1724年）作出一个关于赔修年限的规定："如修筑不坚致有冲决者，力能赔修者委官督令赔修，不能赔修者，题参革职，别委贤员，给发钱粮修筑。将所用钱粮勒限一年赔完，准其开复，逾限不完，交刑部治罪，仍著落家属赔完，如力不能完，著落发钱粮之上司赔补全完。"①这种不论原因一律照赔的做法对那些因不可抗力而导致的决口事件当事人而言显然是不公平的，对那些没有舞弊而受牵连者而言不仅不公平，而且也不可能拿出巨款赔偿损失。不仅如此，清雍正四年（1926年），朝廷还了解到，经修官员在领取工程款项后往往预留赔修银两以为将来的不测计，其致命后果就是钱粮不能归于实用，偷工减料难以杜绝。为此，朝廷要求总河与当地总督、巡抚亲自对河员的报修工程进行测量、检验和估算，然后再与河员所作的预算加以核实。但是在当时交通不发达的情况下，总河很难对各段及时做出测量和预算，凡冲决之处必待总河或当地督抚做出核查后方才堵筑必致误事甚至导致更大的灾难。朝廷只好减少赔修数量以减轻其压力。清雍正五年（1727年）出笼了"赔四销六"政策：如黄河一年之外、运河三年之外堤岸工程冲决者，而该管各官实系防守谨慎并无疏虞懈弛者，经总河督抚查证具题，令防守官员赔修其中四分，其余六分由国家报销。在应该赔修的四分中，由河道知府赔二分，同知通判州县守备赔一分半，县丞主簿千总把总赔半分。如果总河督抚有保题不实者后经查出者，照徇庇例议处。此时的赔偿责任还没有牵涉到总河、地方督抚。②乾隆时期又对冲决后重修工程所用银两中应赔方式进行了修订。清乾隆二十八年（1763年），朝廷将应赔的四分再分成五股责令各级官员酌量分赔，其中道员、知府参游、厅营州县、文武汛员的分赔比例为1∶2∶1.5∶0.5。清乾隆三十九年（1774年）十月，在外河厅属老坝口漫工合龙一案中，吴嗣爵身为总河，于修防事宜不能先事筹备以致堤工漫溢，上奏时只奏请令府道以下官员摊赔银两而于包括自己在内的河臣无一语提及，"自欲置身事外竟不畏人非笑"，乾隆皇帝大为震怒，在上谕中严厉斥责他"恬不知耻"，并决定"此项共应赔十一万两，著吴嗣爵赔三万两以示儆惩，高晋管河务著赔一万两，其余由其他官员分赔"。③此后，遇有决堤事故，督抚等大员们都照例承担赔修责任。

清乾隆三十九年（1774年），考虑到级别高的官员较易完缴，而级别较低的官员未免拮据难筹，朝廷又将应赔的四分分为十股，依据责任的轻重责令各级官员进行分赔，其具体分赔数目是河臣赔二成，督抚赔一成，河道赔二成，厅员赔一成，知府州县赔二成，参游赔一成半，文武汛员赔半成。如无兼管督抚及参游等官省份，即将应赔银两在于总河以下文武各官名下，

---

①② ［清］托津. 钦定大清会典事例（卷九一七）. 工部, 河工, 考成保固. 台北：文海出版社, 1991.
③ 中国第一历史档案馆军机处录副电子档03—9317-060, 668-2389.

按应赔成数分别摊赔。此次修订，总河与当地督抚被列入分赔的范围中，并占据分赔比例的三成。① 另外，朝廷还将设于清雍正六年（1728年）的参游添入分赔之列以使其"愈知儆惕""而分别摊赔，并不偏枯，更为平允"。② 清乾隆四十年（1775年），南河总督吴嗣爵受到乾隆皇帝的严厉斥责后，总河、督抚等高官承担赔修责任的制度得以固定下来。

追赔款上交期限，最初定为一年。后因为拖欠严重，只好按赔偿的数额大小，规定不同的期限，数额越大期限越长。清乾隆二十三年（1758年）议准，"凡有应追核减分赔等项银两，除承追官催追不力，仍照向例按限查参议处外，其欠帑人员，无论文职武职，银数在三百两以上者，勒限一年全完，三百两以下者，勒限六个月全完；应支廉俸人员，于应得廉俸内扣抵，倘扣不足数，或系不支廉俸之员，勒令自行完缴，逾限不完，现任人员停其升调，效力人员停其补授。再限一年及六个月完缴，俟完缴后升调补授。再逾限不完，现任人员暂行解任，效力人员暂革职衔，仍留工比追。再限一年及六个月完缴开复，如仍无完缴，题参监追治罪，查封财产变抵，承追不力之员，初参复参，照承追杂项钱粮例议处"。③

如果超过交纳期限还未交清，自奏明催追之日，按照例限减半：限300两以下勒限3个月，300两以上勒限半年，1000两至5000两勒限2年，5000两以上勒限两年半，1万两以上勒限3年，2万两以上勒限三年半，3万两以上的勒限4年，4万两以上勒限四年半，5万两以上勒限5年，6万两以上依次递加，至10万两以上勒限七年半。有银数在10万两外的，仍照每万两加限半年完缴。乾隆五十年（1785年）二月，河南省杨桥等七案，共应赔银1721300余两，除全免及已过完银638700余两，尚有未完银1082600余两。富勒赫应赔未完银60284两应照旧分限4年完缴，毋庸另议；通判张德履一员现有余资捐复原官，所赔银两自应令完缴，如不能按限全完，则将其养廉银全行坐扣以清。王兆棠各该员名下未完之银应行令各该督抚转饬按限速交，如不能按限速交准其呈明，于廉俸内减半坐扣，如坐扣廉俸尚不能完赔项仍令该督核查明确即将该员应得廉俸终身减一半，并不准升用以示惩儆。荣柱、王兆棠、穆克登俱系现任，且银数不多，张得履一经捐复并非无力者可比，所有未完银均令即行完缴。④

追赔款不能按时上交，同时要受行政处罚。清乾隆二十三年（1758年），工部议准，应赔之

---

① 佚名. 南河成案（卷二十八）. 清刻本.

② 佚名. 南河成案（卷十七）. 尹继善，高晋. 遵议道员稽查工料参游酌派摊赔覆奏. 清刻本.

③ ［清］托津. 钦定大清会典事例（卷九一七）. 工部，河工，考成保固. 台北：文海出版社，1991.

④ 中国第一历史档案馆军机处录副电子档03—0193，014—0163.

款逾限不完,"将各员弁分别查议,如系现任,停其升调,效力人员,停其补援。勒限完纳。再逾限不完,现任人员暂行解任,效力人员暂行革去职衔,仍留工再令完纳。完日开复。如仍不完缴,现任人员即行革职,效力人员即行革去职衔"。①

关于追赔款的追缴责任人。缴银各员系河道参将、游击,由总河承追,府厅由该管河道承追,文汛员由该管厅员承追,武汛员由该管武备承追。承追不力之厅员守备游击及河库道,初参复参应仍照承追杂项钱粮定例议处,承追官初参降俸二级戴罪督催完纳,二参罚俸一年。② 清康熙五十八年(1719年)四月二十四日,山东巡抚李树德奏:各省承追亏空银两之案新例:"一年内不完,承追官罚俸一年,二年内不完,将军流徒罪等犯即行充配,死罪人犯仍照原拟,监追、承追官降一级留任,三年内不完,承追官降一级调用。"③ 清嘉庆六年(1801年)永定河土石各堤被冲决多至3400余丈,清嘉庆七年(1802年)六月的上谕认为,虽因多雨水异涨,究因下游高仰不能宣泄所致。所有历任管河各员因循玩误工办理不善咎无可辞,"令那彦宝等查明土石各工用过银数,统照河工销六赔四之例,著落历任管河各员分别摊赔,以示惩儆。此项应赔四成银三十八万八千五百二十八两零,已故者宽免、减免,在任者照赔"。④

需要说明的是,以上行政、经济、刑事处罚经常同时使用,尤其是对未过保固期的重大决口案件,既革职又罚赔,甚至枷号示众。

三、责任追究

清代防洪工程质量责任追究制在实践中得到了认真严肃地执行,一旦出了质量事故,他们的责任是终身的,不因官员的调离而免于追究责任。一旦出现了河堤冲毁、漫滩等事故,负责防守的官员必须立即组织抢修。如果该官员应该承担赔修责任,即便日后调离本岗位也必须完成赔偿任务。如果该官员在未出事故之前调离本岗位,事故发生以后也照样要按规定追究他的相关责任。如果事故发生时该官员已经致仕在家休养,或者已经死亡,也不能免于他的责任。如果负有赔偿责任的官员在未交清赔款之前死亡,其赔偿责任由其子女或近亲承担。

清初从顺治、康熙到雍正初年出台经济追赔制度之前,对河工质量事故责任人一般采取革职、

---

①② [清]徐端. 安澜纪要(卷下). 道光乙丑七月重刊,德清治安堂藏版.

③ 中国第一历史档案馆. 雍正朝汉文谕旨汇编(十). 桂林:广西师范大学出版社,1999.

④ [清]李逢亨. 永定河志. 台北:文海出版社,1970.

降级等行政处罚。由于吏治清明，质量事故较少，且当事人多自请处分。如清康熙十九年（1680年），河道总督靳辅奏称山阳、清河等五县河水冲决堤岸，自请严加处分，朝廷未加处分，仅令靳辅"将河堤决口即行修筑，俟工竣之日，遣大臣往阅，如修筑不坚固，另行议处"。① 清康熙二十一年（1682年）十一月，靳辅因修筑不坚固不如式堤工共一万五千余丈，漏水堤工四千余丈及减水坝二座不坚固。朝廷的处罚结果是"革职戴罪督修，修筑各官司俱著革职，动用公款抢修"。② 后河道总督靳辅自定三年内使黄河回归河道，至清康熙二十五年（1686年）五月限满未能完成任务，自请处分。朝廷同意继续给予他"革职戴罪督修"的处分③。清康熙二十七年（1688年）三月，河堤漫决，靳辅被革职；奉差阅河之尚书佛伦留其佐领以原品随旗行走；会勘河工之总督董纳降五级仍以翰林官用；奉差阅河之尚书熊一潇、总漕慕天颜革职，幕宾陈璜革职，解京监候。④ 后康熙皇帝南巡，见江南淮安等地百姓皆称誉靳辅，且亲眼看到河堤坚固，又下令恢复靳辅原品。清康熙三十一年（1692年）十一月，靳辅病逝。清康熙三十三年（1694年）正月上谕认为，河道总督于成龙于河工事宜妄行陈奏，前后互异。"于成龙革职留任，戴罪图功"。⑤

清康熙四十六年（1707年）五月上谕认为，将溜淮套地势并不确视，以不可开浚者题请开浚，造成损失。下令将"原江南江西总督现刑部尚书阿山革职留任，河道总督张鹏翮革去所加宫保，漕运总督桑额降五级，安徽巡抚刘光美、江苏巡抚于準各降三级，俱从宽留任"。⑥

实行经济追赔制度以后，行政、经济、刑事处罚常根据案情同时使用。河工质量事故责任追究，大致可分为以下几种情况：

第一种情况是工程验收时发现不合格，尽管未导致灾害发生，但浪费人力物力，从而受到处罚。清乾隆五十一年（1786年）二月，黄河商虞通判朱文炤因承办土工观望迟延，工程不合标准，"被革职，留于河工，令其自备资斧效力行走，俟三年无过，始准回籍"。⑦ 清嘉庆十二年（1807年）四月初八日上谕认为，运河杨河厅属县丞孔广桂，千总姚玉典，把总靳刚，效用李大纯、高秉钧、祈德和等所办堤堰各工虚松偷减，竟不行硪。并孔广桂、姚玉典、靳刚三人所办砖石各工仅用灰抿缝并未灌浆，其已成现做之工多系草率。决定"将该员等照例咨部斥革，分段枷号河干，俾各工员咸知儆戒，并追缴所领钱粮，另委妥员接手办理，依限完竣报验，俟各厅土工完毕再行疏枷，该厅通判潘礼、署守备赵仁，请一并交部分别议处"。⑧ 清道光六年（1826年）五月，据江南河道总督张井、江南副总河潘锡恩奏称，根据"如坯头过厚，取土最近者则立时摘去顶戴，其

---

①② 清代宫廷档案，黄河档案馆清 1-9（3）1-2.

③④⑤⑥⑧ 清代宫廷档案，黄河档案馆清 1-9（3）1-3.

次记过,其次存记以观后效,武弁则仍加棍责"的标准,对不按规定施工的人员分别给予不同处分:"计下游五厅,除候补丞倅稍知自爱仅予记过外,其余文武佐杂共拧顶者八员弁,记过者十五员弁,存记者十一员弁,棍责者三弁,仍责令将所挖土塘逐加填补,坯头过厚者按坯翻筑。上游土工,硪不足者间段有之,亦经拧顶者一员,记过者七员,仍押按坯翻筑勒限早完。"①清道光十三年(1833年)七月二十四日上谕记载,东河阳封县丞姚嘉惠、阳武主簿盛薰、阳封分防外委朱超承办工段,皆系顶土虚松,签试无锥不漏,又不遵饬翻筑,实有心玩视公事。令姚嘉惠、盛薰、朱超,均著革职,追取原估银两,由该管道另委干员接办。②清道光二十四年(1844年)正月,黄河挑河工竣,验收时发现第三十五分段,宽深尺寸,尚有不敷。令"所有承挑此段工程之铜山县县丞陈保元,着即摘去顶戴,以示惩儆"。③

第二种类型是事故发生时在保固期内,因质量不合格引起冲决,损失严重,受到严厉处罚。清乾隆三年(1738年),河南淮庆府黄河同知吴廷清办工疏懈,将所管孟县小金堤工程并不实力修复,屡次申饬,全不俊改,以致将直堤二三段埽工塌陷漂失,重修多费。被革职,令赔修。④清乾隆十年(1745年),黄河陈家浦冲刷决口,南河总督白钟山自请处分。结果白钟山被革职,交南河工程派用,不发给养廉银,并负责紧要工程,以观后效,所有虚费钱粮俱由白钟山赔补。查超家产时发现家产并不多,但后来发现有约十万多两白银分存于多家商户,全部被追出抵缴赔补之数。⑤清乾隆三十一年(1766年)三月决定,运河南岸尤家湾、萧家庄石闸二座,日渐损坏,应修理,据查承修官虽无偷工减料之处,但修建时间不过十年,仍有责任,修复需银七百三十余两、六百八十余两。承修官原任桃源县知县郑毓贤、中河通判赵凤吉赔修经费,将河闸交中河厅管理。⑥

清乾隆五十二年(1787年)九月,运河周家沟、黑鱼塘二处决口,由李世杰、李奉翰率厅营道各官昼夜赶办堵筑,用银十一万二千余两,已就近在运库支拨应用。处理结果是,"按销六赔四

---

① ⑤ 清代宫廷档案,黄河档案馆清1-9(3)1-3.
② 中国水利水电科学研究院水利史研究室. 再续行水金鉴·黄河卷. 武汉:湖北人民出版社,2004.
③ 《清文宗实录》转自《再续行水金鉴·黄河卷》,第991页.
④ 清代宫廷档案,黄河档案馆清1-9(3)1-2.
⑥ 《南河成案》转自《续行水金鉴》卷95,运河水.

定例，由李世杰、李奉翰与道将厅营等按股分赔"。① 清嘉庆十年（1805年）发现，徒阳运河煞坝挑河各工，上年甫经兴办，遽形浅阻。处理结果是"将上年承挑各员罚赔六成，该管知府罚赔三成，督办道员罚赔一成，均令即日完缴归款，著严饬承挑督办各员遵照定限赶办"。② 清嘉庆十四年（1809年）二月，运河扬粮厅荷花塘漫工复塌。处理结果是南河总督徐端降为副职，副总河那彦成发配新疆，重修费用由所有相关人员按例照赔，有全赔，有按销四赔六例分赔者。③ 清嘉庆十五年（1810年）运河马港口堵闭挑挖正河各工程，次年新挑之处三千余丈淤成平陆，而挑河之土汕垫河中。兴办大工用帑三百四十余万之多。上谕认为，在事各员苟简从事以致重费挑挖。下令将钦差马慧裕交部议处。该案经清嘉庆十六年（1811年）八月二十三日两江总督百龄补参，徐州道单云，原任河北道今以员外用之张裕庆，捐纳道员张凤藻，并已革淮扬道叶观潮四人，将重修所用经费五十余万两分别由其按股认赔，其派令分段承挑之各文武员弁革职留任，三年无过方准开复。④ 清嘉庆十九年（1814年）五月，运河上河厅堂博汛魏家湾涵洞，屡堵屡蛰，处理结果是将通判牛继祖、主簿程荣一并交部严加议处，赔缴经费。⑤ 清道光三年（1823年）二月，黄河原武县境娄庄堤刷塌，未满保固期。"将承修汛员分别革职并摘去顶戴，责令赔修"。⑥

  第三种类型是因未作深入全面调研，规划不科学，草率施工，导致堤毁人亡等严重结果而受到处罚。清乾隆二十六年（1761年）六月，黄河曹仪厅张映枢等见河水陡涨高于拟挖引渠身三尺有余，希图侥幸成河，不待下唇裹护严密，辄将渠头公同开放而下唇未经裹护，已渐坍卸，不能兜溜，上唇挂淤吸川。处理结果是，所用一千三百两令该督（河东河道总督张师载）照例在于该员等名下分别勒限追赔归款，其十四堡引渠仍令该督严加督促如式开挑，依限完竣。⑦ 清嘉庆四年（1799年）河南布政使王秉韬令于广武山对岸老滩之上挑东西引渠，复筑土坝一道，横亘滩西，直抵河唇，以致河势迁改，壅积漫溢，花费巨款得以修复，后王秉韬去世，清嘉庆十年（1805年）

---

① 《南河成案》转自《续行水金鉴》卷140，运河水．

② ［清］托津．《钦定大清会典事例》卷917．

③ 《南河成案续篇》转自《续行水金鉴》卷112，运河水．

④ 清代宫廷档案，黄河档案馆清1-9（3）1-5．

⑤ 《运河道册》转自《续行水金鉴》卷123，运河水．

⑥ 《清代上谕》转自《再续行水金鉴》，运河．

⑦ 清代宫廷档案，黄河档案馆清1-9（3）1-3．

河东河道总督李亨特奏请是否于准销项下由其家属赔缴十分之四。嘉庆皇帝决定："将此项准销银十四万八千三百两著落王秉韬家属赔缴十分之四，以为河臣贻误宣防办理不善者戒。"①清道光七年（1827年）四月上谕记载，黄河倒漾，清口淤阻。经查，系唐文睿狃于从前办法，轻率偾事，糜帑殃民，琦善急于奏功，泥于师古，轻听唐文睿一人之言，不加详察，以致数百万帑金，竟成虚掷，咎无可辞。处理结果是：琦善拔去花翎，唐文睿著革职，再枷号一个月，满日发往伊犁，充当苦差，张井、潘锡恩著革去顶戴，仍留河督之任，淮阳道邹锡淳、淮海道罗琦，俱加恩改为降四级留任，不准抵销。②清道光七年（1827年）六月，黄河卫粮厅阳武汛十九堡因前月长水消落，沟口渐淤，即赶靠头道柳坝用料堵闭，以致河水漫涨，普律漫滩。处理结果是，所有冒昧兴堵之阳封协备晏安，著撤任并革去顶戴，仍留工防守，卫粮厅通判吴茂楠，著撤回后补，所用堵坝银两，著落该厅营全数赔缴，不准开恩，以示惩儆。③

第四种类型是因暴风雨水涨风大，导致冲决或漫滩，虽然由于不可抗力所致，但因损失惨重，极易让人对修筑质量产生疑问，引起朝廷震怒，河官受到的处罚一般较重。清乾隆五十年（1785年）八月，黄河倒漾，清口淤平。降南河总督李奉翰三品顶戴。④清嘉庆十五年（1810年）十月十三日，徐端奏高堰山盱两厅风暴掣塌石工兼仁义智三坝掣通过水。据查当时详情是，"本年十月初二日突起西北风暴，初三日尚未止息，巨浪直涌如山，堤上官弁兵夫不能站立，水势鼓荡上堤，该处庙宇二座墙屋先被冲倒，义坝旧埽旋即掣通过水，迄是日酉刻，仁智两坝封土护埽亦皆打通，其高堰所属共塌砖石工凑长一千七百余丈，山盱所属掣塌砖石工共两千余丈"。上谕认为，此次堤坝冲溢非寻常疏失可比，将该督徐端交部严加议处。部议定，照溺职例革职，责令办工。⑤清嘉庆十五年（1810年）二月十九日，运河山阳平桥汛三铺东岸瓦庙地方决口，未断流。吴璥、徐端奏请获准将承修官兼防守官试用通判孙龄革职并自请交部严加议处，自领摊赔银。皇帝下令将孙龄革职并枷号示儆，工竣后仍革职，吴璥、徐端交部严加议处。⑥清嘉庆十六年（1811年）六月，黄河仪封汛大堤坐蛰过水十一二丈，未掣动大溜而李亨特上报时并不自行请罪，工员等亦置之不

---

① ⑤ 清代宫廷档案，黄河档案馆清1-9（3）1-5.
② 《南河成案续编》转自《再续行水金鉴·黄河》.
③ 《清宣宗实录》转自《再续行水金鉴·黄河》.
④ [清]周馥.国朝河臣记.民国11年刻本.
⑥ 《南河成案续篇》转自《续行水金鉴》卷114，运河水.

议。结果，除其他人另行查处外，该河督李亨特降二级留任，并不能查级议抵，杖八十。① 清嘉庆十八年（1813年）九月，黄河睢州下汛漫口，东河总督李亨特革职戴罪效力。② 清嘉庆二十四年（1819年）七月，黄河南岸仪封、兰阳两汛漫口。东河总督叶观潮被革职留任效力，后因北岸马营漫口，奉旨在北岸工次枷号，工竣后又在南岸工次枷号，并令其按股赔缴工程费用。吴璥革去太子少保衔，以协办大学士、吏部尚书署河东河道总督，那彦宝革去都统，降补内阁学士署河南巡抚，均撤加前得议叙，叶观潮革任留工效力，琦善革去巡抚赏给主事衔。③ 清道光四年（1824年）十一月，因风暴洪泽湖决高堰厅十三堡周桥等处石工，钦差文孚、汪廷珍奏参，江南河道总督张文浩革职枷号一个月，发配伊犁，不准以该督之父年逾八旬留养。孙玉庭也因此案解任调用。有关人员按规定赔缴费用。④ 清道光十三年（1833年）三月，已革留工通判张慰祖，承办林家西坝，迫赔修之后，仍不认真，致该坝损坏情形更重。张慰祖著在工枷号一个月，仍令赶紧赔修。⑤ 清道光十四年（1834年）八月初三，东河上河厅属堂博汛博平县境内朱家湾东岸堤漫溢过水，塌宽七丈一尺。署上河通判方传谷，著摘去顶戴。⑥ 清道光二十一年（1841年），黄河祥符上汛漫口，东河总督文冲革职枷示河干，有关人员按股分赔。⑦ 清道光二十二年（1842年）九月，黄河外厅决口。南河总督麟庆革职赔修。⑧ 清道光二十三年（1843年）七月至九月，黄河在中河厅九堡顶过水，夺溜南下，至十五日，河口宽至三百六十余丈，下游州县，较之上次祥符漫口，情形更为宽广。河东河道总督慧成着即革职，暂留河东河道总督之任。鄂顺安着加恩改为革职留任。中牟县知县高均着革职，开归东许道福敏，开封知府邹鸣鹤，均着改为革职留任。至十五日，即将慧成枷号河干以示惩儆。九月二十一日，慧成着疏枷，加恩留于河工效力赎罪。⑨ 清道光二十四年（1844年），黄河中牟下汛九堡漫口。东河总督慧成被革职，枷示河干。⑩

第三节　当代水利工程建设管理法律制度

随着科学技术的发展和现代工程管理理念的引入，当代水利工程管理已经达到了很高的水平，

---

① 《南河成案续篇》转自《续行水金鉴》卷114，运河水．

②③④⑦⑧⑩ ［清］周馥．国朝河臣记．民国11年刻本．

⑤ 《清宣宗实录》转自《再续行水金鉴》淮河十二．

⑥ 《清代上谕》转自《再续行水金鉴》运河．

⑨ 《清文宗实录》转自《再续行水金鉴》黄河．

和遥远的古代相比，简直不可同日而语。

一、水利工程基本建设程序

建设程序是指从建设项目的投资意向和投资机会选择、项目决策、设计、施工到项目竣工验收投入生产阶段的整个过程。它是工程建设客观规律的反映，集中反映了建设项目发展的内部联系和过程。

水利工程项目，包括由国家投资、中央和地方合资、企事业单位独资、合资、利用外资以及其他方式，兴建的防洪、除涝、灌溉、水力发电、供水、围垦等大中型新建、续建、改建、加固、修复工程建设项目的建设程序，根据《水利工程建设程序管理暂行规定》的规定，一般分为项目建议书、可行性研究报告、初步设计、施工准备（包括招标设计）、建设实施、生产准备、竣工验收、后评价等阶段。

1. 项目建议书

项目建议书是根据国民经济和社会发展长远规划、流域综合规划、区域综合规划、专业规划以及国家产业政策与有关投资建设方针，一般由政府委托有相应资格的设计单位按照《水利水电工程项目建议书编制暂行规定》（水利部水规计〔1996〕608号）编制，并按国家规定的权限向主管部门申报审批的水利基本建设的第一个程序。项目建议书被批准后，由政府向社会公布，若有投资建设意向，应及时组建项目法人筹备机构，开展下一建设程序的工作。

2. 可行性研究报告

可行性研究报告是对建设项目进行方案比较，即就技术上是否可行和经济上是否合理进行科学的分析和论证，其编制工作由项目法人（或筹备机构）按照《水利水电工程可行性研究报告编制规程》（电力部、水利部电办〔1993〕112号）进行。

申报可行性研究报告必须同时提出项目法人组建方案及运行机制、资金筹措方案、资金结构及回收资金的办法，并依照有关规定附具有管辖权的水行政主管部门或流域管理机构签署的规划同意书和对取水许可预申请的书面审查意见。

审批部门要委托有相应资格的工程咨询机构对可行性研究报告进行评估，并综合行业归口主管部门、投资机构（公司）、项目法人（或项目法人筹备机构）等方面的意见后审批。项目可行性研究报告批准后，不得随意修改和变更，在主要内容上有重要变动，应经原批准机关复审同意。经过批准的可行性研究报告是项目决策和进行初步设计的依据。

3. 初步设计

初步设计是根据批准的可行性研究报告和必要的、准确的设计资料，对设计对象进行整体研究，以阐明拟建工程在技术上的可行性和经济上的合理性，并确定项目的各项基本技术参数和编制项目的总概算，其编制工作应选择有项目相应资格的设计单位按照《水利水电工程初步设计报告编制规程》（电力部、水利部电办〔1993〕113号）进行。

初步设计文件报批前，一般须由项目法人委托有相应资格的工程咨询机构或组织行业各方面（包括管理、设计、施工、咨询等方面）的专家，对初步设计中的重大问题进行咨询论证。设计单位根据咨询论证意见，对初步设计文件进行补充、修改、优化。初步设计由项目法人组织审查后，按国家现行规定权限向主管部门申报审批。初步设计文件经批准后，主要内容不得随意修改、变更，并作为项目建设实施的技术文件基础。如有重要修改、变更，须经原审批机关复审同意。

4. 施工准备

在施工准备阶段，项目法人或其代理机构须按照《水利工程建设项目规定（试行）》（水利部水建〔1995〕128号）中"管理体制和职责"明确的分级管理权限，向水行政主管部门办理报建手续，并交验工程建设项目的有关批准文件。同时，在具备初步设计已批准、项目法人已经建立、项目已列入国家或地方水利建设投资计划、筹资方案已经确定、有关土地使用权已经批准的条件下，方可组织施工准备工作，主要内容包括：①施工现场的征地、拆迁；②完成施工用水、电、通信、路和场地平整等工程；③必需的生产、生活临时建筑工程；④组织招标设计、咨询、设备和物资采购等服务；⑤组织建设监理和主体工程招标投标，并择优选定建设监理单位和施工承包队伍。

5. 建设实施

建设实施阶段主要是主体工程的建设实施，即项目法人按照批准的建设文件，组织工程建设，保证项目建设目标的实现。在进入建设实施阶段前，项目法人或其代理机构必须按审批权限，向主管部门提出主体工程开工申请报告，经批准后方能正式开工。

主体工程的开工必须具备《水利工程建设项目管理规定（试行）》中明确的条件，即：①前期工程各阶段文件已按规定批准，施工详图设计可以满足初期主体工程施工的需要；②建设项目已列入国家或地方水利建设投资年度计划，年度建设资金已落实；③主体工程招标已经决标，工程承包合同已经签订，并得到主管部门同意；④现场施工准备和征地移民等建设外部条件能够满足主体工程开工需要。

同时，随着社会主义市场经济体制的建立，主体工程开工前还须具备其他有关条件：①建设管理模式已经确定，投资主体与项目主体的管理关系已经理顺；②项目建设所需全部投资来源已经明确，且投资结构合理；③项目产品的销售已有用户承诺，并确定了定价原则。

6. 生产准备

生产准备阶段是建设阶段转入生产经营的必要条件，是项目投产前所要进行的一项重要工作。它要求项目法人按照建管结合和项目法人责任制的要求，根据不同类型的工程做好有关生产准备工作，主要包括生活组织准备、招收和培训人员、生产技术准备、生产物资准备、正常生活福利设施准备等。

7. 竣工验收

竣工验收是工程完成建设目标的标志，全面考核基本建设成果、检验设计和工程质量的重要程序。它要求建设项目在建设内容完成，经过工程验收（包括工程档案资料的验收），符合设计要求，并按《水利基本建设项目（工程）档案资料管理暂行规定》（水利部水办〔1997〕275号）的要求完成了档案资料的整理工作、竣工报告、竣工决算（须经审计机关竣工审计）等必需文件后，由项目法人按《水利工程建设项目管理规定（试行）》的规定，向验收主管部门提出申请，由验收主管部门根据国家和部颁验收规程组织验收。

工程规模较大、技术复杂的建设项目可先进行初步验收。不合格的工程不予验收；有遗留问题的项目，对遗留问题必须有具体处理意见，且有限期处理的明确要求并落实责任人。

8. 项目后评价

建设项目竣工投产后，一般经过两年生产运营后，需进行一次系统的项目后评价。后评价主要包括三方面的评价：①影响评价，项目投产后对各方面的影响进行评价；②经济效益评价，对项目投资、国民经济效益、财务效益、技术进步和规模效益、可行性研究深度等进行评价；③过程评价，对项目的立项、设计施工、建设管理、竣工投产、生产运营等全过程进行评价。

项目后评价工作必须遵循客观、公正、科学的原则，做到分析合理、评价公正，以达到肯定成绩、总结经验、研究问题、吸取教训、提出建议、改进工作，不断提高项目决策水平和投资效果的目的。

项目后评价一般按三个层次实施，即项目法人的自我评价、项目行业的评价、计划部门（或主要投资方）的评价。

二、建设项目法人制

建设项目法人制是指由项目法人对项目的策划、资金筹措、建设实施、生产经营、债务偿还和资产的保值增值实行全过程负责的一种管理模式。其目的是为了加强公益性水利工程建设管理，进一步明确水利工程建设的项目法人及各个环节的责任，提高水利工程建设的效率与质量。

1. 水利工程建设项目的种类

根据作用和受益范围，水利工程建设项目可划分为中央项目和地方项目。项目的类别在审批项目建议书或可行性研究报告时确定。

中央项目是指跨省、自治区、直辖市的重大水利项目及大江大河的骨干治理工程项目，以及跨省、自治区、直辖市、跨流域的引水和国际河流工程项目及水资源综合利用等对国民经济全局有重大影响的项目，由水利部（或流域机构）负责组织建设并承担相应责任。

地方项目是指局部受益的防洪除涝、灌溉排水、河道整治、蓄滞洪区建设、水土保持、水资源保护等项目，由地方人民政府组织建设并承担相应责任。

2. 项目法人组建

项目主管部门应在可行性研究报告批复后，施工准备工作开工前完成项目法人的组建。

组建项目法人要按照项目的管理权限报上级主管部门审批和备案：中央项目由水利部（或流域机构）负责组建项目法人（即项目责任主体），任命法人代表；流域机构负责组建项目法人的报水利部备案；地方项目由县级以上人民政府或其委托的同级水行政主管部门负责组建项目法人，并报上级人民政府或其委托的水行政主管部门审批。其中总投资在2亿元以上的地方大型水利工程项目由项目所在地的省、自治区、直辖市及计划单列市、人民政府或其委托的水行政主管部门负责组建项目法人，任命法定代表人。

此外，新建项目一般应按建管一体的原则组建项目法人除险加固、续建配套、改建扩建等建设项目。原管理单位基本具备项目法人条件的，原则上由原管理单位作为项目法人或以其为基础组建项目法人；一级、二级堤防工程的项目法人可承担多个子项目的建设管理，项目法人的组建应报项目所在流域的流域机构备案；长江重要堤防隐蔽工程按照有关规定执行。

3. 项目法人的职责

项目法人是项目建设的责任主体，对项目建设的工程质量、工程进度、资金管理和生产安全负总责，并对项目主管部门负责。

项目法人在建设阶段的主要职责是：①组织初步设计文件的编制、审核、申报等工作；

②按照基本建设程序和批准的建设规模、内容、标准组织工程建设；③根据工程建设需要组建现场管理机构并负责任免其主要行政及技术、财务负责人；④负责办理工程质量监督、工程报建和主体工程开工报告报批手续；⑤负责与项目所在地地方人民政府及有关部门协调解决好工程建设外部条件；⑥依法对工程项目的勘察、设计、监理、施工和材料及设备等组织招标，并签订有关合同；⑦组织编制、审核、上报项目年度建设计划，落实年度工程建设资金，严格按照概算控制工程投资，用好、管好建设资金；⑧负责监督检查现场管理机构建设管理情况，包括工程投资、工期、质量、生产安全和工程建设责任制情况等；⑨负责组织制订、上报在建工程度汛计划、相应的安全度汛措施，并对在建工程安全度汛负责；⑩负责组织编制竣工决算、按照有关验收规程组织或参与验收工作、工程档案资料的管理等。

4. 项目法人的考核管理

项目主管部门应根据项目法定代表人、技术负责人和经济负责人等岗位的特点，负责对项目法人及其法定代表人和技术、经济负责人的考核管理工作，实行年度考核和任期考核，重点是考核工作业绩并建立业绩档案。

考核的主要内容包括：①遵守国家颁布的固定资产投资、资金管理与建设管理的法律、法规和规章的情况；②年度建设计划和批准的设计文件的执行情况；③建设工期、工程质量和生产安全情况；④概算控制、资金使用和工程组织管理情况；⑤生产能力和国有资产形成及投资效益情况；⑥土地、环境保护和国有资源利用情况；⑦精神文明建设情况；⑧信息管理、工程档案资料管理情况；⑨其他需考核的事项。

5. 奖惩制度

根据项目建设的考核情况，项目主管部门可在工程造价、工期和生产安全得到有效控制，工程质量优良的前提下，对为建设项目做出突出成绩的项目法定代表人及有关人员进行奖励，奖金可在工程建设结余中列支，对在项目建设中出现较大工程质量和生产安全事故的项目法定代表人及有关人员进行处罚。

三、建设监理制

建设监理是指监理单位受项目法人委托，依据国家有关工程建设的法律、法规及有关技术标准、经批准的项目建设文件、工程建设合同以及工程监理合同，综合运用法律、经济、行政和技术手段，对工程建设的参与者的行为所进行的监督、控制、评价和管理。它可以对工程建设的全过程进行监理,也可以分阶段进行设计监理、施工监理等。

建设监理制是我国工程建设领域中项目管理体制的重大改革举措之一,是与投资体制、承包经济责任制、招标投标制、项目法人制等相匹配的改革制度,其目的是提高工程建设项目管理的水平,改善和提高工程建设项目的投资效益,促进承包企业提高技术与管理水平。2006年水利部在《水利工程建设监理规定》(水建〔1999〕637号)的基础上出台了部门规章《水利工程建设监理规定》(2006年水利部令28号),对水利工程建设监理的管理机构及职责、建设监理单位和监理工程师、建设监理合同和监理程序、外资和中外合资建设的水利工程建设监理以及法律责任等方面作了具体规定。

(一)适用范围

建设监理是一种中介服务活动,因此哪些工程建设需要监理应由项目法人自愿选择。为了加强对涉及国计民生的建设项目的管理,1995年12月15日建设部、国家计委联合发布了《工程建设监理规定》,对实行强制监理的建筑工程范围作出了具体规定,主要包括:大中型工程项目;市政、公用工程项目;政府投资兴建和开发建设的办公楼、社会发展事业项目和住宅工程项目;外资、中外合资、国外贷款、赠款、捐款建设的工程项目等。

对水利工程建设项目,《水利工程建设监理规定》第二条规定:在我国境内的大中型水利工程建设项目,必须实施建设监理,小型水利工程建设项目也应逐步实施建设监理。其中,水利工程包括防洪除涝工程、灌溉排水工程、水力发电工程、乡镇供水工程、给排水工程、水土保持工程、环境水利工程、水利系统的地方电力工程及其配套和附属工程,以及外资、中外合资兴建的水利工程等。

(二)建设监理单位和监理工程师

为加强对水利工程建设监理单位和监理工程师的管理,依法开展监理业务,促进水利工程建设监理工作健康发展,水利部发布了《水利工程建设监理单位管理办法》和《水利工程建设监理工程师管理办法》(水建〔1996〕397号),对监理单位和监理工程师的资格审批与管理作了明确规定。

1. 监理单位

水利工程建设监理单位是指取得水利工程建设监理资格等级证书,具有从事工程建设监理业务法人资格的单位。监理单位的资格等级分为甲级、乙级和丙级。

不同等级监理单位的业务范围有所不同：甲级单位可以承担各类水利工程建设监理业务；乙级单位可以承担大（二）型及其以下各类水利工程建设监理业务；丙级单位可以承担中小型水利工程建设监理业务。

监理单位的资格管理：申请水利工程建设监理单位资格的单位将《水利工程建设监理单位资格等级申请表》及必须出具的证明材料，按隶属关系送流域机构或省、自治区、直辖市水利（水务）厅（局），经其初审后报送水利部水利工程建设监理资格评审委员会负责审定申请单位的业务范围和资格等级，合格的由水利部颁发《水利工程建设监理单位资格等级证书》。

水利工程建设监理单位资格等级每两年复查一次。甲级监理单位及水利部直属监理单位资格等级的复查工作由水利部负责；乙、丙级监理单位资格等级的复查工作由各流域机构或省、自治区、直辖市水利（水务）厅（局）负责，复查结果报水利部备案。凡执业成绩优异，获得良好社会信誉，经审查达到上一资格等级的监理单位，可按有关规定办理升级手续；凡复查时被核定降级的监理单位，由水利部收缴原资格证书，并核发新的资格证书。

监理单位分立或合并，应向水利部交回《水利工程建设监理单位资格等级证书》和《水利工程建设监理单位监理业务手册》，经重新审查核定资格等级并取得相应的《水利工程建设监理单位资格等级证书》后，方可从事监理业务；监理单位名称或法人代表、技术负责人发生变更的，需到水利部办理变更手续；监理单位终止监理业务，应报水利部备案并交回《水利工程建设监理单位资格等级证书》和《水利工程建设监理单位监理业务手册》。

监理单位跨地区承担工程监理业务时，应持《水利工程建设监理单位资格等级证书》向项目所在地的行政主管部门（水利部、流域机构或省级水行政主管部门）备案。

2. 监理工程师

水利工程监理工程师系岗位职务，指经全国水利工程建设监理资格统一考试合格，经批准获得《水利工程建设监理工程师资格证书》，并经注册取得《水利工程建设监理工程师岗位证书》的工程建设监理人员。

（1）管理机构。根据有关规定，水利部负责全国水利工程建设监理工程师资格考试、审批和注册管理工作，各流域机构负责组织本流域机构下属单位的监理工程师的资格考试、资格初审和注册管理工作；各省、自治区、直辖市水利（水务）厅（局）负责组织本行政区域内监理工程师的资格考试、资格初审和注册管理工作；水利部建设监理资格评审委员会是负责全国水利工程建设监理资格评审的机构，其下设办公室，负责监理工程师资格评审的日常工作。

（2）资格评审。参加监理工程师资格评审的必须先进行考试，同时还应具备具有高级专业技术职称或取得中级专业技术职称后，具有3年以上水利工程建设实践经验、经过水利部认定的监理工程师培训班培训合格并取得结业证书的条件。

监理工程师资格考试合格者，由水利部建设监理资格评审委员会进行评审，提出符合监理工程师资格者名单，报水利部批准后核发《水利工程建设监理工程师资格证书》。

（3）注册管理。水利部是全国水利工程建设监理工程师注册管理机关，水利部建设管理司是部属监理单位监理工程师的注册机关。各流域机构是本流域机构所属监理单位监理工程师的注册机关。各省、自治区、直辖市水利（水务）厅（局）是本行政区所属监理单位监理工程师注册机关。

申请注册监理工程师的，需由申请者填写《水利工程建设监理工程师注册申请表》，由监理单位按隶属关系向注册机关提出申请，监理工程师注册机关收到申请后依照有关规定进行审查，对符合条件者予以注册并颁发《水利工程建设监理工程师岗位证书》，向监理单位颁发《水利工程建设监理工程师注册批准书》，并报水利部备案。

监理工程师只能在一个监理单位注册并在该单位承接的监理项目中工作，并不得以个人名义私自承接工程建设监理业务。

注册机关每两年对《水利工程建设监理工程师岗位证书》持有者复查一次，对不符合条件者核销注册并收回《水利工程建设监理工程师岗位证书》，复查结果报水利部备案。监理工程师退出、调出所在的监理单位或被解聘，须向原注册机关交回其《水利工程建设监理工程师岗位证书》，核销注册，如再从事监理业务须重新申请注册。

国家行政机关和具有行政职能的事业单位的现职工作人员不得申请监理工程师注册。

（三）建设监理的一般程序

《水利工程建设监理规定》（2006年水利部令28号）对水利工程建设监理程序作出了规定：①编制工程建设监理规划；②按工程建设进度，分专业编制工程建设监理细则；③按照建设监理细则实施建设监理；④建设监理业务完成后，向项目法人提交工程建设监理工作总结报告和档案资料。

1. 编制监理规划

监理规划是监理单位根据项目法人与其签订的监理委托合同确定的监理范围，并根据该项目的特点而编写的实施监理的工作计划,是开展项目监理活动的纲领性文件。监理规划是在项目总监理工程师的主持下,根据项目法人提出的监理要求,在详细了解监理项目有关资料的基础上,结合监理的具体条件编制而成的。

2. 编制监理细则

监理细则是专业监理工程师根据工程建设进度,针对各专业的具体情况制定更具有实施性和可操作性的业务文件,是监理规划的补充和完善。

3. 实施监理业务

监理单位及其项目监理组织应当根据制订的监理规划和监理细则规范地开展监理工作。项目法人在监理单位实施监理前,必须将委托的监理单位、监理的内容、总监理工程师姓名及所赋予的权限书面通知施工单位,并报上级主管部门备案;总监理工程师应当将其实施工程监理的管理办法书面通知施工单位;监理单位应当在其资格等级许可的监理范围内承担工程监理业务。

4. 总结监理工作

监理工作总结主要包括两部分内容:一部分是向项目法人提交的监理工作总结,内容有监理委托合同履行情况概述、监理任务或监理目标完成情况的评分、由项目法人提供的供监理活动使用的办公用房(车)辆等清单、表明监理工作终结的说明等;另一部分是向监理单位提交的监理工作总结,包括监理工作的各类经验等。

(四)涉外水利工程建设监理

国外公司、社团组织在中国境内独立投资的水利工程建设项目,需要委托国外监理单位承担建设监理业务时,必须遵守中国的法律、法规,并接受水行政主管部门的管理和监督。中外合资兴建的水利工程建设项目,应当委托中国水利工程建设监理单位进行监理。国外贷款和赠款的水利工程建设项目,应由中国水利工程建设监理单位负责建设监理。

(五)法律责任

项目法人违反《水利工程建设监理规定》的,由项目主管部门给予警告。

监理单位有未经批准擅自开业、聘用无《水利工程建设监理工程师岗位证书》人员从事监理工程师业务或者超出批准的业务范围从事工程建设监理活动、转让或分包监理业务,以及承包所监理工程的施工或经营与所监理工程有关的建筑材料、构配件和建筑机械、设备或者故意损害项目法人或被监理方的利益、因工作失误造成重大事故等行为之一的,由监理主管部门给予警告,情节严重的取消其水利工程建设监理单位资格,收缴其《水利工程建设监理工程师岗位证书》。

监理工程师有未经注册且以监理工程师名义从事监理业务。一人在两个或两个以上监理单位申请注册,以监理工程师个人名义承接监理业务或者出卖、出借、转让、涂改或以不正当手段取得《水利工程建设监理工程师资格证书》或《水利工程建设监理工程师岗位证书》,在影响公正执行监理业务的单位兼职的行为之一的,由监理主管部门给予警告,情节严重者取消其监理工程师资格,收缴其《水利工程建设监理工程师资格证书》或《水利工程建设监理工程师岗位证书》。

渎职或者与承包商勾结瞒报、虚报、偷工减料,造成严重经济损失和严重后果,构成犯罪的,移送司法机关依法处理。

四、工程质量监督

水利工程质量管理是工程建设过程中永恒的话题。工程建设质量的水平如何,质量效果如何,直接关系到一定时期我国水利工程建设的发展水平,直接关系到国民经济的发展和人民生命财产的安全。因此,加强建设工程的质量是一个十分重要的问题。

国务院于 2000 年 1 月 30 日颁布《建设工程质量管理条例》(国务院令第 279 号)、水利部于 1997 年发布了《水利工程质量管理规定》(水利部令第 7 号)和《水利工程质量监督管理规定》(水利部水建〔1997〕339 号),明确国家对工程质量实行监督管理制度,水利工程按照分级管理的原则由相应水行政主管部门授权的质量监督机构实施质量监督,进一步规范了工程质量管理行为,促进了我国水利工程建设质量的提高。

(一)监督管理与工程监理的区别

水利工程质量的监督管理是指水行政主管部门及其授权机构依法对建设工程质量进行的监督和管理,与工程监理有着明显的区别:

(1)范畴不同。工程监理是项目法人委托具有法人资格、独立经营的监理机构对建设项目实施全过程的监督,是为项目法人服务的,项目法人对监理单位有选择权,它是履行"契约型"合同的一种社会监督手段;监督管理是国家管理部门对建设项目的各个环节进行的监督检查,属于行政管理范畴,是政府加强对建设市场综合管理的一种措施,项目法人不能选择质量监督机构,完全按照规定的职责权限,由相应的质量监督机构实施监管。

（2）工作方式不同。工程监理一般由项目监理组织现场监督；监督管理既有平时经常性的巡回监督，又有必要时派出的监督检查组突击抽查。

（3）业务范围不同。工程监理的业务范围是项目法人与施工单位双方签订的合同中规定的有关技术、经济条款，其职权由项目法人与单位商定；监督管理的职责范围是根据派出部门的授权而定的。

（4）监管重点不同。工程监理的重点是检查施工单位工作质量和工程质量，核实建设进度及资金使用情况，其驻现场的人员不仅要有足够的数量，而且要有工程技术与经济管理工作经验；监督管理重点是以宏观决策为主，职责主要是协调项目管理、勘察设计、工程施工以及监理单位之间发生的问题，及时向派出的单位提供项目实施中的各类信息。

（二）机构设置

水利工程质量监督机构经省级以上水行政主管部门资质审查合格，方可承担水利工程的质量监督工作。水利部主管全国水利工程质量监督工作，水利工程质量监督机构按总站、中心站、站三级设置，隶属于同级水行政主管部门，业务上接受上一级质量监督机构的指导。

质量监督机构可聘任符合条件的工程技术人员作为工程项目的兼职质量监督员。为保证质量监督工作的公正性、权威性，凡从事该工程监理、设计、施工、设备制造的人员不得担任该工程的兼职质量监督员。

（三）管理职责

《水利工程质量监督管理规定》对各级水利工程质量监督机构的职责作了明确规定：①贯彻执行有关工程建设质量管理的方针、政策；②管理辖区内水利工程的质量监督工作，负责监督设计、监理、施工单位在其资质允许范围内从事水利工程建设的质量工作，负责检查、督促建设、监理、设计、施工单位建立质量体系；③监督受监督水利工程质量事故的处理；④参加受监督水利工程的阶段验收和竣工验收；⑤掌握辖区内水利工程质量动态和质量监督工作情况，定期报告；⑥组织质量监督员培训，开展质量检查活动，组织交流工作经验。

（四）水利工程质量监督

水利工程建设项目法人应在工程开工前到相应的水利工程质量监督机构办理监督手续，签订

《水利工程质量监督书》，并按规定缴纳质量监督费。质量监督机构根据受监督工程的规模、重要性等，制订质量监督计划，确定质量监督的组织形式。

1. 监督方式

水利工程建设项目质量监督方式以抽查为主，大型水利工程应建立质量监督项目站，中、小型水利工程可根据需要建立质量监督项目站（组）进行巡回监督。

2. 监督期限

从工程开工前办理质量监督手续始，到工程竣工验收委员会同意交付使用止。

3. 主要内容

包括：①对监理、设计、施工和有关产品制作单位的资质进行复核；②对建设、监理单位的质量检查体系和施工单位的质量保证体系以及设计单位现场服务等实施监督检查；③对工程项目的单位工程、分部工程、单元工程的划分进行监督检查；④监督检查技术规程、规范和质量标准的执行情况；⑤检查施工单位和建设、监理单位对工程质量检验和质量评定情况；⑥在工程竣工验收前，对工程质量进行等级核定，编制工程质量评定报告，并向工程竣工验收委员会提出质量等级的建议。

4. 监督权限

包括：①对监理、设计、施工等单位的资质等级、经营范围进行核查，发现越级承包工程等不符合规定要求的，责成建设单位限期改正，并向水行政主管部门报告；②对工程有关部位进行检查，调阅建设、监理单位和施工单位的检测试验成果、检查记录和施工记录；③对违反技术规程、规范、质量标准或设计文件的施工单位，通知建设、监理单位采取纠正措施，问题严重时，可向水行政主管部门提出整顿的建议；④对使用未经检验或检验不合格的建筑材料、构配件及设备等，责成建设单位采取措施纠正；⑤提请有关部门奖励先进质量管理单位及个人；⑥提请有关部门或司法机关追究造成重大工程质量事故的单位和个人的行政、经济、刑事责任。

5. 质量检测

工程质量检测是工程质量监督和质量检查的重要手段。质量监督机构根据需要，可委托经省级以上质量认证合格的检测单位，对水利工程有关部位以及所采用的建筑材料和工程设备进行抽样检测。

水利部水利工程质量监督机构认定的水利工程质量检测机构出具的数据是全国水利系统的最终检测，各省级水利工程质量监督机构认定的水利工程质量检测机构所出具的检测数据是本行政区域内水利系统的最高检测。

（五）法律责任

《水利工程质量监督管理规定》对质量监督活动中违反有关规定应追究的法律责任作了规定：①项目法人在工程开工前，未按规定要求办理质量监督手续的，水行政主管部门依据《中华人民共和国行政处罚法》对建设单位进行处罚，并责令限期改正或按有关规定处理；②质量检测单位仿造检测数据、检测结论的，视情节轻重，报上级水行政主管部门对责任单位和责任人按有关规定进行处理，构成犯罪的，由司法机关依法追究其刑事责任；③质量监督员滥用职权、玩忽职守、徇私舞弊的，由质量监督机构提交水行政主管部门视情节轻重给予行政处分，构成犯罪的，由司法机关依法追究其刑事责任；④对不认真履行水利工程质量监督职责的质量监督机构，由相应水行政主管部门或其上一级水利工程质量监督机构给予通报批评、撤换负责人或撤销授权并进行机构改组；⑤从事工程质量监督的工作人员执法不严，违法不究或者滥用职权、贪污受贿，由其所在单位或上级主管部门给予行政处分，构成犯罪的，依法追究刑事责任。

第五章 民间水事规约与地域社会

第一节　民间水事规约的形成

民间水事规约，主要围绕地方性灌溉工程的修建、维护、管理而形成和发展。在一个灌区，各受益农户都捆绑在同一条水源上，构成一个利益共同体。在这个共同体中，客观上需要制订相对公平的用水法则，保证按一定规则使用水资源或排泄滞涝，维系共同体正常运行。《淮南子·齐俗训》在讲到万事万物都需要遵循规律和原则时举例说："辟若同陂而溉田，其受水均也。"① 即灌溉要平均供水，就应制定相应的法则。

最早见于记载的专门性灌溉法规始于西汉。汉元鼎六年（公元前111年），左内史倪宽建议开六辅渠，灌溉郑国渠旁地势较高的农田，建成以后"定水令，以广溉田"。② 这个水令，应该是这个灌区的灌溉用水制度，有了合理的用水制度，以扩大灌溉面积。但具体内容已无从考证。汉武帝发起兴修水利时，朝廷所直接管理的"三辅"（京兆府、左冯翊、右扶风）赋税田租高于其他郡国，影响农民兴修水利的积极性，因此于汉元鼎六年下《减内史稻田租挈诏》（或称为《平繇行水诏》），减内史（即三辅）稻田租税，并采取"平繇行水"政策，即合理分配用水。西汉末年，召信臣在河南南阳大兴水利，建成了六门陂、钳卢陂等著名蓄水灌溉工程，同时，"为民作均水约束，刻石立于田畔，以防纷争"③，均水约束就是按需要均衡用水的法则，以约束各受益农户，以免引起用水纠纷。东汉永平十六年（公元73年），王景任庐江太守时主持恢复古灌区芍陂，"隧铭石刻誓，令民知常禁"④，制定合理分配用水的法规，并刻石示众，目的是减少纠纷。

北魏时刁雍主持开凿的艾山渠，约在今宁夏青铜峡以下的黄河西岸。整个工程不仅有100多里的渠道，而且因地制宜地增修了拦河坝，保证了灌溉用水。这项工程的用水制度是："一旬之间，则水一遍，水凡四溉，谷得成实。"因而使当时青铜峡以下的黄河两岸干旱地区出现了万顷良田，成了"官课常充，民亦丰赡"的富饶之乡。

现存最早的专门的、具体的灌溉管理制度见于唐代甘肃敦煌的甘泉水灌区。甘泉水灌区是一个长宽各数十里的大型灌区，制定有被称作《敦煌县用水细则》的灌溉用水制度。现存残卷二千余字。内容分为两大部分，前一部分记述渠道之间轮灌的先后次序。灌区内各干渠之间、干渠内各支渠之间都有轮灌的规定。后半部分是对全年灌溉次数和各次灌水时间的规定。灌区全年共灌

---

①②③　周魁一. 中国科学技术史·水利卷. 北京：科学出版社，2002.

④　[南朝]范晔. 后汉书·王景传（卷一〇六）. 北京：中华书局，1965.

水五次，五次灌水时间又分别和节气相适应，实际上就是和作物的不同生长期相适应。并考虑到不同作物品种对灌水时间和次数的不同要求。敦煌地区虽然偏远，但此项农田灌溉管理水平和技术水平，可代表此时全国的平均水平。《敦煌县用水细则》还提到，有些制度的规定并无古代典籍的凭据，而是"承前已（以）来，当乡古老相传之语，代相承，将为节度"。说明该灌溉法规的实际出现和使用的时间比唐代更早。

宋代地方性灌溉工程的管理规则得到发展。以熙宁三年制定的《千仓渠水利奏立科条》为例，该科条共十一项，详列千仓渠水利管理、使用等项目。

对著名的陕西古老引泾灌渠，元世祖曾"立屯田府督治之"，以后在元大德八年（1304年）"复填以草以土为堰"，订立了"岁时茸理"的制度。元至元五年（1339年），丰利渠（即泾渠）成后，又制定了一套管理制度。据元代李好文的《长安图志·泾渠图说》记载，泾渠建成后，订有《洪堰制度》和《用水则例》以规范工程维护和灌溉用水。

明清以来，民间水事规约得到了充分发展，尤其在干旱缺水的华北、西北地区的地方志资料中有大量的记载。

第二节 明清以来"水案"频发催生水事规约大量出现

民间水事规约的发展，与明清以来地域社会水事纠纷多发有关。这些水事纠纷以山西最有代表性，对此，山西大学行龙先生进行了较为深入的研究，① 为我们进一步研究提供了重要的参考。

一、明清以来"水案"多发及其原因

以山西为例，明清以来，因引用河湖泉水和地下水浇灌土地而导致的水案几乎遍布全省各地，境内主要河流如汾河、潇河、文峪河、阳武河、桑干河、滹沱河等流域都发生了程度不同的各类水案，尤其汾河流域及其主要支流最为集中。汾河中游自太原以南，诸凡榆次、太谷、祁县、平遥、介休、灵石、霍州、洪洞、临汾、襄汾、新绛、河津均在其中。初步统计，明清以来直至新中国成立前，大小水案在上百起以上。"晋省以水渠起衅，诣讼凶殴者案不胜书"正是时人对水案

---

① 行龙. 明清以来山西水资源匮乏及相关问题研究（博士后研究成果）. 山西大学，2003.

普遍性的高度概括。在甘肃河西走廊许多县志中特设《水案》一章，记载"水案""水碑记""水利碑文""断案碑文"等，专载县域间、上下游间争水的纠纷。

概括水事纠纷多发的原因，主要有以下几点：

1. 水地矛盾突出

明清以来人口激增，人地矛盾突出，对农业单位面积产量的要求更高，导致水地矛盾突出。如晋水中河地区，历来水案不多，恰如明嘉靖二十二年（1543年）《申明水利禁例公移》中所言，"其中、南、陆堡三渠用水不远，又系长流，多不启闭，素少争竞"。但是，随着明清时期生态环境的日益恶化，水资源的日益匮乏，灾害尤其是旱灾频率的日益增加，本渠在清乾隆年间也开始有水案发生了。

2. 一些管理人员素质差

渠长、渠甲中不乏正直、公道之人，他们因自己的努力依法维护了渠民的利益，享有崇高的威信。但是也有不少渠长以权谋私，为非作歹，霸占水权，卖水渔利，这是造成水案的最大因素，所有水案都或多或少与此有关联。

如《板桥水利公案碑记》记载，雍正年间，太原北河渠甲滥施淫威，恃势欺压总河照规用水的寺僧寂尊，打坏提水设施。僧人因势单含愤离寺。后乡绅杨廷璇等人激于义愤，代该僧人出面，将北河渠甲控至官府，由官府出面制裁了渠甲滥施权力的行为，才维护了平民正常的用水权。盗卖水利是渠长常见的徇私手段。如清道光八年（1828年），太原王郭村渠长许恭卖灌上河杀牛沟地亩六顷有奇，索村渠长控许恭，清道光十一年（1831年）许恭又卖灌杀牛沟地，且于晋祠总渠行凶。最后官府差役邀同外村人等理处，许恭受罚团桌二十张，椅子六十把。还有的渠甲借兴讼之机大肆摊派，借机渔利，如清道光二十四年（1844年），晋祠南北河渠甲借修缮庙宇之际，故意在赤桥村人洗纸必经之地筑起栏杆，堵塞石梯口，不许该村下池洗纸。赤桥村地处北河上游，大部分住户历来以制造草纸为生，且春秋之际在晋祠总河洗纸早已是百年成规，不容损害。双方因此兴讼。虽经官断，维持了赤桥村人正当的用水权，斥责了渠甲的强梁行为，但南北河渠甲屡屡"抗违不遵，翻控数次"。赤桥村人刘大鹏所言正中其要害："南北河渠甲往往依恃河势，凌侮农氓，动辄用武殴人，与上流之村构讼有司，因其办公瞻徇情面，不严加申饬，而渠甲遂愈肆鸱张，于无事中寻事，冀启讼端，即如此案，有司判断十分公允，乃若辈抗违不遵，翻控数次，方才结案。"① 针对雍正年间的玉带河水案，时人议论："河讼一兴，

---

① 刘大鹏. 晋祠志·河例六（卷三十五）. 太原：山西人民出版社，1986.

(渠甲)遂按田亩起派讼费,费一起十,费十起百,费百起千,费千起万。所费少而起派多,故不仅讼于县,而且讼于府,更讼于藩臬府院,经年累月而讼不息,案结而又讼,非其情之实不甘也,特欲借讼以渔利耳!"①

3. 乡绅操控

地方文献中不乏乡绅兴办水利、调处纠纷的记载。如河津县志,"监生刘全忠,刘家院人,善事父母,曾于本村西崖下穿洞开渠以兴水利,并设册,泯争竞,村人匾其门曰'恤我田畴'";介休县志也有类似的记载:"乾隆十一年,三河铁平坏,举人张任正率众修整如初,十六年中西两河水平亦坏,知县宋允清命举人张任正董葺之";临汾《重修龙子祠碑记》分别记载了清代不同时期乡绅捐资修复庙宇的事迹。此外,榆次、交城、文水等地方志中亦较多此类记载。

不少乡绅积极调节水事纠纷,赢得乡民尊敬。在山西灵石,据《清授文林郎附贡生耀彩耿公墓志铭》记载:"平、介上游相遂穿渠厚障,非盛夏雨涨,终年无水,霍郡苦之,灵石尤甚,及两县与平介争水屡不直。公愤极,被谒省宪,为沿河村民讼,讼卒值。霍民重德,公醵金镌'河流均沾'匾额以表高行焉。"雍正年间,太原绅士杨廷璇关心渠务,维护了渠众的利益,受到优待,在《晋祠志》南河河例中出现了"人情水":"共议于杨公宅侧开口,俾杨公家易于汲水",而且每年祭水神时,"设木主以祭之"。担任渠甲的乡绅在水案中更是不遗余力。在洪洞的两件水案中,乡绅的表现最为典型。清康熙二十七年(1688年),洪洞贺家庄与赵村争水一案中,贺家庄"生员贺子景运倡议保渠,身殒家倾"。本村地户为表彰其争水之功,"在渠各家公议,照依本县河东赏水之例,贺生在渠地三十亩,不轮水分,不做夫役,用尊前劳"。清道光二十二年(1842年),沃阳渠范村与古县等三村争水,范村掌例范兴隆为保护本村用水权,率渠甲五人与古县三村理论,语不相和,发生殴斗,致伤吉县村人命。范兴隆不惜一己之命,为村人承案。全村人众议定,"范兴隆为永远掌例,传于后辈,不许改移……且于每年逢祭祀之时,请伊后人拈香,值年掌例傍座相倍,以谢昔日之功"。②

但是也有不少劣绅挑起矛盾、推波助澜,加剧纠纷。道光年间,赤桥村劣绅王良,网罗党羽,勾结古城营渠长某,于每年除夕前,将北河下河本属小站营之水,卖与古城营,"岁得古城营水钱数十百千,古城营渠长亦借此渔利"。小站营渠长畏其威名,未敢阻止,遂连续霸卖年水达十数年之久,至同治初年王良死后,其党羽仍欲借此渔利,被讼至官府后,才终止其霸水、卖水的行

---

① 行龙. 明清以来山西水资源匮乏及相关问题研究(博士后研究成果). 山西大学,2003.

② 刘大鹏. 晋祠志·河例六(卷三十五). 太原:山西人民出版社,1986.

径。①

4. 官府预防不力

凡是有水利之地，自上而下道府州县各级官员均需兼水利衔。尽管如此，水利职官的设置也只是到县级为止。如前文所述，封建官吏与民众之间的天然隔膜，使即使处于国家权力末梢的县级官员与乡村社会接触的机会也少得屈指可数。于是，基层水利事务真正意义的管理和支配权完全落在乡村渠甲身上。国家对水权的管理主要体现在征收水资源使用权费。通常的情形是，国家在完成了对水费钱粮的征收任务后，便不再特别关注基层水利的运行状况，由此出现管理失控的现象。水事纠纷的预防机制和及时调处机制都不完善，国家对乡村社会内部争水械斗的行为一般听之任之，除非发生重大命案或双方争斗激烈，争执不下时，国家才会以仲裁者的身份被动介入。

另外，官府断案不公，也是加剧纠纷多发的原因。清初河津的干涧、尹村因水争讼，"自国朝康熙、雍正至嘉庆十年历有控案"，这桩官司直到清道光九年（1829年），河津县民师在午等，以"该县知县并民人史传清等私开水渠审断不公，并牵告浮收勒索"等为由诉至京师，才最后结案。考其实质，在于官员对案件的审理不公允所致。

二、地域社会水事纠纷的特点

1. 水利纠纷延续时间长，大多旷日持久

水案争水者往往不能够服从官府的判决，即使官府的判决是合理的，也要一讼再讼，不愿承认既定现实。前代或前一时期发生过的水案在后期还会以同样的方式同样的原因再次发生，而且更加激烈。

在道光年间，山西河津县干涧、尹村为私开水渠事发生纠纷，在《刑部奏议折》中明确指出，水事纠纷"自国朝康熙、雍正、嘉庆等年，历有控案"。②民国时期的资料仍然记载："此渠前清康熙、雍正、嘉庆、道光等年，历经控案无一不判令平塞，直至民国五年因此兴讼，又判令堵塞，十数年来相安无事，今乃死灰复燃。"③

以山西文水、交城境内的文峪河流域水事纠纷为例。自唐开元初年开凿甘泉渠以来，文水之开栅镇与交城之广兴镇即互争用水权，经历数百年不息。以县志记载的情况来看，交文争水发生最早始自元泰定四年（1327年），二县因文峪河灌溉水程分配问题争讼。之后，明成化六年（1470

---

①②③ 张学会. 河东水利石刻. 太原：山西人民出版社，2004.

年)、明隆庆三年(1569年)、明万历三十八年(1610年)又发生三次讼案,双方仍然围绕这一问题争控不已,甘泉渠水程一改再改,终未确定。直至清乾隆十三年(1748年),在甘泉渠的另一起水案中方得以解决。但好景不长,清乾隆二十六年(1761年)、二十八年(1763年)交文二邑之民又因争水伤人互控,两度动官。清嘉庆二十三年(1818年)至清道光三年(1823年),开栅上游之北峪口村拦河筑堰,致使甘泉渠水干,双方互斗,以致踩毁田苗,遂兴讼不已,官司打到山西巡抚处。光绪初年(1875年),开栅镇与汾阳县邓糟头等十三村争讼;清光绪二十二年(1896年)与北峪口争讼;清光绪二十六年(1900年)与北张家庄下六堰争讼。一起水案绵延数百年,屡兴不止,足见争水之激烈程度。

再以洪洞县为例,本境内渠道计有四十一处,自金元以来,直至清朝、民国,水案迭起,"纷纭纠葛,趋时愈久,真象愈蒙"。洪洞北沃阳渠,"该渠历来讼事纠葛甚多"。此渠引古县村南龙江池泉水,浇灌古县、董寺、李堡、范村四村之地。清康熙五十九年(1720年),古县村人因天旱无雨,创开私渠,盗夺沃阳渠范村北泉水利。两村于是争讼,范村为维护本村用水权,据理力争,但古县村豪强师成英等狡辩公堂,且不遵判决,屡屡翻控。平阳府接连三次更换官吏审讯,讼案始息。

再看山西霍山灌区的连子渠纠纷。清顺治二年(1645年)三月,苍村沃阳渠左承记率领50余人,将北张村连子渠填塞,强夺泉水浇本村地。处理结果:令沃阳渠渠长、乡保拨夫,限三日内将连子渠口开淘,放水通流,恢复灌溉。清顺治三年(1646年)五月,沃阳渠左承记挟恨,不服官府判决,率众放火烧毁卷州钦房三间。结果被判充军。清嘉庆十三年(1808年)至十四年(1809年),范村沃阳渠贡生左永和、张仰元纠众将连子渠渠道扒开,处理结果是左永和、张仰元受杖责,并令恢复渠道原状具结认错,永不再犯。清嘉庆二十四年(1819年)至二十五年(1820年),沃阳渠吕淦、杨景龙、左明鉴等率众,又在连子渠地内开渠,南北阔丈余,东西长三十余丈,开地十四余亩,又将连子渠截断。次年左明鉴等又私自开渠。处理结果是沃阳渠仍照册在涧中打坝治水,强开连子渠水地内之水渠令填平复原状。清道光元年(1821年)六月,范村杨黑蛋、杨胜令等率人持兵刃,强在连子渠水地内开渠。连子渠渠长、监生张国祥等向前理论,竟被打伤。处理结果是沃阳渠原渠道已废,令于河水往山西河津县固镇尹村、干涧等村因水争执也很有代表性。该案一直告至京城,"四十余年,水未归渠,又不能完浇"。

灵宝市大王镇西路井村村委院内现存的明清两代五幢碑碣,碑碣上记述的就是一桩跨明清两代、长达三百二十八年,历经八令四审发人深省的水利纠葛案。

黄河小北干流争夺滩地纠纷也很有代表性。黄河小北干流即禹门口至潼关河段，长一百三十二公里，是山陕界河，由于该段河道是游荡性河道，素有"三十年河东、三十年河西"之称，致使沿河土地有时在东，有时在西，围绕滩地耕种权产生的纠纷自明洪武二年（1369年）起，历经明、清及民国时期长达五百七十九年，直到新中国成立后1952年经周总理指示才得以圆满解决。

2. 水案中涉水双方范围广泛，人数众多

从纠纷的地域范围来看，一般而言，从同村同渠之间，到渠与渠、村与村、县与县甚至数十村之间、数县之间，都有纠纷。洪洞的例子最为典型：始建于宋金之际的通利渠，从赵城石止村至原汾西县师家庄沿汾河取水，浇灌赵城、洪洞、临汾三县十八村，因水不足而"屡起争端"，是为县与县之争。均益渠为洪洞县尹壁村一村所有，浇灌土地一百五十余亩，因同治年间执事人不善办理，"致起讼端，连年不断"，是为同村之争。再以河西走廊的黑河、石羊河等流域为例，水利纷争的主要类型有三种：一是河流上下游各县之间的争水，如黑河流域下游高台县与上游抚彝厅（今临泽县）张掖县之间的争水；石羊河流域下游镇番县（今民勤县）与上游武威县之间的争水。二是一县内各渠各坝（坝为子渠，下同）之间的争水，如镇番县各渠坝之间的争水。三是一坝内各使水利户之间的争水。

从参与纠纷的人数来看，少则几个人，多则几十、上百人、上千人。全渠全村乃至数村数渠人众，成百上千，"一变其涣散怯懦之习为合力御外之图，联袂攘臂，数十百人相率而叫嚣于公庭"。为了赢得胜诉，争水双方动用了各自全部的权力资源，如乡绅、族长、耆老等，有时甚至求助于讼师劣棍。这样就更加剧了水案的复杂性，使水案久拖不决，劳民伤财。而争水双方为取得用水权，"率皆掷金钱轻生命而不惜，以此而破其家者，趾踵相属也"。在上述山西河津县尹村和干涧之间的浊水水利纠纷中，一方当事人是以师在午等为代表的孙彪里尹村民，另一方当事人是认史传清等为代表的干涧村村民。村民往往由自己的渠甲、渠首为代表，出面组织争水行动，或出面向官府控告，实际上背后依托的是一村、数村或更大范围的利益群体。如上文提到的黄河小北干流滩地纠纷，就是以山陕交界华阴、朝邑、永济三县沿河农民为主体，涉及到两省县、州府、省众多衙门官员直至中央并旷日持久的社会性纠纷。

从官司的级别来看，从县级到府院都有，有的甚至惊动朝廷。如山西洪赵两县润民渠与普安渠的争水官司就一直打到钦差大臣兵部尚书处才得以解决。再以山西河津干涧、固镇和尹村等上下游诸村间争水的故事为例，尹村与芦庄同干涧发生争水冲突，干涧村本使用遮马峪清水灌田，按照历来用水成规:"凡属清水人户,不得再用浊水。一以清水长流,而浊水偶发,若令清水人户再用浊水,则偏若悬殊,故当日规定,水有繁稀,粮有轻重,清浊攸分,相沿已久,不得紊乱。"而尹村、芦庄等八村使用浊水溉田,双方各行其是,互不干涉。清雍正五年(1727年),正当浊水涌发之际,干涧觊觎浊水之利,偷开旧渠引水灌田,被控县衙,干涧村乡地、渠长遭杖责,并勒令堵塞渠口;清雍正七年(1729年),不甘争水失利的干涧村反诬芦庄霸占其清水之利,妄兴讼端。经院宪大人批示,将干涧村无理兴讼、图谋盗水之人责罚后结案。此后至清嘉庆十年(1805年)"历有控案",至清道光九年(1829年),据清山西巡抚徐《刑部议奏折》奏称"窃照步军统领衙门具奏,河津县民师在午等京控河津知县汪桂葆与县民史传清私开水渠审断不公并牵告浮收勒索等款",这次争水官司已闹到京城,并惊动刑部大院,于是御旨亲批"着交山西巡抚亲提人证卷宗,秉公审讯,按律以具奏"。因有历来断案记载和向来的用水成规,加上水案已引起朝野关注,故双方这起绵延百年的争讼很快得以解决,但此后仍不断有类似争水事件发生。

3. 水利纠纷斗争激烈,影响恶劣

多数水案要么因分水不均而起,要么因乡村权势阶层的霸占和操控,使原本激烈的纠纷更加激烈,小到口角打斗,大至集体械斗、流血冲突,乃至致死人命等结果都经常发生,且有随着时间的推移更趋激烈的特点。水案中流血冲突和命案不断的记录正是激烈性日益加强的证明。不仅如此,争水者为赢得诉讼的胜利,其实是为保护或争得水权,不惜倾家荡产,不惜一己性命,不惜与官府冲突等,也是水案激烈异常的表现。在有些地方,水事纠纷几乎成了地域社会最主要的社会问题。乾隆《古浪县志》:"河西讼案之大者,莫过于水利,一起争讼,连年不解,或截坝填河,或聚众毒打,如武威之吴牛、高头坝,其往事可鉴已。"① 纠纷往往致伤人命,其激烈的程度即令官府严判也无法根本遏止。尤其是"水势微弱之年,不是你抢,便是我夺,大家都在摩拳擦掌,针锋相对。一旦有事即揭竿而起,真有'虽千万人吾往矣'之势。一闹之下,轻者锅破碗响,重者头破血流"。② 以此演变成了一种长期性的、与日俱增的社会矛盾。

再如山西洪洞和赵城二县争水械斗之事,在全省范围内都颇有影响。据道光《赵城县志》记载,洪赵二县南北霍渠分水之争,最早始于北宋开宝年间,由于两渠争水激烈,官府因地势高低为洪赵定下三七分水的均水办法,并设立了限水、逼水二石。明隆庆二年(1568年),因二石废坏,民争复起,"两邑之民,各存偏私,又因渠无一定,分水不均,屡争屡讼"。清雍正二年(1724

---

① [清]张昭美,郭建文. 古浪县志·地理志·水利碑文说. 清乾隆十四年刻本.
② 不速客. 民勤纵横谈. 塞上春秋,1948(1).

年),民复争斗,官府按照古例,复立二石,但仅隔一年,仍蹈前辙,洪民将限水石击碎,赵城令江承诚连夜复置,随置随击,赵城人亦将逼水石拔去,以致两邑彼此纷纷呈详。清雍正三年(1725年),平阳知府刘登庸为彻底解决南北霍渠争水问题,会同洪赵二县县令亲至霍泉,设立分水铁栅,定下三七分水的办法,讼争始息。但洪赵争水并未就此平息,而是愈演愈烈,民国6年(1917年)赵城农民向地主争夺水权,四百多人惨遭杀害。民国16年(1927年),时值玉米灌水季节,赵城人将洪洞三分渠水悉数拦截,正依水程浇地的洪洞南秦村人一见水干,立刻纠集该村青壮年组成千人大队人马,手持器械径直打到赵城道觉村,将该村渠首房屋拆毁,打死巡水员一名,并至分水亭将渠水拨回,事后由南秦人按户摊钱赔偿死者了事。①

在前文已经提到的山西榆次县之永康镇水事纠纷中,小张义村、邬村、弓村用钱向永康镇买水灌田,清乾隆年间,三村民人因开旧渠与永康镇互相讦讼,地方官则以旧志未载而不准挑挖,小张义村村民萧老五等谋杀永康镇萧海成,致酿命案。当官府提讯萧老五,萧氏一派视死如归的气概:"不容开渠,故以命图赖,如准打挖,即愿画招,死亦不讳。"②道光末年,久旱不雨,洪洞古县、黄寺、李堡三村私掏新渠,盗范村北泉之水以浇灌,范村掌例(渠首类)范兴隆等前与三村理论,古县等三村聚合数百人与范村斗殴,致使古县村吉广顺归命。事发后,官府将范兴隆等以例案定罪,然范村民人聚众议定:范氏为范村永远掌例,传于后代,不许改移,"且于每年逢祭祀之时,请伊后人拈香,肆筵设席,请来必让至首座,值年掌例傍坐相陪,以谢昔日范某承案定罪之功"。

再看晋水南河纠纷。清道光二十五年(1845年),王郭村渠长刘煜因晋祠总河渠长杜桀卖其二堰水与索村,得钱肥己。协调伊叔、刘邦彦率领锹夫数百名,各带兵器,中有火铳数十杆。张村渠甲人等在后跟随者亦众。至晋祠南门外白衣庵大骂杜桀,专事行凶,声势汹汹,十分可畏。镇人魏景德挺身而出,理劝拦解。刘煜手持钩镰,创伤景德头顶腰手,当即倒地。杜桀闻知,纠众堵御。煜因景德伤重,逃命中堡恒和粮店。桀寻获,命水甲殴打,煜被伤亦重。到县堂讯,将殴煜之水甲四名,各管五十释放,桀与煜俱监禁,久乃开释。③

在黄河小北干流滩地纠纷中,历年械斗不断:清雍正七年(1729年),永济、朝邑两县居民数千人参与了械斗;清乾隆三年(1738年),永济、朝邑、华阴三县人又在黄河滩发生械斗;清乾隆十三年(1748年)纠纷又起,河东道守乔光烈出面协调,暂时达成协议。以后清嘉庆十年(1805年)及民国时期屡起争端。

---

①②③ 行龙. 明清以来山西水资源匮乏及相关问题研究(博士后研究成果). 山西大学, 2003.

三、民间水事规约的发展与完善

唐宋以来，在相对缺水的黄河流域，早就有水事纠纷的发生，但那时的水案具有局部性和数量少的特点。而明清以来，在相对干旱的河西走廊、关中、山西、河北釜阳河流域等地，不仅水事纠纷日益增多，而且更加复杂激烈，处理难度更大，更易反复，延续时间更长。频发的"水案"促进了"水规"等地方性水事规约的充分发展，这一时期名目繁多的"水规""水则"及"定案"亦相继问世，内容丰富，具体深入，大量存在于各地的地方志资料中。这是地方官府和民间社会为规范水事行为、减少水事纠纷而努力的结果。多数纠纷产生的直接原因，就是违反了已有的水规或惯例，而纠纷的解决结果一般也要以新的水规定案形式予以确认，水规的形成和发展其实就是水事纠纷解决结果不断被地域社会确认的过程。

经过调解被各方确认的修订条款一般逐渐固化为新的水事规约，得到强制执行。如万历年间山西介休县狐歧等泉水灌区内，卖地不卖水、卖水不卖地之风日重，以致水旱不分，粮税不均，知县王魁从检查旧时征粮数额入手，按水地则征水粮，旱地则征旱粮的规则，视地、粮多寡，重新均定水程，有明显效果。正如日本学者森田明认为，"成文乃当习惯发生动摇时才会有的现象，亦即当水利组织的秩序发生混乱和松懈，难于维护惯行的规律时，就重新整理旧有的惯例而再予确认，以加强其强制力量，或重订新规，以谋对应旧规里产生的矛盾"。[①]

水规虽然不同于国家法，但又是在与包括国家法在内的其他传统和社会制度的长期相互作用中形成的，与国家法之间相互渗透、配合，又彼此抵触、冲突。明清以来，以灌区的乡规民约和具体渠册和渠例、碑刻为表现形式的水行政管理制度，作为地方性规章或乡里制度的主要内容日益细致化、理性化，并由原来的民间性转而逐渐官方化和制度化了，对农田水利起支配作用，构成农田水利法的主体。这些微观层次的非正式制度，尽管级别低，效力范围小，表现形式不够规范，但也有一定的强制性。同时因其由受益农户共同商定，符合实际，针对性强，受益农户认可度高，执行效果好，实际上已成为那个时代规范基层水利权利和义务关系的根本"大法"。

虽然如此，但由于清代以来水资源利用方面的供求矛盾过于突出，违规偷水用水、掘渠开堰等行为屡禁不止，每每酿成严重后果，这些"水规""定案"难以发挥应有效用，水案的发生愈演愈烈。尤其是明清以来的北方，人地矛盾日益凸显，水地矛盾加剧，水事纠纷数量更多，更加复杂，处理难度更大，更易反复，延续时间更长。

---

① ［日］森田明. 清代水利社会史研究. 郑梁生, 译. 台北：国立编译馆, 1996.

第三节 民间水事规约规范的主要事项

民间自定或经官府批准的渠册、堰规等惯例法，其内容相当丰富。

一、基层水利管理人员及职责

（一）称谓及职责

地方性灌区一般设总管、水老、渠长、水甲、堰长等不同级别的管理人员。

以山西为例，河渠灌溉工程无论是官筑还是民筑，一般以渠甲制为最常见的组织管理形态。比如，《洪洞县水利志补》对此就有详细的描述："沿县额设治水渠长一人"，"各村沟首、执事专司办理各村一切事务，并随同渠长在渠口襄办各事"。赵城，"旧例各渠岁举老成、正直一二人充渠长，给木戳以专责成。渠长下设渠司，理渠之通塞；水巡数名，巡水之上下；沟头数名，司陡门之启闭。引灌有常期，兴夫有常数，岁久相沿，人免争竟"。洪洞，"胥设掌例、渠长、沟头、巡水、公直有差"。临汾，"其用人之法，渠有渠长，司水之禁令。沟头治浇灌，堰长守陡门，皆听于渠长"。汾州府，孔天印《田渠碑》："渠有长，长有夫"。忻州，"溉地之法，有接锹使水者，有分工使水者，渠长司之，以次轮溉，无得争越"。榆次，弓村渠"每年举渠长三人，水甲一名，巡夫十余名，办理渠务，并由村长监督"。新绛，古堆泉渠"全渠有水老三人，管理全渠淘河及放水事宜，每村有一庄头，接受使水番牌及管理本庄水事"。

敦煌"十渠，渠正二名；下永丰渠，渠长三名；普利、通裕、窑沟、伏羌、新旧庄浪六渠，渠长各三名；上永丰、庆余、大有三渠，渠长各一名"。渠正、渠长、水利各有不同职责，"渠正二名，总理渠务，渠长一十八名，分拨水浆，管理各渠渠道事务，每渠派水利一名，看守渠口，议定章程，每年春间，冰雪融化，河水通流，户民引灌田地，乘其滋润，播种安根，谓之浇混水，至立夏日，禀请官长带领工书渠正人等，至党河口名黑山子分水，渠正丈量河口宽窄，水底深浅，合算尺寸，摊就分数，按渠户数多寡，公允排水，自下而上轮流灌地"。[①]

在成都平原的中小堰渠普遍设置堰总、堰长、沟长、小堰长，加上受益水户，构成了灌溉堰渠实际上的直接管理体系。崇庆朱崇堰："例设堰总一，碾长一，堰长八。每沟各有长"。七分堰：

---

① ［清］苏履吉，曾诚. 敦煌县志·地理（卷二）. 台北：成文出版社，1970.

"小堰十三，灌田三万余亩，岁举上下堰长各一，沟长十三。"官堰："堰长二，由九小堰中轮充合作，有六十四堰甲，各管田一百六十亩。"①彭山、新津、眉州三县共用的通济堰："向例，每年于秋间报充堰长，新津举二人，彭山举四人，眉州兴四人……每沟筒设长一人……"②其余如什邡、绵竹、大邑、彭县、金堂、崇宁、青神、三台等州县堰渠多设有堰长或堰首。堰长名称不一，有称堰首者，有称堰总者，亦有称散堰长者，还有沟长，实即不同层次的大小堰长。

在云南滇池流域，基层水利设施管理者名称，有坝长、坝夫、各闸闸丁、巡河老人、水长、水练总、水头等。如富民县石坝，设总理二人，每牌水头二人（该渠灌溉分为四牌），催差一名。③又如，禄丰三乡一十一坝，皆引老鸦关河水灌溉，每坝设水长一人，一十一坝统设水练总一人负责管理。④

在长江中下游的中小陂塘灌区，设陂长、塘长、坝长等水官。有些规模较大、涉及范围广的陂塘，"长之下有小甲"或称水甲、陂甲。小型灌区有时并无专门管理人员，相关管理事务由地方绅士分段兼管。如嘉庆年间订立的芍陂条约规定："由老庙集至成家店派监生江汇川、戴春荣、王永昌，廪生史崇礼经管；戈家店至五里湾派文生陈克佑、监生陈克家经管；由五里湾至沙涧铺派州同邹茂春、廪生周绍典、候选从九邹庆扬经管；由沙涧铺至瓦庙店派监生邹土雄、童生王国生经管；由瓦庙店至双门铺派监生李兆璜、文生李同芳经管；由双门铺至众兴集派监生黄福基、李鸿渐、王庆昌经管。该门下有梗公者，该管董事约同各董公同议罚。"⑤

明末清初江南诸暨练湖灌溉区，知县刘光复大兴水利，定有《湖田事宜》及《善后事宜》，其中有关条款是针对圩长、夫甲的，比如：圩长必择殷实、能干，为众推服者充之。抚绥优恤，以作勤劳；禁革奸弊，以杜侵渔，庶可鼓众集事。圩长、夫甲免除夫役，如另有假名科派者，合加严究。圩长交接时，应将湖中诸事甘结明白。圩长三年一换，湖堤每年培厚一尺，未完工者戴罪速完发落。湖中有事故，必须亲自踏勘定夺。临湖勘查应轻车简从，自备钱粮，吃饭给钱，不准扰累百姓。⑥

渠长等管理人员的职责，主要是负责乡村水利事务的运行，负责日常渠务管理工作，包括水

---

① 罗元浦. 崇庆县志（卷一）. 成都：巴蜀出版社，1992.

② [清]涂长发. 嘉庆眉州属志（卷八）. 成都：巴蜀书社，1992.

③④ [清]王文韶. 续云南通志稿（卷二一）. 台北：文海出版社，1966.

⑤ 夏尚忠. 芍陂纪事. 嘉庆六年，清刻本.

⑥ [日]森田明. 清代水利社会史研究. 郑梁生，译. 台北：国立编译馆，1996.

利设施的看管、维修等，在水的分配利用上还要进行教化和监督等。

首先是调剂水程，确保用水公平。在山西晋水流域诸村庄的用水，分做正程用水与额外用水两种形式。正程用水指的是每年农历三月初一至七月三十之间渠册规定的渠系内村庄的合法水权，额外用水分做春水、秋水。（春水和秋水是用水中的一种特例。其中，春水在每年农历三月初一日前一个月；秋水在每年八月初二以后。其实行主要考虑到正程用水结束后，正程内有些村庄水量不足，有些村庄水多需无用，为了不致浪费和实现水系内配水的合理化，遂增加了春、秋水例。一开始是不成文的，后随着额外用水要求的增加而被制度化）。渠长的职责之一就是要尽量做到使水系内村庄间用水均平，不出现严重不均的现象。四川绵竹县属官渠、硼砂、宋家三堰通过十二时辰燃香长短来决定用水起止时间，具体负责执行的即有"看香堰总"。什邡之李家堰与绵竹之火烧堰之间为争水不断发生冲突，每有违制截闸，宽挖深淘行为，为防止此类事情，官府每令二堰各派堰首二人轮流看守。清道光元年（1821年）章程规定："各照应得分数引水灌溉，火（烧）堰不得恃强堵截。李（家）堰不得擅改旧章。并申明例禁，每岁需水之时，禀请什、绵两县，自四月初一日起，七月初二日止，督同汛厅、堰长人等轮期弹压。"①

其次是组织有关水系内的集体劳动。由于渠道经常被淤塞、损坏，所以需要及时维修。这些劳动有"挑河"（即清除渠道淤泥）、担河渣（清理挑河后渠岸两旁堆积的泥渣）、割河草（割除渠内生长的藻类植物）等内容。领导挑河挖渠、疏通渠道是为渠长者分内之事，其中最大的问题是征派夫役。夫役的数额，根据田亩的多寡、用水量的多少已有明文规定，通常在每年农事开始之时就由本闸会组织管理人员在公庙中商议定夺，届时按计划兴工。光绪《彭县志》载："湔堰旧规，每年冬季淘河作堰，皆民间照田派米，不领官帑。设立总、散堰长督工。"嘉庆《三台县志》："各举堰长数人。经理岁修事宜，届期堰长司其事而督之。"清道光《德阳县志》："凡河堰三十六道，时有壅塞，随加开导……每岁秋成后，堰长率众经理淘修。"

渠长除要承担领导挑河、水程分配、监督用水等日常性工作外，还要领导祈雨、祭祀、排解纠纷、征收摊派、完纳水粮等，必要的时候还要出资垫付。

此外，堰坝渠首的防护是堰长的又一任务，尤其在夏秋汛涨时期，有些堰长需驻防堰渠首地。

（二）选任方式和任期

渠长、水甲等管理人员的产生，一般是由受益农户民主推举，再由官府确认备案，有的堰渠

---

① ［清］傅华桂，等．续增什邡县志（卷九）．水利志．同治四年刻本．

为水户轮充。一般来说，任期一年，且不能连任。如山西古堆泉渠"老人由各村轮流充当，庄头由各庄推举"。繁峙县，"每年由村公所选举经理五人组成水利会"。如山西古堆泉渠老人，"系一年一任"。繁峙县，水利会，"专管一年常务之责"。

当然任期也有例外，如山西通利渠渠规规定："本渠长如果老成持重、办事认真、有裨渠务，合渠均称干练廉明者，准合渠绅董人等具禀保留，蝉联接充。"①另外，还有恶霸霸占者，如县东渠渠长职位自明末至清雍正七年（1729年），就被段姓一家霸占达八九十年之久。据乾隆年间赵谦德所撰《晋祠水利记功碑》记载，晋水南河王郭村人王杰士自清康熙五十三年（1714年）任南河总渠长后，霸占该职位长达十六年。

之所以由民间民主推举，是因为统治力量鞭长莫及。乡村水利事务完全依靠由受益农户共同推举出来的渠甲来管理。渠甲是乡村社会基于水利管理的需要自发形成的高度自治的水利组织的头领。为了体现国家对水利事务的绝对管理，国家对村落体内的渠甲人员要进行具有象征意义的管理，"渠甲由乡地保甲举报到官，令渠头投递连名水甲认状，官给印照"。②虽然仅限于形式，但经过这一程序后，乡村渠甲的权威也得到充分认可，成为介乎国家与村庄之间的媒介，成为填充国家权力在乡村社会水利管理中空缺的重要支配力量。

（三）候选人资格

对渠长的任职资格有着严格的要求。首重德行，必须是村庄中热心渠务、公正、明达、廉洁之人，必须在村社范围内拥有较高的威信，具有一定的号召力。宋熙宁三年（1070年）制定的《千仓渠水利奏立科条》规定，沿渠人户分作上流、中流、下流三等，每等各置甲头一人，以本等内田地、物力多且热心公益者任之。清代山西赵城，"旧例各渠岁举老成、正直一二人充渠长"；洪洞通利渠，"尤须家道殷实、人品端正、干练耐劳、素孚乡望者，方准合渠举充，不许一村擅自作出，致有滥保之弊"。③其次是财产的限制，即地多者充渠长，田少者充水甲，地少或"身无寸陇"者绝不能出任。以晋水总河为例："岁以惊蛰前，值年乡约会同合镇耆老秉公议举，择田多公正之农，若举不孚舆论，许另举他人。至身无寸陇者，非但不得充应渠长，即水甲亦不准冒充。"④

---

①③ 孙奂仑. 洪洞县水利志补. 太原：山西人民出版社，1992.

② 行龙. 明清以来山西水资源匮乏及相关问题研究（博士后研究成果）. 山西大学，2003.

④ 刘大鹏. 晋祠志·河例3（卷三十二）. 太原：山西人民出版社，1986.

至于灌区村落之外的人更是没有资格的。再次是必须熟悉渠务，有一定文化和组织能力。由此种种限制，使渠长职务变成村落社区中实力阶层的囊中之物，寻常小农很难全部具备以上条件，因此是没有被选举资格的。

（四）对违法灌区管理人员的处罚

为了约束渠长等管理人员，各地纷纷制定了相应的罚则。如甘肃的古浪县《渠坝水利碑文》对地方灌溉工程主要负责人"水利乡老"的权利与责任明确规定如下："各坝水利乡老于渠道上下不时巡视，倘被山水涨发冲坏或因天雨坍塌以及淤塞浅窄，催令急为修整，不得漠视""各坝水利乡老务要不时劝谕化导农民，若非己水，不得强行邀截混争，如违禀县处治""各坝修浚渠道，绅衿士庶俱按粮派夫，如有管水乡老派夫不均，致有偏枯受累之家，禀县拿究。"①

清雍正七年（1729年）九月，针对管理人员种种不法行为，山西太原府太原县专门针对晋祠渠头、水甲作出规定并刻石公示，主要内容如下：①渠头、水甲应按年更换。以地多者充渠长，次者充水甲，每年一换，避免年久生弊；②渠头、水甲应在普通农民中选择，不应选择生员、监生等有特权之人，以免仗势煽动百姓，如有违法行为也难以追究；③渠头、水甲应给予固定工资，渠长六两，水甲三两，锹夫五钱，由受益户按亩分摊。此外，不准有任何摊派勒索，违者罚款十倍，责革枷示；④渠头、水甲应与普通农户一样按地亩服劳役，如有借故多派劳役折钱入己者，照诓骗财物律计赃治罪；⑤渠头、水甲不得私自卖水自肥，违者照监守自盗律计赃治罪；⑥渠头、水甲应严守分水界限，如有违反，照抢占官民山场律治罪，因而聚众行凶者，照凶徒聚众例治罪；⑦渠头、水甲等应由官府登记、发给执照，稽查节制，年终考核。渠头、水甲互相承担连带责任，水甲犯罪，渠头不举报，一并连坐治罪。②

山西通利渠对渠长等管理人员的职责和罚则也有规定，主要内容如下：渠长对全渠所有设施负全责，必须随时确保各种设施、设备维修所需器材，并做好保养工作。如果因为疏忽影响了灾害时的修复，"准合渠禀官责革"，亦可依全渠成员意见向政府报告，使渠长承担责任。渠长倒卖渠水，浇灌私垦土地，以及卖水越次浇灌者，"准合渠将舞弊之渠长送官，追赃责革"。如果渠长以公费名义将自己在选举过程中所需费用算在水利费用中，强行摊派时，也可向官府报告治罪。对渠长之下的沟首、甲首也有规定。比如，各村沟首负责陡门管理，如果在岁修时任意变更陡门之

---

① ［清］张昭美，郭建文. 古浪县志（卷四）. 台北：成文出版社，1976.
② 太原晋祠博物馆. 晋祠碑碣. 太原：山西人民出版社，2001.

上下、宽窄之规格而欲多取水，则其行为与盗水无异，应被革职。沟首与甲首一样，对通往十八村之渠道管理负有重大责任，如有危险必须立即组织抢修，如有怠慢或耽误，则送官府惩罚。在需水期，沟首、甲首要认真看守分水陡门，并昼夜巡查，如有怠慢，送官治罪。沟首、甲首额外收费，许渠民告官究办。①

二、分水制度

由于水资源短缺，灌溉工程一般要对用水进行分配，以维持有关方面利益的平衡。分水制度是农田水利法规的核心内容。

（一）按地承粮，按粮摊水

在长期的生产实践过程中，各地人民总结出了比较统一的分水原则，即视耕种面积和承担田赋的多少以及出工的多少来分配用水。嘉庆《永昌县志·水利志》中载："夫按地承粮，按粮摊水，诚万世不易之道。"

甘肃镇番县有"照粮分时"和"计亩均水"两种方法："照粮摊水，时尽则止，有余不足，各因其水之消长，遇倒失自任之，是谓分时"，"若计亩，按地摊浇，以有余补不足，遇倒失，众分任之"。②甘肃古浪各渠各坝各立水利花名册，一式二份，一本存县，一本管水乡老收存，"使水之家，开载额粮暨用水时刻"，"稍有不均，据联簿查对"。③各处虽表述略有不同，但其基本精神是一致的，即按照受益面积和承赋多少来分配用水量。

（二）由上而下与由下而上

北方水渠由于水源不足，为了多浇地，一般都不实行全流灌溉，而是按照各村土地之多寡或分配的用水时刻实行轮灌。各地渠册、水册等资料中对用水顺序的记载十分详细。有的是"由上而下"，有的是"由下而上"，也有的是"一年由上而下，一年自下而上"，还有"并排浇灌""轮流浇灌""换灌溉"等不同的规定，而且一旦确定，一般不予变动。如清代山西定襄县各渠"由上

---

① ［日］森田明．清代水利社会史研究．郑樑生，译．台北：国立编译馆，1996．
② ［清］许协．水利考·灌略．台北：成文出版社，1970．
③ ［清］古浪县志·渠坝水利碑文（卷四）．台北：成文出版社，1976．

及下,公分使水"。崞真河渠灌溉由"各村自上而下,依次轮灌,周而复始"。赵城县各渠引水灌田"轮日按时,周而复始,由近及远,由高及卑,无违渠制"。洪洞县通利渠"汾河泛涨。不时,渠道大小不等,难以予定时辰,断令依旧逐村从下赶上,实行浇灌"。副霍渠"轮沟使水,议定十二日半一轮,分东西两渠……轮沟之日仍依旧规,自下而上,两渠各依分定日期"。广利渠"自来从下接村,分浇地土"。陈珍渠"浇地分列九口,先后次第须于上水之日令夫秉公占定,一年自上往下,一年自下逆上,每一甲口使水一昼夜"。明万历三十二年(1604年)制定刻石的广济渠管理条款规定,全渠分为二十四堰,即二十四个小灌区,都各有一定范围,不准私自增开新堰,以分原堰之水。自下而上依次引灌,每月灌溉两轮,上轮自初一子时至十三日申时,下轮自十五日午时至二十八日寅时。每个分灌区各有供水量的限制,各建闸控制。如有恃强违犯,按多浇地亩多少罚粮。

除对先后顺序作出原则规定外,有些灌区对因自然原因未及时浇灌和因自身原因错过浇灌时间的情况如何补救作了规定。自上而下的秩序,符合水流的常规,但轮到下游用水时,往往水势较弱,可能出现因浇灌不足而使下游利户利益受损。自下而上可避免这一情况,但又与渠首灌溉优先权相矛盾,有其在水量不足且急需用水时更为突出。宁夏灌区规定,每轮放水时,规定将上中段各陡口封闭,逼水到梢,先灌下游,后灌上游,谓之封水;在封水的同时给上段灌田多和田高灌水难的地方酌留适当水量,使与下游同时浇灌,谓之表水,实行封表轮灌,使上中下游均衡受益。这就保证了农田的用水需要,为干旱的宁夏地区农业丰收创造了条件。乾隆末年镇番知县文楠为避免水利纠纷,在汲取以往经验教训的基础上,制定出一套新的水规方案,付诸实施,颇觉可行,遂被遵为定制,这即是当时甚有名气的"文公定案"。该定案云:"灌水之法,川湖迥异。川(坝区)则四时轮灌,湖(区)则一年一水,移丘案亦然。……其浇法或点香为度,或照粮分时,或计亩均水,各坝章程不一。如遇山洪猛发,一坝不能独容,各坝亦可开口。要亦酌水势之大小,不得藉端私放。"①

(三)分水制度举例

在共同的原则下,各地具体的分水法在细节上有一定的差别,这里举几例说明。

(1)《洪堰制度》规定:①在干渠道上设闸门以分水,规定了设置闸门的具体位置,至分水时,各县派正官一员亲往分水现场监督守闸官的分水过程,以公平分水,"庶无偏私";②在支渠上设

---

① [清]许协,等. 镇番县志. 台北:成文出版社,1970.

斗门以均水，对不同地段设置斗门的数量严格控制，水出斗门之后，各户再自挖小渠引水浇田；③不准私自开斗放水，如有私自放水致渠损毁，斗门官要督促组织受益农户修理，如遇正常开斗浇田，管理人员要沿渠监督。

（2）《用水则例》规定：①凡用水要由管理人员算好用水量、用水时间，上报经批准后，方许开斗放水，"违时者斟酌断遣"；②自十月一日放水至六月涨水歇渠，七月停水；③按出工多少计算用水浇地面积，"每夫一名溉夏秋田二顷六十亩，仍验其工给水""如有盗浇供地不实，严行断罚"，不出夫役之家，不得用水，"如果监浇官斗门子人等看徇与水者依例断罚"；④供水的次序必须先下后上，昼夜相继，公田也不能越现先浇，下游浇地时，上游闭斗以保持足够水位，按规定用水标准，下游浇完时方许闭斗；⑤用水之家要派人昼夜观察供水情况，如果因冬夜避寒贪睡，使水空流而到天亮时田未浇过，耽误时间，枉费水利者，要"严加断罚"。

（3）山西太原晋祠灌区。晋祠北河水利，为向系军三民三分程，以六昼夜挨轮使水。军三浇灌小站、古城等营屯地，民三浇灌花塔、县城、金胜、董茹等村民田。每年自三月初一日起，至八月初一日止，立有排单，照依分定日期，轮流使水。清乾隆七年（1742年）又补充规定，每年春水自惊蛰起，六日一轮，挨至第三轮中之第三第四第五三程，给予金胜、董茹二村使用；秋水自八月初二日起，六日一轮，挨至第三轮之中第三第四二程给与金胜、董茹二村使用，永远遵守，再敢违断妄争，定行严拿详究。①

（4）山西霍山灌区，水规二十八日一周，赵邑十四日，霍州十四日。其中赵邑杏沟六日，仇池八日。霍州李庄七日，义旺四日，孔涧三日。周而复始，不得混乱。自峪口堰下分三渠，一为议旺、李庄，一为孔涧，一为仇池、杏沟。②

此外，如山西洪洞润源渠："自下而上挨次浇灌，十九日一周"；副霍渠："自上而下，十二日半为一轮。东渠三社地五百亩，分水五日夜，西渠二社地七百亩，分水七日夜，北关、西关各加赏水三时"；南霍渠："每三十五日，八个时辰浇一周，自下而上轮流浇灌"。

（5）河南闵乡县盘头渠。泉水出自富原里赵村风沟，流及上坡头、鹿台、盘头四村，争端屡起，明万历辛卯年，知县郑民悦计地分水，每日夜灌田一百二十余亩。赵村分水一日一夜，上坡头分水二日二夜，鹿台分水四日四夜，盘头分水八日八夜。每年二月初一日起，先盘头，次鹿台、次上坡头、次赵村。十五日一轮，各受其益，争端遂息。清乾隆十二年（1747年）七月二十六日，

---

① 左慧元. 黄河金石录. 郑州：黄河水利出版社，1999.

② [法]蓝克利，董晓萍. 不灌而治——山西四社五村水利文献与民俗. 北京：中华书局，2003.

水轮至鹿台村，乃上坡头纠众截水，两村争斗成讼。县令侯公豁断分明，河东地亩从上坡头二日水灌，河东地亩从鹿台村四日水灌，其买外村之地，坐落何渠即应何村之水灌溉。夫明纪既有分水石碑，清时又有侯公断，外村争端固无隙而起，但本村灌溉之规有未善者，照家分水，忽上忽下，费人力也不小；复东复西，耗水利也良多。因合村公议，全计地亩分做四天，每日灌田多寡均停。这一方法受到好评，行之十数载未有违规。

为避免以后随意更改，清乾隆三十三年（1768年），乡绅周其昌等应该村士民公议请示官府批准刻碑铭记。河南灵宝市古县镇鹿台村轮灌制度如下：一轮四天共灌四百八十余亩。上渠水头一日，自周合宗起，至李茂金止，共地六十三亩；下渠水头一日，河东自周天相起，至郭邦兴止，共地五十九亩；至周运盛止，共地六十九亩；第二日村北自王士臣起，至路天衢止，共地五十三亩；第三日自吴信民起，至周永远止，共地六十七亩；第三日自吴信民起，至李茂桂止，共地五十亩；第四日自李家成为起，至周浩止，共地六十五亩；第四日自周长年起，至蒋公才止，共地五十七亩。具体灌溉办法如下：①灌田自上而下，挨次齐行，如水缺者，有不能遍者，漏堰水先灌，如无漏堰水，待二轮水到，先将头水未灌之地灌后，复提（自）上挨次而下；②当安苗之时，先尽安苗地灌后方救苗，肯当自上而下，不得混乱；③当水芒（忙）之时，必以田禾为急，至于草杂树木不得齐灌，必待本日田禾灌毕，然后灌之；④每日接水，必以寅时为定期，不得急先缓后；⑤接水之家，必早到候水，如有失误，不再接水，必待本日灌完，方许灌之，不得劲行截耻阻；⑥头一日必须早上堰等时，鸡鸣即堵堰截水；⑦第四日寅时接水，须到五日寅时水完，四月晚间不得乱行截阻以漏堰水为词；⑧灌田各有日期，不可偷盗（他）人水；各有次节，不得恃强霸水。

（6）在甘肃山丹，草湖、暖泉二渠较为典型。草湖渠共分十三坝，水利由山丹、东乐二县分享，除各坝独有的水利外，"其余各坝应使三季六轮水利，与东乐同使，按三十二昼夜为一轮"，其中"山丹草湖坝分水十九昼夜有奇，东乐分水十一昼夜有奇"，浇水时间及次序与他处无异，即从清明日起自下而上轮流浇灌。① 暖泉渠为泉水渠，自白石崖口发源，上段为花寨子，分为三坝，下段为暖泉等闸，分为五坝，"每年应使三季六轮水利，共二百一十六昼夜"，时间是从清明至冬至。其中："头、二两轮安种水，暖五闸应使全河二十五昼夜，润河涝池水二昼夜，上三坝应使全河水五昼夜，头二两轮苗水，暖五闸应使河水二十八昼夜，润河涝池水二昼夜，上三坝头轮苗水应使全河水六昼夜，二轮苗水应使全河水五昼夜；头二两轮冬水暖五闸应使全河水三十三昼夜，润河涝池水二昼夜；头二两轮冬水暖五闸应使河水三直三昼夜，润河涝池水二昼夜，上三坝头轮冬

---

① 黄景，朱逊志. 山丹县志·水利（卷五）. 台北：成文出版社，1970.

水应使全河水六昼夜，二轮冬水应使全河水五昼夜。"

在此基础上，暖五闸、上三坝下所辖各闸、坝按承粮多少，确定其水口尺寸："暖头闸纳粮五百石二斗五升一合三勺，按粮均定水口宽七尺八寸；暖二闸纳粮五百三十石四斗五升，按粮均水口宽八尺二寸五分；暖三闸纳粮五百一十六石七斗八升四合，按粮均定水口宽七尺九寸五分；暖四闸纳五百三十三石一斗九升八合，按粮均定水口宽八尺二寸五分；暖五闸纳粮四百七十四石六斗六升三合三勺，按粮均定水口宽七尺八寸。"①

由此可知，山丹县对灌溉用水的分配方法是相当严密细致的，其"按粮均水"的分水原则不仅有可操作性，在客观上也是较为公平合理的。山丹县其余各渠也均按三季六轮浇灌，按粮均水，自清明起立冬止。

三、取得水使用权的相应义务和罚则

清代黄河流域并没有修建大型水利工程，汾、渭流域水渠大都是由官督民办的小型水利工程。随着人口增加，需水量日益增大，加上自然条件恶化缺乏大型水利工程等原因，使得水资源的稀缺程度大大提高，要取得水的使用权，必须履行一定的责任和义务。否则，获得的水权也可能丧失。这些责任和义务，尽管各个灌区具体要求不一，但以下基本要求是一致的：

（1）必须在工程建设中，按规定履行出资出工义务。

（2）必须无条件服从修建渠道的整体规划，遇有占地、青苗等损失不得阻挠，不得漫天要价。在渠道经过之处，"有便宜购地开口之权，一经本渠插标洒尺开挖之处，该管地方官照章给价，所开之地内不论现种何等禾苗，立即兴工，不得刁难指勒，有违阻者，送官究治"。②

（3）要持续获得水使用权，必须持续交纳水粮，承担各种经费的分摊，或交纳修渠所需用的实物。在渭河、汾河流域和宁夏、河套平原的各种文献中都能发现类似的规定，即使是获得特权的权贵阶层也不能例外。"例无钱粮不兴夫役"，当然也无水权了。"倘附奸狡猾之徒，任意侵占私垦"，或将他处地内粮夫移于涧道，典卖为水地者，查出将侵占之地入官，粮夫退归地主。③

（4）在行使自己灌溉权时不能损害其他人的用水权。山西霍山灌区规定，在灌溉村社中，水權村优先，但水權村只能使用规定的灌溉水利工程，不能另开渠道截流灌溉。另外，渠首村不能

---

① 黄景，朱逊志. 山丹县志·水利（卷五）. 台北：成文出版社，1970.

②③ 孙奂仑. 洪洞县水利志补. 太原：山西人民出版社，1992.

用洪水漫灌威胁其他水權村用水。如山西晋水中河渠自上而下共灌溉七个村庄，其中"三家村、万花堡地居下流，每逢天旱之年，不无乏泽之虞"。清乾隆十年（1745年）五六月间，雨泽偶愆，用水过多，以致三家村、万花堡之水甲白莨与长巷村（前述二村上游）之水甲张名扬，上下互争，以致口角相殴，并控到县。本案发生之原因是处在下游的两村抱怨上游村庄大水漫灌，不为下游村庄节省水利，致下游水量不足，从而引起纠纷。后经官府及该渠水利组织多方调解，为上下游制定了妥协方案，方使水案平息。山西通利渠规定，"灌地不酌水势大小，将陡口进行启开，支渠不能容受，以致猛水冲溢四邻土地者，按冲毁地亩多寡，分别科罚"。①

（5）种植作物类型要符合灌区水量条件。如汾河流域清泉渠渠例规定，本渠自来入渠地土，并是麻菜麦黍谷田，不许栽种莲蒲稻。除认禄外，违者罚米一石。不服者申官治罪，重罚实行。②

（6）严格遵守分水秩序，否则要受处罚。元代《用水则例》规定：①多浇一亩地，要罚粮若干，元至元二十年（1283年）规定，为灌溉工程出过力役之家违禁多浇一亩地罚小麦五斗，没有出过力役之家罚小麦一石，元至元二十九年（1292年）又规定，二者都减半处罚；②违例多浇田地一亩还要笞七下，最多不超过笞四十七下；③修渠不牢、违例浇地、私自在渠上开口盗水、管理人员知情不报、砍伐渠上树木、无故在干渠分水处三限口行走、站立者都要处罚。

《洪堰制度》规定，一立方尺水为一徹，工作人员每天测量流速，计算流量，根据田地多少和可供水量，算出供水时限，按时限放水，流闭即闭斗，不能使水白流，违者治罪。

山西襄汾县灵源泉水利碑记载了清康熙十八年（1679年）制定的水规："水渠轮流浇地，鱼贯而下，周而复始，虽富贵豪强之家不得越次浇地，违者罚银一两。"③清乾隆三十年（1765年）制定的河南灵宝市古县镇鹿台村轮灌制度规定，"凡上诸条（分水顺序）各宜遵守，如有犯规者罚银二钱，重者倍加，犯规不遵罚者亦倍加，不得朦胧妄行。如妄生枝节，罚银亦如其数"。④明末清初的崇宁渠渠册规定，本渠倘遇天旱无水，许有地人户报知渠掌停沟，待有水，照依挨次补浇，"如有横浇者，罚白米五斗，再加一倍。本渠使水分为三节，下节十夫，使水六日，中节十夫，使水五日，上节十夫，使水五日，倘有豪富倍势横截，不依挨次私浇，分亩查出，罚白米十石"。⑤山西霍山灌区规定，按分水顺序浇灌，"周而复始，不（许混乱)，违者照例科罚"；在三条正渠之外

---

①② 孙奂仑．洪洞县水利志补（增修通利渠例）．太原：山西人民出版社，1992．

③ 左慧元．黄河金石录．郑州：黄河水利出版社，1999．

④ 范天平．豫西水碑钩沉．西安：陕西人民出版社，2001．

⑤ [日]森田明．清代水利社会史研究．郑梁生，译．台北：国立编译馆，1996．

"不许复开渠道，违者从重科罚""各村交水时辰，不犯红日，违者科罚"。山西通利渠规定，如有盗水者，"按亩科罚"。明末清初的崇宁渠渠册条规规定，"本渠使水，须用购棍一根，平常使水，自下而上，倘有山水猛来，照依常规，不许强截盗豁，如违者，罚白米五斗"。①

（7）按额定水量用水，严禁偷水、卖水。清乾隆七年（1742年）晋祠灌区规定，"止许浇有例地亩，不许沿河贿卖，如有掺越截霸等情，该管渠甲执单禀官究治"。清康熙十八年（1679年）制定的山西襄汾县灵源泉水规规定，"盗决水口私自浇地者，依古例罪羊一只"。② 霍山灌区规定，"分沟之后，倘有拨开碛口偷水使用，许（本社踏）验明白，同四社从重科罚外，仍将该村水（补还）"；光绪《泾阳县志》载："(冶峪水各渠）有违章行为，或恃强截霸，或巧取盗……""甚有私卖、私买、情渔利等。倘有抗违，立即重责、枷号，并随时稽查""此渠之水私自卖与彼渠，此斗卖与彼斗，得钱肥己者，此为卖水之蔽，犯者照得钱多寡加倍充缴归公。更有将本渠应受之水，或同水已敷用，让与他人浇灌，俗为情水，此系彼此通融。虽无不合，究系私相授，易滋流蔽，犯者亦照章罚麦五斗"。洪洞县南霍渠渠册中对盗水行为制定了详细而明确的罚责，"各村不设使水沟程，强截盗害准罚白米五硕。无兴夫转磨点盗害渠水动行已磨，令有磨人户罚白米一十硕"，"各家浇讫地土更行盗豁重浇，其隔暮浇地一亩，罚白米一硕"。通利渠规定，不准私建陡口以及私开支渠，"违则送纠"。山西洪洞县《赵霍二邑四社五村水利薄》规定："分沟之后，倘有分开峡口偷水使用，许本社踏勘明白，同四社从重科罚，仍将改村水补还"。清代，随着技术的发展和人们对自然知识积累日益丰富，使监察盗水行为的技术措施日益完善。当时已经采用在渠口或陡门口洒灰封印的办法来监督是否有盗水行为，"当堂点验时，颁发之木质灰印一颗，长一尺三寸，阔六雨八分，厚一雨九分，上镶满汉合璧文，文曰：'通利渠'，准于各村封闭陡门时洒灰封印"。

（8）节约灌溉用水，浪费水者要受罚。浇过地的渠水要流入母渠，严禁流入无利沟渠。南霍渠规定："各村当沟头浇地了毕，将多余水即便沔入母渠流行，如将水流入无利沟涧，验是实，罚白米五硕。"③ 通利渠规定，"应浇地户浇完之后，不即封闭陡口，以致走失之水倍于所浇之水者，轻则罚做工程，重则送官究治"。④ 明末清初的崇宁渠渠册条规规定，"本渠浇已完即便回堰，如有水浇官路一步者，罚米一石"。

---

① ［日］森田明. 清代水利社会史研究. 郑樑生，译. 台北：国立编译馆，1996.
② 左慧元. 黄河金石录. 郑州：黄河水利出版社，1999.
③④ 孙奂仑. 洪洞县水利志补（南霍渠册）. 太原：山西人民出版社，1992.

（9）按规定履行维护渠道义务，并不得破坏水利工程，否则要受罚。元代《洪堰制度》规定，各县富贵家人夫二名，五县共计十名看守要害处洪口石堰，若有微损，即便补修；洪堰维修不同工种的计工标准和工程项目都有质量标准；设置退水槽，如遇涨水，"泄以还河"，避免泛滥成灾；维修渠堰一般安排在八月至九月，春天要植榆柳以坚固堤岸，不得砍伐；每年在七月之前组织受益农户淘清淤泥，以保证渠道通水顺畅。

征夫不到会受到严厉的处罚。洪洞县诸渠册中规定得特别详细，如《润源渠渠册》："夫敢有一名不到者，呈县，每名罚白米五斗，枷示游渠。"襄汾《灵源泉水利碑记》也制定了专门的条规："修理堤埝，照地出工，怠惰不到者罚银五钱。"临汾龙祠附近村庄在淘河时，未完成任务或完成不好者，要受"游渠"的处罚。具体做法是当事者脱去上衣，胳膊反剪，缚以草绳，由村警押解沿渠周游，以警诫旁人。游渠时只用草绳缚住，表示此惩罚办法系民间性质的规约，不用麻绳，是因为麻绳只有官府羁押罪犯时才用。上述经济的或者身体的惩罚均是由渠长来发号施令的。如果所在村庄没有渠长，就由该村的水利代表——沟头甲首等人员来管理。洪洞《第二润民渠渠册》："若有强梁言痞冒犯，不依渠长约束，即便笞七下，照私约科罚。"① 道光年间的山西赵霍二邑四社五村水利簿规定："地水之堰倘有破坏，小则使水之村自行修补，大则会同四社共同修补。夫则按日均做，钱则按日均摊，不许推诿。倘有一名不到，按规科罚。"清康熙十八年（1679年）制定的山西襄汾县灵源泉水规规定，修理堤堰按地亩多少出工，"怠惰不到者，罚银五两"。②

破坏水利工程，要受到处罚。洪洞县灌区通利渠规定，"渠长沟头会集众夫差拨修理等有不合法者，……科罚白米一十石"；挟嫌盗掘渠堤及无故盗掘渠堤，导致难以堵筑、冲毁田地房屋者，要送官照盗掘河防例惩办；渠长、沟首等管理人员疏于防范导致渠堤被冲毁要送官府惩责。如果因为督导不力导致修复工程短期内又被冲毁，要被罚令赔工并送官责革；水涨下泻渠堤决口时，要及时开启各处陡门，以分泄水势，如有阻挠，以致决口扩大，应将责任人"罚令赔工，并将约束不严之沟首送官究治"。③ 明末清初的崇宁渠渠册条规规定，本渠渠口三尺为则，渠身底二尺五寸为宽，有渠硚树木违碍者，许采伐，入官公用。不遵者罚白米十石；本渠老堰，但有奸徒损坏，将水入涧转磨者，罚白米一十五石；本渠倘猛水冲坏渠堰，巡水即便报知，渠掌拘集众夫，必取官渠柳

---

① ③ 孙奂仑. 洪洞县水利志补. 太原：山西人民出版社，1992.

② 左慧元. 黄河金石录. 郑州：黄河水利出版社，1999.

梢，须要竭力修理，如不报者，科罚白米一石。①

（10）合理调度，限制水磨的使用。以宋熙宁三年（1070年）制订的《千仓渠水利奏立科条》规定，孟州怀州城市用水，如遇大旱，不得于千仓渠济水内分流；千仓渠的重要水源龙潭水不得引入别河，亦不准置水磨等分流水势，如水磨用水又回流至千仓渠者允许设置；于济水上源置闸一座，每年正月十五日以后开闸放水入千仓渠，九月一日以后闭闸，水尽入济河，许水磨户使用。在闭闸期间，如遇洪水，可以开闸分洪，如遇闰月，至九月初稻米未熟尚需用水，也可视情况开闸放水。如果闸有损坏，要及时修理。每次开闸要派官员监督，此前各用水户应修好堤塘蓄余水；千仓渠两岸不准随意增开稻田，首先保证原有稻田用水。如果还有余水，可允许农户上报计划，经管理机构核算可新增稻田亩数，按沿渠从上到下、从近至远的顺序开拓新稻田。

清代通利渠将渠中原有水磨登记造册，永不允许新建。"本渠各材原有水碓，嗣因渠水无常，历久作废，此后永不准复设，致碍浇灌。违者送究。"渠册还对水磨使用时间作了限定，"各渠水磨系个人利益。水利关乎万民生命，拟每年三月初一起，以至九月底停转磨，只准冬三月及春二月作为闲水转磨。每年先期示知，若为定章。违者重罚不殆"。②

此外，由于以黄河流域为中心的北方地区水资源的短缺，在不少地方，不要说灌溉用水，就连生活用水也非常困难，尤其在干旱年份，困难更大，有限的井水、泉水等无异于救命水，围绕井水的汲取、管理也形成了在一定区域范围内具有一定约束力的惯例和规则。

以河南汝阳县蟒庄村为例。该村有一古井，百余家依赖它生产、生活，为避免旱天争水，清嘉庆十年（1805年）定汲水规则，并刻碑铭记，主要内容如下：①不许别绳拔水，偷拔者罚钱五百文；②取水者，携一桶即汲满一桶；携两桶，即汲满一担，照先后次序取水，如将桶水汲满，携罐汲桶中水解渴，仍许将桶添满，不许一人携四支桶来取水，无论几人、担几对桶，总要见几个人到，违者罚钱三百文；③取水不许在井上借桶用，亦不许有桶者和做人情，违者每人罚钱十文；④不许在井上私饮六畜，违者罚钱三百文；⑤残疾人、孤寡无靠之人或男子外出者来取水用，有愿意让给水者不罚，仍许汲水，旁人不许；⑥如已将桶送至井上，因故偶然离去，来时仍许照前次序缴水，不得因此置后取水；⑦所罚之钱，做公事用。③

---

① [日]森田明．清代水利社会史研究．郑梁生，译．台北：国立编译馆，1996．
② 孙奂仑．洪洞水利志补（新增通利渠例）．太原：山西人民出版社，1992．
③ 范天平．豫西水碑钩沉．太原：山西人民出版社，2001．

第四节　民间水事规约的特点

我国民间水事规约源远流长，发展脉络清晰，内容丰富，对规范地域社会水利活动、促进农业发展发挥了积极的作用，是制度形态水文化的重要内容。

一、构成了我国古代农田水利法规的主体

历代农田水利法律制度主要表现为两种形式：一是正式法律制度，即各级官府公布的、受国家强制力保护的法律、法规等，主要内容是对各级地方官员兴修农田水利的职责和工作指导方针、指导思想、有关工作程序、工程质量标准、奖罚制度等予以规定。二是非正式制度，即以习惯、乡规民约、水册等形式表现出来的水事规则，也可称之为惯例法，主要内容是对基层水利管理人员的任免、水利灌溉权的分配、水利工程的维修、水事纠纷的解决等予以规定。它虽不以国家强制力作为实施前提，但又与国家强制力密不可分，有的水册、渠规等民间文书本身就是经过官府审定予以公布的。正式和非正式制度相互补充，共同构成了我国古代农田水利法律制度的基本体系。

中国历代都有相关法律对水事行为进行规范。一是国家综合性法典中的有关条款，如前文所述西周的《伐崇令》、秦代的《田律》、唐代的《唐律疏义》《唐六典》、元代的《大元统制》、明代的《大明律》、清代的《大清律例》等，都有相关条款。二是专项法规，如汉代的《水令》、唐代的《水部式》、宋代的《农田水利约束》等。明清以来，基本上沿用唐宋以来形成的正式法律，同时，水册、渠规、碑刻等非正式法律制度充分发展。水册制是指在官方监督下，由所涉及渠道之利户在渠首主持下制定的一种水权分配登记册，由于"按地定水"，水权分配的依据是地权。水册一旦制定，它实际成为土地清册，就具有地方法规定的性质了，在一个较长时间是稳定的。它是一个水权登记册，类似于现在的"取水许可证登记制度"。这种制度见诸于各种史料之中，有关志书如《陕西通志》《泾阳县志》《三原县志》《洪洞县水利志补》《洪峪河各渠纪事》等都有明确的记载。《泾阳县志》卷二的《后泾渠志》，实际上就是以水册为基础编纂而成的。水册所记内容因适用层次不同而有一定差异。有的渠册只记干支斗渠的名称、位置、总灌溉面积以及水资源的分配，属于宏观层次的水权文书。有的渠册中的内容较为具体，主要包括利户受灌的地亩数和水程（时间期限及次序表）等。它们是该条渠道利户用水的依据。非正式法律制度一般都是由前代民间

习俗或习惯演变而来的，它们是依靠道德或宗族的力量来维持的。同时，国家强制力在水事管理方面仍具有绝对的权威，每部渠册使用之始，皆要先呈知县衙门，通过知县验册，并由县衙钤印后才可正式执行。册子损害后要重修，一般不动条例，只作一些补充。

二、贯穿着权利义务对等的理念

在历代各地民间水事规约中，享受用水权和承担出资出力义务是对等的。一旦不承担相关义务，也就丧失了水的使用权。但中国古代水权理念淡漠，水权制度不发达。

在中国传统观念中，自然形成的河流是典型的公共资源，任何人不得据为己有。水利工程的水资源使用除了要考虑不同地段的地形特点、土地面积等因素外，还要考虑水费缴纳情况。在古代社会水费主要表现为修建、维护水利工程出工或出资的多少。而且水权是附属于地权的，不能单独买卖。从唐到明清，国家都明文规定禁止水权交易。如清乾隆七年（1742年），晋祠灌区规定，"止许浇有例地亩，不许沿河贿卖"。[1]清光绪《泾阳县志》载：(冶峪水各渠)，"甚有私卖、私买、徇情渔利等。倘有抗违，立即重责、枷号，并随时稽查"，"此渠之水私自卖与彼渠，此斗卖与彼斗，得钱肥己者，此为卖水之蔽，犯者照得钱多寡加倍充缴归公。更有将本渠应受之水，或同水已敷用，让与他人浇灌，俗为情水，此系彼此通融。虽无不合，究系私相授，易滋流蔽，犯者亦照章罚麦五斗"。直到清宣统元年（1909年）刻立的河南渑池县涧南渠轮灌断结碑文中，还明确记载："水应随地走也。前有卖地不卖水之说（缺）十九蒙前分府力破其谬。断令：无论村地买卖，水随地走，准其一体随村浇灌，契内亦须注明带水字样在案。无如三村均违不遵办，以致争水不休，兹断令：嗣后务照定案办理，违许禀究"。[2]可见，清代农田水利法对水权买卖的行为一直不予承认。

禁止水权买卖的法理依据无外乎水资源属于国家或集体，用户没有所有权，当然不能买卖；水权是地权的附属物，在地价中已体现了水价，没有单独买卖的资格；水资源紧缺，应该及时收回重新配置给最需要的用户，而不能供不需要者谋取私利。

从实践上看，古代水权理念淡漠，实际上是与小农经济的生产方式相适应的，在自给自足的小农经济时代，生产力不发达，政府重农抑商，商品经济不发达，市场需求不旺，自然水权理念

---

[1] 左慧元. 黄河金石录. 郑州：黄河水利出版社，1999.

[2] 范天平. 豫西水碑钩沉. 太原：山西人民出版社，2001.

淡漠、水权制度不发达。

但明清以来,水权开始出现买卖行为,这是明清农田水利领域区别于前代最主要的特点。清代这一趋势有过之而无不及。在关中地区的一些灌区资料中,就有水权单独买卖的记载。《清峪河和龙洞渠记事》"利夫"条中记载了渭北引清、引冶和龙洞渠几个灌区水权单独买卖的情况:

"源澄渠旧规,买地带水,书立买约时,必须书明水随地行,割食画字时,定请渠长到场过香,……不请渠长同场过香者,即系私相授受,渠长即认为卖主正利规,而买主即以无水论。故龙洞渠有当水之规,水涨渠有卖地不带水之例,而源澄渠亦有卖地带水香者(水香即水程,明清时有些灌区以点香时间为水程单位),仍有卖地不带水香者,亦有不请渠长同场过香者,故割食画字时有请渠长同场香者,乃是水随地形,买地必定带,不请渠过香者刚愎自用是单独买地,而不带买水程,故带水之价额,多少必不同。在龙洞渠灌区。地自为地,而水自为水,故买卖地时,水与地分,故水可以随意价当……是以水与地分,地可单独当买,水亦可随意单独当买。"①

明清时期开始出现水权买卖行为有其必然性:一是资本主义生产方式的出现和发展,使人们的商品意识有所增强。二是人口的增加以及人均耕地的减少,使得农业对水资源的需求更加旺盛,水资源增值,在利润驱使下,水权单独买卖就成为必然。三是地方政府监管不力。有的人水多地少,有的人地多水少,政府既无调配的法律依据,又难以做到最优、最快,而市场配置则既能做到最优、最快,充分利用资源,促进社会稳定,又能减轻地方官员的行政责任。

民国以后,水权得到立法承认,并颁布了水权法规,人们对水权买卖行为的认识进入了一个新阶段。

三、具有鲜明的地域性

地域之间的差异性是中国传统社会的基本特征,在基本精神一致的基础上,民间水事规约的地域特色也是很鲜明的。不仅南方、北方不一样,就是同一大区域之内更小范围的地域之间也有差异。这些差异表现在农水法规的方方面面,包括管理人员名称、分水制度、浇灌顺序、出资出工具体内容、惩罚细则、维修条例、纠纷处理办法等。

以长江流域和黄河流域相比,民间水事规约所规范的基本问题是一致的,都以灌溉过程中的各个环节为规范对象,比如都涉及到基层管理人员的职责、选拔问题,灌溉工程修护资金的来源

---

① 白尔恒,蓝克利,魏丕信. 沟洫轶闻杂录. 北京:中华书局,2003.

问题、出资额与受益量相挂钩问题，分水原则与分水办法问题，违反分水秩序及不履行维护义务的处罚问题，灌溉权与其他产业用水权的矛盾和协调问题等。但是，由于地域的差异，长江流域的民间水事规约又具有不同的特点。

1. 分水规则

中国水资源分布不均，南多北少，是基本规律，这种状况必然在分水规则中体现出来。黄河流域的分水细则非常详细，有的在水册中详细记录了受益农户的姓名、出资额、受益亩数以及灌溉次序、时间等，而长江流域的灌区尽管也制定了详细的分水办法，但可以看出相对宏观一些。另外，黄河流域的灌区基本上都采取计时分水、先后轮灌的办法，以调整进水口门尺寸来分水的做法很少。计时分水、先后轮灌的办法的优点是可以做到相对平均，缺陷是在水少而又都急需用水的农时段内造成不公平。通过调整进水口门尺寸分水的办法，其优点是可以同时浇灌，不误农时，相对公平，但是需要有足够的水量，在水量较少、水位较低时无法浇灌。长江流域之所以存在控制进水口门来分水的办法，当然与水资源相对丰富有关。如成都平原的都江堰、彭县湔堰，云南滇池流域等地都采用这种办法。这种办法不需要太精确。通过控制筒车安放位置达到分水目的的办法在黄河流域基本上未见到，这也与河流水量的大小直接有关，这种分水办法和黄河流域灌区的水册制相比，当然也宏观得多。至于泉堰之间及与河堰之间的分水模式则更为宏观，在黄河流域也未见到。

2. 水权买卖

长江流域因地权转移而导致出资出工义务转移问题已经出现，但是水权依然依附于地权，水权单独买卖的情况并不多见。一般而言，明清时期已开始出现了水权单独买卖的现象，但在长江流域，尽管已经出现了土地买卖、租让、典当过程中涉水责任的转移和经济补偿问题，但水权单独买卖的情况并不多见。以道光四年（1824年）四川布政使董纯的《防旱示》有关内容为例，在第6条中说，当出多年而无力收回之田，当户应该服从命令筑挖堰塘，出工出资情况要向田主说明，并载于当契之内，日后田主赎回田地时，要照数给予补还。至于明佃暗当之户，也应令佃户筑挖，"其工资亦准其凭中告明田主，载于仰约之内。日后通佃，照数补还。但工资须三五说明，不准浮冒多载。倘当佃户推诿执拗，许乡约保长牌首，禀明地方官查讯"。这里田主补还的只是工钱、料钱而已，还不准虚报，和水的所有权买卖根本不是一个概念。在第七条中，针对那些准备将土地出售不肯参与水利工程建设之农户，劝令"有堰衬塘，方为上田，不惟售卖较易，且可价值略增，务即一体开挖，切毋游移"。有水之田属上田，仅仅是"售卖较易""价值略增"而已。

如果水权独立买卖的情况较为普遍,准备卖田者就不会担心自己吃亏,政府也不用如此苦口婆心地劝谕了。这种状况,同样与长江流域水资源相对丰富有关。

3. 用水纠纷

长江流域用水纠纷不如黄河流域激烈,但涉及行业更多。长江流域的用水纠纷尽管也很多,斗争也很激烈,连年聚讼、死伤人命的现象也有,但是论水案发生之多、延续时间之长、反复次数之多、争水涉及面之广、水案在地方社会生活中影响之大等还是与黄河流域无法相比。在有些地方如河西走廊,水利纠纷甚至成为主要社会矛盾。乾隆《镇番县志》曰:"河西讼案之大者,莫过于水利一起",其激烈的程度即令官府严判也无法根本遏止。这些在长江流域是很少见的。但是,从另一方面来看,黄河流域用水纠纷的主要内容是农田灌溉权,行业纠纷也主要限于和水磨用水之争。而长江流域水系发达,灌溉工程往往与防洪、排涝工程相辅相成,围绕水的产业链更长,用水纠纷的主要内容尽管也是灌溉权之争,但涉及的行业领域更广,除水磨外,与分洪、养鱼、种藕、水运等都有矛盾,而且很普遍。如前文所述,围绕这些矛盾的解决也形成了很多社会问题,制定了很多相应的法规。

四、具有较强的继承性和稳定性

这些乡规民约、汇册、渠规等是在水利工程建成之初由全体出资、出力人共同商定而成的,它的主要内容既体现着特定水文条件、地形条件、不同出资人和出力人的利益平衡,又体现着一定地域的风俗习惯、道德传统等价值选择;它既依靠官府的支持与认可,又具有一定的独立性,不会因政权的更迭而发生根本性的变化,因而具有较强的历史传承性,成为民间社会的基本惯例,长期沿用,有的甚至几百年不改一字。

清代的地方农田水利法规不仅直接继承了明代的法规,而且明清之际的相关法规,在清代依然被认可并得到认真执行,尤其是同一水利工程,这种继承性更为明显。例如,光绪《泾阳县志》所记载的许多用水则例和洪堰制度都和元代的《用水例》和《洪堰制度》中的条款有相通之处。《洪洞县水利志补·润渠渠册》则明确记载:"自宋、元、明至清,历经五百余年,重录四次,不敢增减一字。"如因田土地买卖等原因,渠册需要修必的,也尽量照旧例修改,"准于数年内编修水册一次,以免门谬滋弊"。通利渠例规定:"渠例夫册不准私自擅改只字,抽换册页、秽污擦赖,查出送纠。"① 道光年间修订的山西《赵霍二邑四社五村水利簿》规定："水册年深日久，倘有破乱，许会同四社，齐集公地，照例抄写，不许增减一字。如有恃才妄作，借端行私，四社五村禀官纠治。"② 河南灵宝路井村的水事纠纷长达二十八年，历经八令四审，历经明清两代，所坚持的理论和依据的法规是相同的。当然，地方性渠规也不可能一成不变，比如人口和新开垦土地的增加，土地买卖导致地权和用水数的变化，水利工程因修复质量的原因功能发挥的好坏，水事纠纷解决的结果等，都可能引起渠规的修改，这种修改或是改动了原有的内容，或是增加了有关新的内容，使之更为完善。

---

① 孙奂仑. 洪洞县水利志补（增修通利渠例）. 太原：山西人民出版社，1992.
② 孙奂仑. 洪洞县水利志补. 赵霍二邑四社五村水利簿. 太原：山西人民出版社，1992.

第六章 水事纠纷解决制度

由于水利牵涉到上下游、左右岸和不同地区之间防洪、治涝、灌溉、发电、航运、排水、供水等各项事业之间不同的利益和需要,水事关系极为错综复杂;同时,涉及各项建设事业,如城市、交通和工业等,因而水事纠纷是一种常见的社会问题,古往今来,围绕水事纠纷也形成了一系列制度。

第一节 水事纠纷概述

一、水事纠纷的概念及分类

所谓水事纠纷,是指在开发、利用、节约、保护、管理水资源和防治水灾害过程中以及由水环境污染行为、水土工程活动所引发的一切与水事有关的各种矛盾冲突。随着水资源短缺和水环境恶化问题日益凸显,因水资源配置、水资源管理、水环境保护、水工程建设、水灾害处理而引发的水事纠纷,类型多样,范围广泛,已成为一种激发社会矛盾、严重威胁社会秩序的长期性问题。据不完全统计,1991—2006年的16年间,全国共调处水事纠纷16万起,其中2000年以来调处各类水事纠纷6万多起。[①] 因此,在当前建设资源节约型、环境友好型社会的时代背景下,探析水事纠纷的解决机制具有重要的理论和实践意义。

划分水事纠纷类型的标准较多,依不同标准可做出不同的划分。例如,根据水事纠纷发生在民事主体之间,还是发生在不同的行政区域之间,可以把水事纠纷分为民事主体间的水事纠纷和跨界水事纠纷;依据纠纷的法律性质,可以把水事纠纷分为水行政纠纷和水民事纠纷;按照纠纷各方当事人的情况,则可以把水事纠纷分为地区与地区之间的纠纷、单位与单位之间的纠纷、单位与个人之间的纠纷及个人与个人之间的纠纷;而按照纠纷争议的内容,又可以把水事纠纷分为用水纠纷、蓄水纠纷、排水纠纷、治水纠纷和管水纠纷等。

二、水事纠纷的特征

水事纠纷作为一种特殊而复杂的社会纠纷,它既可以发生在水行政管理的薄弱环节,也可发

---

① 李建章. 2007年重大水事纠纷调处取得新进展. 中国水利, 2007 (24).

生在水资源的开发、利用、保护等水事活动中。其因涉及面广、矛盾复杂、调处难度大，而有自身的特点。

1. 跨区域性

水是流动的，在我国的行政区划中，有些行政区域的划分是以天然河流为分界线的，而一方的引水、蓄水等水事活动必然会对另一方造成影响。因而，水事纠纷主要发生在缺水地区、交界性的河流、湖泊、引水点、取水点以及水利工程附近。

2. 季节性

水事纠纷的频率和严重程度依季节而呈现某种规律性的变化，尤其是水量、水益纠纷，多发生在枯水季节。

3. 尖锐性

由于水资源利益取向错综复杂，受利益驱动，水事纠纷涉及的矛盾冲突通常激烈尖锐，难以调和，容易伴生出暴力事件。

4. 诱发原因的复杂性

水事纠纷的种类繁多、性质多样，又和政治、经济、文化传统、民族风俗、气象、地理等多种社会因素、自然因素联系在一起。因此诱发水事纠纷的原因是多方面的，这些原因又有明显的叠加性。常常旧的纠纷滋生出新的纠纷，使诱因越叠加纠纷越复杂。

5. 利益分化倾向性

水事纠纷牵涉群众较多，影响面广，各自的利益倾向性明显。

6. 技术性

这是环境法的技术性在水法领域中的体现。水事纠纷往往会涉及水资源配置、水量分配方案、水资源规划、水工程管理与保护等技术性问题。

7. 调处的困难性

在纠纷解决过程中，当事人各方彼此盯着对方，而且往往对别人从严，对自己从宽，造成不同的衡量标准。

三、水事纠纷的表现形式

历史上，尤其是明清时期水事纠纷的核心是用水权，主要表现为对水权和河滩地权的争夺。

(一)水利工程建设纠纷

挖渠、建坝、修堰、筑堤等是传统农业中国排涝和抗旱的基本工程和技术,但是这些工程的实施往往会占用或淹没部分田地、山林或者影响淡水渔业等,并且实际上重新分配了有关的水土资源,因而,这些工程往往引发纠纷。

不少水利工程建设纠纷跨州县行政区。黑河流域的小鲁渠及丰稔渠,因年久失修,"小鲁渠有泛滥之患,丰稔渠有旱乾之忧",光绪初年丰稔渠要重修渠堤,但因丰稔渠口在小鲁渠界内,小鲁渠人加以阻止而引发纠纷。石羊河发源于武威城西北清水河,流经镇番县。清雍正三年(1725年),武威县校尉沟的居民筑木堤数丈,堙清水河尾泉沟,引发镇番县数千人抗议。[1] 更多的纠纷发生在同一州县之内,清代佛山关于基围修筑维护和涌道疏浚等工程发生了不少纠纷。存院围是佛山最长和最重要的堤围。清康熙五十六年(1717年),其北围是"大富围"的谭氏,因不堪重负,向官府呈请"通围陇修",试图打破"各堡自行修筑"的历史成规。但遭到了以佛山堡为首的各堡的激烈反对。最后,这场关于围基修筑责任的纠纷中,佛山堡最终取得了实质胜利。道光年间,组织清涌工程的佛山绅商机构大魁堂与占筑涌尾的蔗园村民发生纠纷,虽政府令出兵保证清涌仍遭违抗,后来经官督双方协商才得以解决。[2] 清光绪年间,湘西修建担水江水圳等农业水利工程,以解决旱涝相继的自然困境,但是,水圳、塘堰要占部分田地,因而与工程经过地区的村产生纠纷。后经"苗族公益事业家"龙凤翔及有关人员反复劝服才使工程得以顺利完成。

无论上述水事纠纷是否跨州县等行政区,其实质,还是紧邻的村民群体间的水利益冲突。发生在光绪年间的武昌县樊口建坝案则大有不同,樊口大坝直接引起地方各利益群体、湖南湖北两地政府、中央与地方政府、中央不同派系等广泛多样的利益冲突。当然,实质上,该纠纷的本源只是武昌县樊口周边长江上下游居民之间、农民和渔民之间的水事纠纷。

(二)农业灌溉用水权纠纷

水利工程建设的目的在于有效利用和分配水资源,以解决旱涝灾害对农业的损害。但是,在

---

[1] 王培华. 清代河西走廊的水利纷争及其原因——黑河、石羊河流域水利纠纷的个案考察. 清史研究, 2004(2).

[2] 广东省社科院历史所中国古代史研究室. 明清佛山碑刻文献经济资料. 广州: 广东人民出版社, 1987.

水资源总体失调的情况下，农业灌溉用水引发的纠纷普遍存在。具体有以下几种形式：

1. 因堵塞渠道或私开支渠引发纠纷

如清康熙六十年（1721年）西安户县宋村中堡东河口蟒蜒渠争水案，清道光二十年（1840年）西安户县焦将堡居民私引磨渠河水浇旱地案等。

再如山西石止、马牧、辛村三村与下游十五村的争水纠纷：通利渠开通之后曾刻石明记，赵城县之登临、安定、好义三村系通利渠上流村分，不在通利渠十八村转轮浇地之限，故得任便使水，临、洪、赵三县均有刻石载记，然而日久弊生。至清康熙六十年（1721年）石止村王庭宗等于天旱需水之时，以任便使水为词紊乱渠例。致临汾县渠民王守业具告，经平阳府董宪台审理：石止、马牧、辛村与下十五村各有分定使水昼夜时刻，载入渠册，王庭宗等以可任便使水为词，有意紊乱渠例，令赵城县枷责示惩，以戒其后。

太谷胡村人在明代曾沿乌马河开渠灌田。渠成后，居上游的桑子村人"垂涎已成之利，常豁堰夺水以灌已田，往往构讼，俱经前任公断有案"。雍正前后桑子村人又欲强夺胡村水利。清雍正元年（1723年），知县司马灏文亲勘水利情形后，严厉斥责了桑子村人破坏胡村水利的行为，如《乌马渠碑记》中写道："夫以胡村历久开剜之渠而屡欲争挠，一不直也；桑子村止灌七十亩，胡村灌地逾百顷，以少害多，二不直也；毁他人之堰，而捏称占用民地，混争于开渠数百年之后，三不直也。"责令两村"遵照旧例灌溉，永不争讼"。在制止桑子村侵害水利行为后，为消弭二村因争水斗讼结下的怨恨，"复令胡村筑官堰，建永定桥。又合两村民建普济桥，争始息"。

2. 因分水设施损毁、挪移导致用水纠纷

如山西南北霍渠水事纠纷。南、北霍渠三、七分水，远至唐贞观年间已具成规。初有限水石、逼水石之设置暂时水均，后因日久水流冲击、限石移位酿起控讼者有之；次改木栅十根，分水处理平渠底、水流均势，后又因两县渠民各怀己疑，你挖我填、你搬我移，酿成殴斗兴讼者也有之；事态发展年甚一年，后于清雍正三年（1725年），经平阳府清军总捕刘登庸亲诣勘察、征得两县同意，改木栅为铁栅十洞，依照旧规北七属北霍，南三属南霍，跨流作桥，建亭其上，铁栅上下以铁梁固定，至此分水已均，控讼遂息。

再以清代介休的争水问题为例。在明代介休水案中，作为公平分水的方法，曾经设计木制水平以分水。然年代久远，到清初木平腐坏，三河争讼不已。清康熙八年（1669年），知县李钟盛于三河分水处，易木平为铁平，公平分水，解除了争水隐患。然至四十四年（1705年）铁平又坏，导致"鼠牙雀角纷纷横滋"，延至清乾隆七年（1742年），重筑铁平并增建分水石堤后诉讼方止息。①

山西新绛官庄与稷山李老庄对马壁峪涧猛水的争夺也属此类。马壁峪猛水"因非有源之水，水量难以确定，而灌田多寡，恒视水量以为衡"，于是两县之民各为其利，屡屡争控。"乾隆十五年，两村因争水酿命控""十七年，因修抱唇堰（注：抱唇堰其实是两庄的分水堰，其实争水就是因对抱唇堰的位置执不下而起争，因为这直接关系到双方的分水量）复起争端"；清乾隆四十二年（1777年），因涧水改道，分水铁柱被水冲失，双方在重新分界时"各执一说，争控不休""嘉庆十年，铁柱又被冲失无存，两造刨寻铁柱，正竟斗殴，历在州道司院及都察院迭次互控，葛藤纠缠阅四五年之久"，这起讼案迄清嘉庆二十四年（1819年）方才结案。

3. 多占水利者不愿放弃既得利益而引起纠纷

地方社会长期沿袭的惯例，因环境、生态、水势等方面因素的变化而变得不合时宜，而水利组织中享有优越地位和较多利益的强势村庄却不愿放弃既得利益，坚持惯例不变，导致上下游水利不均，从而导致冲突不断。

以太原晋水流域晋水北河水案为例。晋水北河又有上下二河之分。上河灌溉花塔、古城、金胜、董茹等十二个村庄之田。其中，金胜与董茹二村距泉最远，在本渠之最下游。北河所灌溉土地既有王府田地，如史料记载的军屯田，又有一般民田，二者参错相连。由于本渠有相沿已久的用水方法，即所谓军三民三："每年三月初一日，先浇晋府地一日毕，至初二日浇宁化府地二日，至初三日毕。初四日方浇本县民地三日，至初六毕。初七日又浇晋府地，轮流如前，周而复始，俗名军三民三，此系旧规，遵行已久。"②明嘉靖二十二年（1543年），北渠水少不能遍及董茹等村，引起该村众多用水户的不满情绪，遂将造成水不足用的原因归于弘治年间北渠渠长张宏秀私献民间夜水与晋王府一事。于是由渠长张镇出面，诉之于官府，要求县令"顺人情，复旧规，均水利"，向晋王府讨回昔日的"三夜"水权。同时亦向县令揭发了晋水南渠渠长、水甲借水渔利，营私舞弊，破坏水规的严重情况，要求官方出面整顿渠务，恢复"惟有地者即有水，无地者则不得用。有水者即出夫，无夫者则不许用"的地水夫一体化的配水模式。官府对于整顿渠务，当然力所能及，但要从晋王府将其已使用三十八年的夜水索回，却是困难重重：一方面慑于官势；另一方面当初献夜水之时，北渠渠众并未因失去这份水权而与之兴讼，而是采取了默许的态度，故晋王府理所当然地获得了这份多的水权。本次兴讼就这样不了了之，而本渠下游金胜、董茹等村水不足用的问题并未解决。至明万历十三年（1585年），因连年亢旱不雨，渠水不能遍及金胜、董茹

---

①② 行龙. 明清以来山西水资源匮乏及相关问题研究（博士后研究成果）. 山西大学, 2003.

等村，金胜村民柳桐凤等再次告争夜水。为协调与晋王府的关系，柳桐风代表缺水村庄提出"将现行初一日至初六日使水一轮，周而复始之制，改为七日一轮"的改革方案，以实现"水利均沾"的目的。但北渠总渠长及晋王府官员却以"民有不均只宜在百姓中调停，不可以王府应轮之水以便百姓"为由严词拒绝，但是其不愿更改用水惯例的真实原因在于"世袭渠长张相、王朝彦并在官张孝、崔坤等投托豪校周密、周天恩等，沿村每岁摊银不下百十余两，春秋折干酒席银八两有余，各肥享福。近因干旱，与一样水地钱粮，累民逃窜"。这次水案虽自明万历十三年（1585年）起屡屡兴讼，叠讼至府、道、巡抚等处，次次均无功而返。旧日的用水惯例并未因形势的改变而随之变更，于是水资源分配不均的状况亦随之延续下来。

本案中，争水中的弱势一方屡兴河讼以争取合理用水权益的意图均因上游强势集团的阻挠而未能如愿，遂出现"膏泽已沃于连畛，涓滴未沾于邻区，至使尺陇有饶瘠之殊，一岁有丰凶之异"的局面。清乾隆四年（1739年），处于水利组织弱势方的金胜、董茹二村为争取春秋水例与本渠强势集团中的花塔村大兴水讼（其实质是争夺水权）。按照本渠前明以来的用水成例，金、董二村仅享有"三月初一日起至八月初一日止"水利排单内定的水程，至于"二月三十日以前八月初二日以后"的春秋水例，"排单内未经开载，内除小站营稻田水无所用外，向系古城、花塔等村挨次轮灌，金胜、董茹二村从未分程，间有使水之时，亦系花塔等村灌溉已毕，水无所用，然后分用，原无一定程期"。由此而言，金、董二村不能够像花塔村一样平等地拥有这份水权。经官屡次断定，考虑到金、董二村"既同在北河使水，若春秋之水不能沾润，亦非情理之平"，以及实际用水的需要，即"春水自惊蛰以后正播种二麦之候，必须灌溉，方能发生"等原因，遂改变了历来的用水规则而判给二村一定的水权。至此，金、董二村此次争取水权的行动赢得了成功。

乾隆年间汾河流域晋中地区鄐村、西贾村和小张义三村与永康镇的连年讼案也较为典型。过去三村用水须向永康镇花钱购买，永康镇借此获得无穷之利。自清乾隆十年（1745年）始，三村人屡屡试图重开旧渠，以改变花钱买水的不利局面。但三村的联合行动也屡遭到永康镇人的阻挠，理由是三村所走渠路"已成熟地，永康镇居民间有在上造屋葬坟，踞为故业"等诸多不便，其实"该镇久已坐享其（卖水）利，以致争执不休，阻其开挖"。而三村"买水所得不偿所失"，核心仍是不甘放弃既得利益。

清雍正七年（1729年），汾河流域晋中地区洞涡河怀仁渠与演武渠因水程问题争控。究其原由，因"明时晋藩有桑宅地在演武界中，凡使水必先灌此地，后及二渠。国朝雍正七年（1729年），怀仁村人以现在已属民地，其演武村人不得仍照旧例，致水不均，讼之官"。看来，演武村人借助明代即形成的用水旧例试图多占水程的企图,在清代干旱频繁、水资源日益匮乏的条件下,引起了其他用水者的强烈反对,围绕旧例的延续与变革形成的不同利益体遂因此展开了对水的争夺。

4. 因水道污染、堵塞引发的纠纷

因人们生产、生活中常常将垃圾或杂物堆放甚至抛洒于渠、塘、堰等水利设施岸边甚至水中,结果导致水体污染、水流不畅等问题,进而引发相关纠纷。

典型的如佛山商民"在马头旧址抛掷碎砖烂瓦,积秽物",阻碍湾泊,甚至霸占水道,不断引发纠纷。清雍正九年(1731年)、清乾隆五十二年(1787年),官府数次应士绅所请,下令加强管理,严加查究。工业污染引发的纠纷如清乾隆四十九年(1784年),商人李润汉、冯焕承办高要县麒麟硝厂,准备在佛山栅下河旁设厂开工。佛山全镇绅耆、商人在举人区宏绪的带领下,联名上控,要求迁走硝厂。佛山里民、行商也数次上告,请求官府下令迁走硝厂。再有,清光绪年间,许多贪利商户在涌道内洗擦排泥、擅倒瓦渣粪土、淘沙洗挖,更有抄纸店,在涌内当流建纸塘浸化字纸,利用潮水涨退漂去墨迹。上述武昌县樊口建坝案中就有"占该地区人口不到20%的大渔户"与该地区其他人口尤其是农业人口争夺长江渔业资源的纠纷,反对建坝方就曾暗指"西杨贩地主迫切希望修闸的潜在原因是想僭取以前渔民所享有的利益,因为这些靠近长江的地主将因此而得以捕捉被水闸挡在湖外的鱼"。清代徽州祁门康氏、凌氏等历年经营版潭税河一号,"取鱼租以供国课",因"不法鱼船,纵放鸬鹚,恃强盗取",故立"束心合同文约",共同应对不断出现的纠纷,后又联合向官府申请加禁。清雍正九年(1731年)祁门知县正式于当地颁行《严禁强捕河鱼告示》。①

再如,山西介休西河、中河在乾嘉之际发生的一件水案已涉及水源污染问题。据清嘉庆九年(1804年)《中河碑记》记载:"石屯村渔利之宗,虎踞中河上流,掩造草纸,放毒下流,八村受害。乾隆年间,已经八村民人拆去伊等掩造物具,永行禁。嗣因日久懈生,罗国栋等在中河上复行掩造草纸等物""上游掩造草纸并黑蒲纸,以石灰水随流下注,有害田亩,并妨村民汲引""利在一己,害在众人"。八村民众在生员赵圣拔率领下会同中河水老同至石屯村理论,要求永禁,石屯村人虽表面应允,但口是心非,"昼则暂停掩造,夜乃任意所为"。八村民人无奈之下,只得讼诸官府,不准其再造草纸,危害下游。这是手工作坊与农户之间的用水争端。

5. 灌溉用水与其他行业用水之间的纠纷

如在山西介休西河、中河地区,利用水力转磨加工粮食已成为水利条件优越的地方很多人谋生的方式。不过,向来在磨碾用水与灌溉用水问题上就有严格的规定,磨碾的使用不得妨碍农

---

① 郑小春.清代徽州的民间合约与乡村治理.安徽大学学报(哲学社会科学版),2009(1).

田的灌溉，否则就要停止其使用。但磨户利欲熏心，不愿遵守，必然导致纠纷。根据清乾隆八年（1743年）《万民感戴碑》载：近有在源神池以下，两河水平以上擅建水磨者，地势狭隘，有妨灌溉，万民病焉。时"奉旨简佐汾郡兼管水利"的官员魏某"单骑亲勘，立命搬去磨堰，且立断案，嗣后此水平以上永远不许擅建水磨"。但时隔不久，"乾隆三十年郭拔等于洪山渠上立一水磨，初若无碍。至三十三年新渠决口，沙泥冲入东河，水不得行，东河各村莫资灌溉。遂起讼端。知县王谋文莅任即亲诣渠上，拆磨杜弊"。这为磨主与渠户之用水争端。①

此外，还有的是因为渠道维护出工、出钱、出粮不均而引起的，有的是因为河道迁徙而形成的对河滩淤地耕种权的争夺，有的是因为清水、浊水灌溉收益不同而引起的，浊水肥沃缴粮多，清水淡缴粮少，向来浇清水者盗泄浊水必然引起缴粮多而未使用相应浊水农户村的反对。由于明清以来水权和地权的分离，使得水事纠纷的表现形式和法律关系更为复杂。

第二节　古代水事纠纷的解决方式

一、古代水事纠纷解决的依据

调解或判决的主要依据是传统用水惯例或渠册规定，调处结果一般多依据渠册、渠规及相关乡规民约和惯例恢复用水原状，如有较大经济损失，要给予一定赔偿。如果出现了死伤人命的事实，要在调处用水权的同时，根据械斗当事人情节不同，处以枷示、笞等刑罚。

如上述黄河小北干流陕西、华阴、朝邑、山西永济三县关于河滩淤地鸡心滩争讼中，在乔光列会同其他地方官重新丈量分配土地，"仍示以康熙中所定山、陕奸民之律，以禁其争"。② 如在康熙、雍正、乾隆之际发生的山西永济张姓豪强与石佛寺争水案中，最后官府判决"断令僧人照旧浇灌，张姓不得再行妄控产案"。③ 在上文山西河津县尹村、干涧浊水水利纠纷中，明洪武二十二年（1389年），刑部侍郎凌公奉旨诣津，定清浊分水规则，清雍正七年（1729年），县令张公发布水利详文，重申"各村应用清水浊水者，即应用遮马峪清水之村，不得偷用瓜峪浊水，用遮马峪

---

① 行龙. 明清以来山西水资源匮乏及相关问题研究（博士后研究成果）. 山西大学，2003.
② ［清］乔光烈撰文，文见周景柱辑. 蒲州府志艺文（卷二十一）. 清刻本．
③ 张学会. 河东水利石刻. 太原：山西人民出版社，2004.

清水之村，亦不得偷用遮马峪浊水。此历来用水之成规"。根据上述旧例，干涧村既属遮马峪清水人户，绝不能在瓜峪西长大涧两旁开渠，侵盗浊水人户之权利。而干涧村私开之魏家渠、马迁渠在康熙、雍正、嘉庆、道光等年，历经控案无一不判令平塞。直至民国5年（1916年）因此兴讼，又判令堵塞。民国21年（1932年）又发生纠纷，判决依然是："该干涧村不守旧规，复开久经断令堵塞之渠，盗决浊水，妨害下游水利，殊无充分理由。判令该干涧村将瓜峪西长大涧两旁所挖渠口即日堵塞，恢复原状。至其盗用浊水，有犯水规，应援照按亩赔粮之例，由本府酌量着干涧村赔偿尹村、芦庄、寺庄大洋一百元，以示儆戒。"①

清代水事审判依据国家法令，也充分考虑地方习惯规则和风土人情，但也会基于现场勘察对国家法令和地方乡规民约做一定变通而作出具体判决。"民间通用的日常民事规范与官府审判所实现的解决内容大体上是共通的"，尽管判决确实是官府单方面宣告的，但双方当事人必须具结"甘服"，即当事人承诺服从判决的意思表示是官府正式审判的一个不可缺少的要素。②判决往往会刻立石碑于纠纷所在地河渠旁或者就近的龙王庙，对涉及面宽的纠纷可能同时还得在州县府治地立碑，以绝后世再起纷争。如清代福建台湾府凤山县两个村庄因水界不明而生纠纷，诉至县府，凤山县令"亲诣淡地，详细查勘。量明溪水宽深、查看圳头大小，当场绘图贴说，召讯各犯"。最后作出判决，"酌量公分，以资灌溉，两比俱已允服"。并且刊立石碑，为后世存照，纠纷从此而息。③上文的泉水堰案等也是立碑而案定的典型例子。碑文所载用水规则，通常都会为当事人遵循，并世代沿袭，成为当地用水习惯规则。④

二、明清以来水事纠纷的解决方式

1. 调解

调解在清代社会水事纠纷的解决中运用很普遍，调解往往由德高望重的族人、乡绅以及乡村水利管护人"水老"等主持。如果纠纷发生在本族人之间，通常是由族人中辈分高、声

---

① 张学会. 河东水利石刻. 太原：山西人民出版社，2004.
② [日]寺田浩明. 清代民事审判：性质及意义——日美两国学者之间的争论. 王亚新，译. 北大法律评论，1998（2）.
③ 台湾银行经济研究室. 奉宪示给圳界碑. 凤山县采访册·壬部·碑碣，1960.
④ 王荣，郭勇. 清代水权纠纷解决机制：模式与选择. 甘肃社会科学，2007（5）.

望高的人主持调解。

如清嘉庆二十三年（1818年）左右秦州秦安县的一起纠纷："杨奉祖因与小功堂叔杨化南场堆地毗连，该犯场内流泄，嗣杨化南筑墙阻住水路，该犯向其恳求挖墙泄水不允，往邀小功叔祖杨维会调处劝解。"如果纠纷发生在不同宗族者之间，甚至发生在不同的村庄之间则通常由与双方熟悉的亲友或村庄头面人物或乡绅、渠长等调解，甚至以这些人为"保人"或"中人"，立约竖碑，长久定纷止争。如上文所述徽州祁门康、凌二氏获得政府禁捕河鱼令，但乾隆年间郑有福犯禁引发纠纷，在亲友调解下，立下甘服合约："……蒙中体念、亲戚劝谕，今身还遵禁约：自后未开禁之前，不得擅自放船入河取鱼，未租先擅入河取鱼，听凭康、凌贰姓执约理论。今欲有凭，立此遵禁约存照。"有时官方并不能真正解决水事纠纷，还得依靠乡儒名望者调解。如清光绪四年（1877年）文水县开栅镇与汾阳县旧河13村水权纠纷，官府数次努力均无果，直至清光绪七年（1880年），经平遥绅士任康泰出面调解，才和解息讼。上文所述的清咸丰九年（1859年）《处理泉水堰纠纷碑》记载的五次纠纷中，前两次由官府审结，后三次是由侵水方自知理屈后恳请"乡约"、"武举"和"绅士"等"说合"、调解息争，在最后一次（即咸丰九年的）纠纷，侵水方"情愿认立石碑，以志规例；演戏三日，晓众警顽"。清代社会的绝大多数纠纷是通过调解解决的。究其原因，一是诉讼成本太高；二是官司胜负难定、诉讼过程痛苦难忍；三是诉讼破坏熟人社会人际关系；四是制度上对诉权限制太多。

2. 械斗

械斗在水事纠纷中经常发生，其实质往往是纠纷的一种表现形式而不是纠纷的解决方式。但在传统农业社会，双方在难以解决纠纷时，往往求诸"武力说了算"，失败方一定程度上"认命"，使纠纷得到暂时解决。从另一方面说，械斗只是水事纠纷解决的一个阶段，清代水事纠纷主要还是通过调解或诉讼得以解决的。

如明清时期，北峪口村与北徐村年年为争水灌溉而发生纠纷。清光绪年间北峪口村的牛德富武艺出众，还教本村人学武。在干旱季节，牛德富带领村民拦截北徐村渠水浇地，两村械斗北徐村屡败，只好眼睁睁让北峪村拦截本村渠水灌溉。清光绪三十二年（1906年），甘常二渠与北峪口村为争水在文峪河滩摆擂台决战。双方互聘拳师，集中壮丁百余人，群起械斗。① 当然，只有纠纷的一方在械斗中具有武力上的绝对优势，另一方忍气吞声时，纠纷才能得以表面解决。如北峪口村与北徐村纠纷中，后来，北徐村人无奈之下打死本村一单身汉，诬为牛德富所伤，官府将牛收

---

① 李并成. 明清时期河西地区"水案"史料的梳理研究. 西北师大学报（社会科学版），2002（6）.

押。此后，北峪口每年要由村"首事人"亲自到北徐村通融，酒宴相请才能利用北徐村渠水灌溉，即最后还是以村"首事人"出面和解的方式解决纠纷。

3. 诉讼

尽管古代民间倾向于以调解方式解决民事纠纷，但是，当纠纷无法通过调解解决时，人们多会积极寻求诉讼解决。据夫马进和黄宗智等统计，清代中国每县民事案件"一年当有上万件之多"。① "事实上比起世界史上同时代的任何国家权力来，清代国家在受理和解决民事纠纷上都显得更为积极和活跃。"② 由于水事纠纷直接影响农业生产，清代也非常重视水事纠纷的诉讼解决。虽然清律规定，除了命盗重案外，"农忙则停讼"，即每年从农历四月初一到七月三十属农忙时节，不得受理"户婚田土等细事"纠纷。但是，《大清律例》明确规定："州县审理词讼……若查勘利界址等事，现涉争讼清理，稍迟必致有妨农务者，即令该州县亲赴该处审断速结。总不得票拘至城，或致守候病农。"清乾隆三年（1738年），西安巡抚张楷上奏说："……渠塘水利争引灌溉，更系务农急务，不在停讼之例。……应再通行申饬，嗣后有如前项事件，该地方官立刻剖断不得以时应停讼，藉词推诿。亦不得滥差羁候，致滋扰累。"③ 该奏获得皇帝和群臣普遍认可。

清代水事纠纷发生后，双方均可向官府告诉。一般是由州、县、府、道衙门审理，向督抚呈报，或者奉督抚之命，由上述衙门审理。进入中央最高审判机关大理院的案件，也遵循这样的规律。如清光绪十八年（1892年），甘肃平罗县民王进澧因争水殴死马尚进案，从县、府、按察使司一直到中央法司，最后奏报皇帝裁夺。④ 但是，也有直接往更高级别官衙告诉的。如上文的"校尉渠木堤案"，数千镇番民直接上凉州府告状。也有由两级会审的，如河南灵宝市大王镇明清两代五座水碑记载的一起水事纠纷，从明嘉靖二年（1523年）直到清道光二十一年（1841年）下游村庄告诉到都道，引发纠纷。察院，都察院批示府、县两级官员会审，"经过查阅资料文卷，当堂讯审"，作出明断，并查处了有关人员，该纠纷才得以解决。⑤ 清代官衙审理水事案件很注重现场查勘。因为各地人文地理、水文特征和风土人情不一，为了"审断速结"，不误农时，州县审断官员往往

---

① 徐忠明. 明清诉讼：官方的态度与民间的策略. 社会科学论坛，2004（10）.

② ［日］寺田浩明. 清代民事审判：性质及意义——日美两国学者之间的争论. 王亚新，译. 北大法律评论，1998（2）.

③ 台湾银行经济研究室. 奉宪示给圳界碑. 凤山县采访册·壬部·碑碣，1960.

④ 田东奎. 历史与现实的平衡：晚清水权纠纷的审理. 西北大学学报（哲学社会科学版），2009（5）.

⑤ 韩世平，范天平. 路井五水碑简评：豫西水碑钩沉. 西安：陕西人民出版社，2001.

"亲赴"纠纷发生地实地勘测，取得第一手证据，并了解该处情理风俗与习惯法意，进而做出具体裁判。如1942年刊《创修临泽县志》卷4《水利考》记载，清乾隆四十二年（1777年），张掖县江淮渠民王进贵等与沙河接济渠民王希贤等，为抢夺水源而聚讼。经甘州府正堂亲往勘验、审理，方告平息。上文所述的大富围案中，巡宰与邑侯先后"踏勘通围"，南海县令还据勘踏绘制了基围图，详明大富围周边形势与水文状况及其与周边各堡的安危、利害关系。① 最后，都察院正是根据该基围图，变通乡规民约重新划定基围修筑责任的。②

尽管清代地方官府是最后被动介入的，但就各级官员而言，兴修水利，保证水资源合理分配，维护一方安定，是其基本职责。一旦矛盾激化，严重危及地方稳定，地方官一般都能积极调查、调解，作出较为公正的裁决。在多数争水案例中，都有地方官亲自到纠纷现场勘察、征求民意等记载，还有的案件引起省、中央政府有关部门的关注。

4. 动用政府武装

清代不少水事纠纷中，当事人为了争水灌溉而恃强夺水或恣意械斗；也可能因为不满政府的不公正处理而械斗，结果官府不得不出动武装力量予以弹压。清光绪年间城固县五门堰纠纷中，政府已派"定远厅余丞，驰赴该处，会同前署县徐令，勘明讯断"，可是西高渠杨春华"意欲独擅其利""率人挖毁所修渠底平石"，官府只好"选派练兵营弁勇""驻堰弹压"。③

据《重修镇夷五堡龙王庙碑》（民国《高台县志》卷8《艺文志》）载，甘肃高台县镇夷五堡处于黑河下游，上游的张掖、抚彝、高台各渠截断水流。清康熙五十八年（1719年），高台县镇夷五堡生员岳某等，向陕甘总督年羹尧控诉，"蒙奏准定案，以芒种前十日，委安肃道宪亲赴张、抚、高各渠，封闭渠口十日，裨河水下流，浇灌镇夷五堡及毛目二屯田苗，十日之内不遵定章，擅犯水规渠分，每一时罚制钱二百串文，各县不得干预。历办俱有成案。近年芒种以前，安肃道宪转委毛目分县率领丁夫，驻高（台）均水，威权一如遇道宪"。④ 当然，这种以兵力临境分水的情形较少见。在樊口建坝案中，反对建坝的湖广总督李瀚章数次派炮艇刨毁地方私自建的大坝，并派候补知府黄式度率军队去维护当地秩序。后来又派提督刘维祯率军队在西杨贩一带颁布戒严令，

---

① 冼宝干, 等. 佛山忠义乡志（卷一七）：乡禁志·禁修基越派碑. 民国12年刊本.

② 衷海燕. 清代珠江三角洲的水事纠纷及其解决机制研究. 史学集刊, 2009（6）.

③ 佳宏伟. 水资源环境变迁与乡村社会控制——以清代汉中府的堰渠水利为中心. 史学月刊, 2005（4）.

④ 《高台县志》（卷八）《艺文志》，阎汶《重修镇夷五堡龙王庙碑》. 清同治刻本.

搜捕因积极支持建坝而武装反抗的胡炳卢等人。[①]

三、清代水事纠纷解决途径的特点及启示

综观清代水事纠纷及其解决机制，可归纳出如下几点：

一是清代水事纠纷主要是因为水资源区域分布和时间分布上不平衡造成的纠纷。但与前代及当时国家总体上鼓励垦荒的政策不无关系，即当时国家主要在量上求发展的农业政策是导致水事纠纷的原因之一。上述发生在黑河流域和石羊河流域的纠纷中都有这种政策性因素存在。

二是清代诉讼解纷途径与非诉讼解纷途径相得益彰、灵活应变，形成解决水事纠纷的官方和民间的合力机制。这主要表现在调解方式的广泛运用，尤其是在诉讼的任何阶段都可以求诸乡儒、绅士和"水老"等进行调解而最终结案，使两种解决途径容易沟通而形成合力以解决纠纷。另一方面，从国家层面来看，司法与行政权力和武装力量相融合、呼应，这在清王朝早期、中期的较为纯粹的农业社会中，有利于迅速反应解决水事纠纷以不误农时。但是后来清王朝的全面腐败和消亡与这种没有起码的司法独立的官方解纷机制或许不无关系。至少从上述光绪年间的数次水事纠纷中可以察觉到人们对诉讼解决水事纠纷的日益不信任，并可以从政府频繁动用武装力量以解决水事纠纷中看出诉讼机制上的黔驴技穷。

三是诉讼和非诉讼解纷机制均注重实地勘验，注重国家法律与地方习俗的结合。清代审理水事纠纷的官员都亲自到纠纷发生地全面了解纠纷的自然和人为因素，调研当地相关的风土人情和习惯规则；调解更是由熟悉纠纷双方及纠纷所涉水事，并为双方认可的本地有名望者主持。这实质上保证了以事实说话，以情、理、法服人，也表明不少政府官员还是勤于政务、亲躬于民生的。这种注重获取第一手事实资料、注重通过全面调研、在个案上实现国家法令与地方习俗的变通协调的机制，有异于西方法治构造的优势，值得深入研究、发掘与扬弃。

四是注重纠纷解决后的社会影响和社会监督。清代众多的水事纠纷的调解结果或判决常常予以刻立石碑晓谕众人并传后世。实质上调动了熟人社会的广泛监督力量，既教育了民众、培养了社会的良好舆论导向，又教育了纠纷当事人，并将当事人置于长期的几乎无所不在的监督中，促使其尽可能遵守纠纷解决中确立的规则。这有利于社会普及相关水利知识和水事规则，并推动形

---

① [美]罗威廉. 治水与清政府决策程序——樊口大坝之争. 王先亭, 节译, 欧阳跃峰, 校. 安徽史学, 1996(3).

成社会普遍遵守的水事习惯法规则，减少国家行政和执法成本。透过清代水事纠纷解决的"立碑通谕"这一具体形式，发掘其内在的制度性价值，对完善当今我国有关水资源保护尤其是水污染防治有关纠纷的解决机制是有现实意义的。

第三节　当代水事纠纷解决机制 *

一、水事纠纷的预防机制

为了有效化解和防范水事纠纷，2004年水利部制订了《省际水事纠纷预防和处理办法》，各大流域机构、各省、自治区、直辖市也纷纷制定了相关办法。比如2009年制定的《黄河流域省际水事纠纷预防调处预案（试行）》、2012年制定的《甘肃省水事纠纷预防和处理工作暂行办法》、1998年和2005年先后两次修订的《淮河流域省际水事协调工作规约》等。在实践中，也形成了一系列行之有效的预防水事纠纷机制。

1. 加强宣传教育

水利部《省际水事纠纷预防和处理办法》第9条规定："各级人民政府水行政主管部门、流域管理机构应当加强省际边界地区的法制宣传，提高边界地区干部、群众的法律意识，创造守法、依法办事的社会环境。"《黄河流域省际水事纠纷预防调处预案（试行）》第3条第1款规定："黄委和地方各级水行政主管部门应加强水法规宣传教育工作，提高省际边界地区干部、群众的法律意识和守法自觉性，创造良好的水法制环境。"淮委每年都通过宣传与执法相结合的形式在省际边界地区进行水法规宣传，提高了省际边界地区干部群众的水法制意识，进一步增强了流域内干部群众在边界地区进行水利活动时知法守法的自觉性，为省际边界水事纠纷依法治理创造良好的社会环境。

---

* 本节内容参考：丁渠. 我国水事纠纷解决机制存在的缺陷及立法完善. 水利发展研究，2007（3）；毛涛. 我国水事纠纷解决机制探析. 中国环境管理干部学院学报. 2008（4）；马超. 我国水事纠纷解决机制研究. 全国商情，2009（17）；肖幼，苗建中，李秀雯. 化解省际边界水事矛盾，维护社会稳定构建和谐社会. 中国水利，2007（4）.

2. 科学编制规划

水利部《省际水事纠纷预防和处理办法》第10条规定："流域管理机构应当会同有关省、自治区、直辖市人民政府水行政主管部门共同编制、拟定省际边界河流水利规划、水量分配方案和调度方案以及旱情紧急情况下的水量调度预案。水利规划、水量分配方案、调度方案和调度预案按照有关规定经批准后，由流域管理机构或者有关省级人民政府水行政主管部门组织执行。省际边界河流水利规划、水量分配方案等应当服从并纳入所在流域的综合规划和有关专业规划。"《黄河流域省际水事纠纷预防调处预案（试行）》第3条第2款规定："黄委会同有关省、自治区人民政府水行政主管部门做好省际边界河道水利规划、水量分配方案等编制工作，按照先重点后一般的原则，制订计划，逐步完成。根据规划科学指导省际边界河道工程建设和水资源开发利用，有效预防水事纠纷发生，同时为水事纠纷调处工作提供依据。"

为使流域省际边界水利建设有序科学开展，淮委按照统一规划、统一治理、突发优先、应急处理的原则，首先于1992年组织苏鲁两省水利部门编制了《邳苍郯新地区水利规划》。邳苍郯新地区是苏鲁两省边界地区，洪涝灾害较为频繁，是流域边界水事矛盾的热点和多发地区。在规划编制过程中，淮委组织苏鲁两省相关水行政主管部门多次协商，对规划采用的水文材料、省界断面水位、流量、断面现状、坡降等形成统一意见，进而对该片22条骨干河流的治理、配套建筑物的数量、相关水力学参数等进行确定，经过艰苦的磋商，形成了该地区的规划报告。该报告于1997年得到水利部的批复，对彻底解决该地区的省际边界水事纠纷有积极的推动作用。1998年淮委又组织苏鲁两省编制了《苏鲁边界绣针河下游省界段水利规划》，并报水利部审批。2003年淮河大水后，淮委开展了流域省际边界水利工程建设规划的编制工作，于2005年12月完成了《加快治淮工程建设边界水利工程建设规划》，提出了未来几年淮河流域省际边界水利工程重点建设和急需治理的工程项目。2006年5月，淮委按照水利部规计司和政法司要求，牵头编制了《全国省际重点水事矛盾敏感地区水利规划工作大纲》，报送水利部审批。

3. 认真实施规划

水利部《省际水事纠纷预防和处理办法》第12条规定："省际边界地区的水事活动，不得损害相邻地区的合法权益。在已有跨省水量分配方案或者省际分水协议的河流、湖泊（水库）建设水资源开发、利用项目，应当符合水量分配方案或者省际分水协议。未经水利部或流域管理机构批准，或者有关各方达成协议，任何一方不得以任何形式增加引水能力，扩大引水量。在已划定规划治导线的省际边界河流，整治河道和修建控制引导河水流向、保护堤岸工程等，应当兼顾上下游、左右岸的关系，按照规划治导线实施，不得任意改变河水流向。省际边界河流内的建设项目，应当进行水资源论证，并按照审查权限的划分报批。建设项目经批准后，建设单位应当按照经批准的洪水影响评价报告中的相应内容和工程建设方案进行施工。施工期间，建设单位必须接受流域管理机构的监督检查，如实提供有关情况和资料。如发现未按照规定的要求进行施工的，流域管理机构应当责令建设单位立即停工，听候处理。建设项目竣工时，必须经水利部或流域管理机构对工程建设是否符合批准的洪水影响评价报告和工程建设方案进行验收。"

4. 重视工程建设

水利部《省际水事纠纷预防和处理办法》第11条规定："流域管理机构和有关省级人民政府水行政主管部门根据批准的省际边界河流的水利规划，经过协商确定的省际边界河流水资源开发、利用、治理项目，应按照基本建设程序纳入基本建设投资计划，逐步实施。"

淮委十分重视工程建设在调处省际边界地区水利矛盾中的重要作用，认真落实好水利部在基建投资计划中安排水利工程建设资金。据统计，1990—2006年，省际边界工程中央投资2385.5万元，带动地方投资8422.7万元，省际边界地区共投资1亿余元，共完成边界水利工程96项，省际边界60余条中小河道、排水沟得到不同程度的治理。这些工程措施有效地缓解了边界地区的水事矛盾和社会矛盾，维护了边界社会稳定，促进了当地的经济社会发展。

5. 加强巡查管理

《黄河流域省际水事纠纷预防调处预案（试行）》第3条第3款规定："黄委和地方各级水行政主管部门应建立完善河道巡查工作机制，对管辖范围内的省际边界河道开展日常巡查、定期巡查和不定期巡查，及时发现和纠正可能引发水事纠纷的各种水事行为。"第3条第4款规定："黄委和地方各级水行政主管部门应加大执法工作力度，创新执法模式，依法及时制止并查处省际边界河道内出现的水事违法案件，做到违法必究、执法必严""黄委接到举报或其他途径反映省际边界河道内发生水事违法活动的，应及时转交有关省、自治区水行政主管部门或黄委所属管理机构调查核实，若情况属实，有关省、自治区水行政主管部门或黄委所属管理机构应及时依法查处"。

6. 建立水事协商机制

水利部《省际水事纠纷预防和处理办法》第13条规定："各省、自治区、直辖市应当建立省际水事协商制度。流域管理机构应当组织流域内各省级人民政府水行政主管部门定期召开省际水事协商会议，及时互通情况，确定需要重点解决的省际水事矛盾以及解决的途径和方案，协调有关省际边界河流水利规划和水量分配方案等的编制与实施，制订落实国务院有关省际水事纠纷裁决、水利部或流域管理机构有关省际水事纠纷的处理意见以及有关各方达成的省际水事协议的具体实施方案。流域管理机构和省级人民政府水行政主管部门可根据工作需要,组织有关市、县水行政主管部门召开省际水事协商会议,签订省际边界地区水事活动应遵守的水事规约,规范边界地区水事活动,及时化解水事矛盾,预防省际水事纠纷的发生。组建水事协调工作联络小组,做好预防、调处边界纠纷组织保障工作。"

20 世纪 90 年代初,淮委首先选择在邳苍郯新地区进行试点,在省市县水行政主管部门和政府的支持下,邳苍郯新四县政府一致同意建立以"例会交流、边界农田水利基本建设监督管理、协商处理水事矛盾"为主要内容的边界协调制度,签订了《关于解决苏鲁两省邳苍郯新地区水利问题的协议》。这一制度实施后,解决了一些多年未解决的水利矛盾,取得了良好的效果。1994 年淮委和流域四省水行政主管部门共同签订了《淮河流域省际水事协调工作规约》(1998 年和 2005 年先后两次对此规约进行了修订),对流域省际水事纠纷发生后的上报和调处、边界工程的建设申报程序、建设工程中的协调等工作做了较细致的要求。《规约》实施以来,对预防和处理省际水事纠纷起到了积极作用。

7. 建立预警和信息报告机制

水利部《省际水事纠纷预防和处理办法》第 14 条规定:"省际水事纠纷发生后,纠纷各方的县、市级人民政府水行政主管部门应当立即派人到现场调查协商,将调查协商意见报告县、市级人民政府和上级水行政主管部门,并在当地人民政府的领导下,协同有关部门采取有效措施防止事态扩大。"第 17 条规定:"发生下列重大省际水事纠纷时,纠纷各方水行政主管部门应当立即报告水利部、有关流域管理机构和同级人民政府及有关部门,并在人民政府的领导下及时采取措施予以制止和处置。"《甘肃省水事纠纷预防和处理工作暂行办法》(甘水政法发〔2012〕85 号)第 6 条规定:"各市(州)、县(区)水行政主管部门要针对水事纠纷事件建立高效、灵敏的情报信息网络,加强对不稳定因素的掌握,逐步形成完善的预警机制,做到早发现、早报告、早处置。"第 7 条规定:"对于可能发生或已经发生的水事纠纷事件,事发市(州)、县(区)水行政主管部门要在立即采取措施控制事态的同时,按省委、省政府紧急事项报告的有关规定,及时如实向当地党委政府和省水利厅报告,不得瞒报、缓报、谎报。报告内容主要包括信息来源、影响范围、事件性质、事件发展趋势和采取的措施等。涉及省际水事纠纷的,应逐级上报,由省水利厅向省人民政府、国家水利部和流域管理机构报告处置的进展情况或处理结果。"

水利部淮河水利委员会制定了《淮河流域省际水事纠纷应急处置预案》,对水事纠纷发生前如何预防,发生后如何通报情况、沟通消息,如何成立调查处理机构,各工作小组如何运作,委各相关单位和流域四省水行政主管部门间如何共同化解危机,将纠纷造成的损失降到最低等作了规定,印发流域四省予以执行。

二、水事纠纷解决机制的立法现状

适用于水事纠纷的我国环境立法主要有:《中华人民共和国环境保护法》《中华人民共和国水法》《中华人民共和国水污染防治法》《中华人民共和国水土保持法》《中华人民共和国环境信访办法》等。根据上述法律规定和水资源管理实践,水事纠纷的解决机制大致有以下几种类型:

1. 协商解决

协商是指发生水事纠纷后,根据现有《中华人民共和国水法》、《中华人民共和国环境保护法》的规定,在自愿、互谅的基础之上,通过当事人自行达成一致的方式来解决纠纷。协商方式既可以解决平等民事主体之间的水事纠纷,也可以解决跨界水事纠纷。但协商的法律效力比较低,如果协商不成或者协商达成了协议而一方又反悔的,往往起不到解决水事纠纷的作用。

2. 人民调解

水事纠纷人民调解主要是指由乡、镇或街道办事处的人民调解委员会负责调解当事人之间水事纠纷的方式。我国的《中华人民共和国宪法》第111条第2款,《中华人民共和国民事诉讼法》第16条第1款,1989年国务院颁布的《人民调解委员会组织条例》和司法部2004年颁布的《人民调解工作若干规定》都对通过调解方式解决纠纷做出相应规定。人民调解只能解决平等民事主体之间所发生的水事纠纷,跨界水事纠纷不属于人民调解的范畴。

3. 行政解决

包括行政机关处理、调解、裁决和环境信访。根据《中华人民共和国环境保护法》第41条的规定,对于环境污染赔偿责任和赔偿金额的纠纷,可以根据当事人的请求,由环境保护行政主管部门或者其他依照法律规定行使环境监督管理权的部门处理;当事人对处理决定不服的,可以向人民法院起诉。当事人也可以直接向人民法院起诉。《中华人民共和国水污染防治法》第86条规定,因水污染引起的损害赔偿责任和赔偿金额的纠纷,可以根据当事人的请求,由环境保护主管部门或者其他有关行政部门按照职责分工调解处理;调解不成的,当事人可以向人民法院提起诉讼。当事人也可以直接向人民法院提起诉讼。《中华人民共和国水法》第56条规定,不同行政区域之间发生水事纠纷的,应当协商处理;协商不成的,由上一级人民政府裁决。环境信访是指公民、法人或者其他组织采用书信、电子邮件、传真、电话、走访等形式,向各级环境保护行政主管部门反映环境保护情况,提出建议、意见或者投诉请求,依法由环境保护行政主管部门处理的活动。据广州市环保局信访办介绍,2004年广州市水污染纠纷信访就达1198宗。[①]

4. 仲裁解决

仲裁是由纠纷当事人根据预先约定或事后达成仲裁协议,服从仲裁机构对有关纷争的裁断的解决方式。仲裁既具有法律所赋予的裁决权威性和终局性,程序上又具有便利、灵活、经济的特点。在国外盛行环境仲裁,在我国既无专门的环境仲裁机构,亦无专门的环境仲裁法规,目前仅适用于海洋环境污染纠纷。

5. 司法解决

司法解决即提起环境诉讼,是水事纠纷通过司法程序获得权威且最终的解决方式。诉讼方式主要是指发生水事纠纷,当事人向法院提出民事诉讼,法院受理案件后,通过法庭审理,根据查明和认定的事实,正确适用相关法律,并以国家审判机关的名义,确定当事人应当承担的民事法律责任,对整个诉讼案件作出权威性的判决或裁定。诉讼作为最基本水事纠纷解决方式,相关法律已经对其作出了规定。《中华人民共和国民事诉讼法》第3条规定:"人民法院受理公民之间、法人之间、其他组织之间以及他们相互之间因财产关系和人身关系提起的民事诉讼,适用本法的规定。"该规定作为水事纠纷案件提起民事诉讼的基础,为水事纠纷的解决提供了司法救济途径。依据该条规定,所能提起水事纠纷的诉讼仅是发生在平等民事主体之间的水事纠纷,不包括跨界水事纠纷。需要强调的是,因为水事侵权不仅会侵害到当事人的财产利益、而且还会侵害到人格利益(生命权、人身权和身体权),所以发生水事纠纷时,当事人可以根据受侵害权益的种类不同,而提起财产关系诉讼或人身关系诉讼。目前,诉讼的适用对象主要包括,同区域的单位与单位之间、个人与个人之间、单位和个人之间的水事纠纷,水土流失损害赔偿责任和赔偿金额纠纷,水污染危害赔偿责任和赔偿金额的纠纷。

协商、行政裁决、行政调解、行政机关解决等非诉方式不是诉讼的前置程序,水事纠纷当事人既可以先通过非诉方式解决,也可以直接提起诉讼。这种通过诉讼解决环境纠纷的途径是最正式的纠纷解决途径,但由于中国法律对环境诉讼的一些特殊问题,比如起诉资格、举证责任、因果关系的确定、诉讼费用的承担没有作出特别规定,再加上人们担心法院不能公正判决,所以目

---

① 冯庆,赵正阳. 去年环境信访12万宗. 深圳特区报,2005.

前通过诉讼途径解决环境纠纷的还不十分普遍。①

三、我国现行水事纠纷解决机制存在的缺陷

水事纠纷解决机制是一系列水事纠纷解决方式所组成的整体，该机制是民事主体或行政区域水资源权利受到侵害，以及遭受水污染侵权损害的重要救济途径。虽然《中华人民共和国水污染防治法》《中华人民共和国水土保持法》《中华人民共和国水法》等法律法规对水事纠纷解决机制作了明确规定，对于预防和解决水事纠纷发挥了重要作用，但是我国现行的水事纠纷解决机制仍存在明显缺陷，主要表现在以下四个方面：

1. 水法规之间的不协调

《中华人民共和国水污染防治法》第55条规定，解决造成水污染危害的赔偿责任和赔偿金额的纠纷有两种解决方法：环境保护部门或者交通部门的航政机关解决、向人民法院起诉。《中华人民共和国水土保持法》第39条规定，解决造成水土流失危害的赔偿责任和赔偿金额的纠纷有两种解决方法：水行政主管部门解决、向人民法院起诉。《中华人民共和国水法》第57条规定，解决单位之间、个人之间、单位与个人之间发生的水事纠纷有三种方法：协商、县级以上地方人民政府或者其授权的部门调解、提起民事诉讼。由此可见，同样是解决单位之间、个人之间、单位与个人之间发生的水事纠纷，不同的水法规却规定了不同的解决方法。

水法规关于不同行政区域之间水事纠纷解决方法的规定存在不协调。例如《中华人民共和国水污染防治法》第26条规定，跨行政区域的水污染纠纷有两种解决方法：有关地方人民政府协商解决、共同的上级人民政府协调。《中华人民共和国水土保持法》第31条规定，解决地区之间发生的水土流失防治纠纷有两种解决方法：协商、上一级人民政府解决。《中华人民共和国水法》第56条规定，解决不同行政区域之间发生的水事纠纷有两种解决方法：协商、上一级人民政府裁决。《中华人民共和国防汛条例》第19条规定，解决地区之间发生的防汛抗洪方面的水事纠纷只有一种解决方法：共同的上一级人民政府或其授权的主管部门解决。由此可见，同样是解决不同行政区域之间发生的水事纠纷，不同的水法规却规定了不同的解决方法。

---

① 王灿发. 中国环境纠纷及其处理的初步研究. 环境纠纷处理的理论与实践——环境纠纷处理中日国际研讨会论文集. 北京：中国政法大学出版社，2002.

2. 同一水法规中的不协调

按照《中华人民共和国水法》第 56 条规定，不同行政区域之间水事纠纷的解决方法是协商、上一级人民政府裁决。而按照第 57 条规定，单位之间、个人之间、单位与个人之间水事纠纷解决方法是协商、县级以上地方人民政府或者其授权的部门调解、提起民事诉讼。显然，不同行政区域之间的水事纠纷和单位之间、个人之间、单位与个人之间的水事纠纷的解决方法是不同的。那么，如何来区分不同行政区域之间的水事纠纷和单位之间、个人之间、单位与个人之间的水事纠纷？不同行政区域之间水事纠纷的当事人既可能是政府还可能是特定的单位或者个人，因此，事实上所谓不同行政区域之间的水事纠纷有可能是不同行政区域之间的单位之间、个人之间、单位与个人之间发生的水事纠纷，实质上就是单位之间、个人之间、单位与个人之间的水事纠纷。

以漳河水事纠纷为例，在历史上河南省与河北省因为争夺漳河水资源纠纷连绵不绝，尤其是在 20 世纪 90 年代漳河水事纠纷更是不断升级。从表面上看，漳河水事纠纷是河南省和河北省之间的水事纠纷，但实际上是河南省的特定村庄和河北省的特定村庄之间发生的水事纠纷，也就是单位之间的水事纠纷。既然不同行政区域之间的水事纠纷和单位之间、个人之间、单位与个人之间发生的水事纠纷有可能是同一性质，却适用不同的解决方法，这显然是不合理的。

3. 跨行政区水事纠纷解决方式规定不协调

《中华人民共和国水法》第 56 条规定："不同行政区域之间发生水事纠纷的，应当协商处理；协商不成的，由上一级人民政府裁决……"；《中华人民共和国水土保持法》第 31 条规定："地区之间发生的水土流失防治的纠纷，应当协商解决；协商不成的，由上一级人民政府处理。"《中华人民共和国水污染防治法》第 28 条规定："跨行政区域的水污染纠纷，由有关地方人民政府协商解决，或者由其共同的上级人民政府协调解决。"通过分析上述法条可以看出，针对跨行政区的水事纠纷，立法除作出一般规定外，还根据不同的跨界水事纠纷类型有不同的解决方式。首先，不管是何种纠纷类型，先协商，协商不成的，根据不同的纠纷类型分别裁决、处理抑或协调解决。问题在于：①同是由上一级人民政府作出的"裁决""处理""协调解决"三种方式，究竟是含义相近然表述不同还是相去甚远？②《中华人民共和国水土保持法》第 31 条和第 39 条规定的"处理"方式是裁决还是协调？"处理"的定性不同，后续法律的适用也将不同；③水事纠纷是否包括水污染纠纷？若包括，为何水污染纠纷的解决方式只能是协商不成由上级政府协调解决，而非裁决抑或协调不成最后由上级政府裁决？④《中华人民共和国水法》第 56 条关于行政区域间水事纠纷的裁决是终局裁决。

实践中，有不少跨行政区的受害人都在损害发生地的人民法院起诉，法院虽然判原告胜诉，但判决结果很难执行。根据全国人大常委会法工委有关人士的解释，这次修订水法对地区间的水事纠纷没有规定可以向人民法院起诉，主要因为考虑到：第一，水资源属于国家所有，人民政府及其水行政主管部门作为国家所有权的代表，有权按照统筹兼顾的原则依法对水事权益进行处分，也就是说，这类纠纷在本质上属于行政争议，而不是一般的民事纠纷；第二，调处地区间的水事纠纷往往涉及到水资源的调配、江河治理、水利规划和水利建设，不少纠纷需要采取工程措施和巨额的资金投入，所有这些只有政府和水行政主管部门才能胜任。

4. 同行政区水事纠纷解决方式规定也不协调

《中华人民共和国水法》第57条规定："单位之间、个人之间、单位与个人之间发生的水事纠纷，应当协商解决；当事人不愿协商或者协商不成的，可以申请县级以上地方人民政府或者其授权的部门调解，也可以直接向人民法院提起民事诉讼。县级以上地方人民政府或者其授权的部门调解不成的，当事人可以向人民法院提起民事诉讼。"可见，同行政区水事纠纷，可以采取三种处理方式：一是（当事方之间）协商解决；二是行政调解；三是诉讼，包括直接向人民法院提起民事诉讼和在行政部门调解不成时再向人民法院提起民事诉讼。

《中华人民共和国水土保持法》第39条规定："造成水土流失危害的，有责任排除危害，并对直接受到损害的单位和个人赔偿损失。赔偿责任和赔偿金额的纠纷，可以根据当事人的请求，由水行政主管部门处理；当事人对处理决定不服的，可以向人民法院起诉。当事人也可以直接向人民法院起诉。"据此，处理同行政区水土流失赔偿纠纷方式有二：一是根据当事人请求由水行政部门处理；二是诉讼，此处的诉讼是民事诉讼抑或是行政诉讼，法律没有明确。

5. 未能充分发挥行政机关解决水事纠纷的优势

行政机关具有特殊的地位，在处理水事纠纷时具有一定的优势，主要表现在：①可以平衡个人利益和社会公益的关系；②及时、高效；③资源优势。在我国，曾用来解决水事纠纷的行政方式主要有行政仲裁、行政调解和行政裁决三种。随着《中华人民共和国仲裁法》的颁布，行政仲裁退出了解决水事纠纷的历史舞台。目前所运用的两种水事纠纷行政处理方式却存在严重不足：第一，行政调解存在的缺陷：经行政调解方式解决的水事纠纷，因不具有法律约束力，一旦一方当事人反悔而提起民事诉讼，双方达成的合意将不会得到法庭的认可，其后果是增加了纠纷解决成本。第二，行政裁决存在的缺陷：尽管实践中会运用行政裁决方式解决水事纠纷，但现行法律却未作出明确规定，导致该方式在水事纠纷的解决领域的运用并不广泛，尤其在1992年全国人大法工委就国家环保局"关于如何正确理解和执行《中华人民共和国环境保护法》第41条第2款的请示"作出答复之后,行政机关往往回避通过裁决方式解决环境纠纷。

6. 采取诉讼方式范围过窄、实际效果不理想

目前,跨界水事纠纷的解决,已成为水事纠纷解决的重点领域。然而根据《中华人民共和国民事诉讼法》第3条规定,能提起民事诉讼的水事纠纷仅限于平等民事主体间的水事纠纷,跨界水事纠纷被排除在诉讼救济之外。由于我国诉讼法律制度的不健全,法律还未赋予法院处理跨界水事纠纷的管辖权,使得跨界水事纠纷还不能通过诉讼模式得以解决,严重制约着跨界水事纠纷的处理效果。

7. 部分法律概念的涵义不清

如对"裁决""解决""协调"等的含义不清。且水事法律对这些法律概念都没有明确规定,使得在实践中解决水事纠纷有一定的难度,影响法律的顺利实施和贯彻,不能使水事纠纷得到有效解决。

四、完善我国水事纠纷解决机制的建议

水事纠纷解决机制是一系列水事纠纷解决方式所组成的整体,当发生水事纠纷时,作为当事人或者相关行政区域可以根据具体案件的特点,选择一个最适宜的解决方式。因此,为了让水事纠纷案件得到及时有效的解决,需要尽快完善我国水事纠纷解决机制。

1. 按照《中华人民共和国水法》第56条、第57条的规定修改相关水法规,解决水法规之间的不协调问题

对《中华人民共和国水土保持法》《中华人民共和国水污染防治法》《中华人民共和国防汛条例》可以做如下修改:

(1)为了与《中华人民共和国水法》第56条协调一致,可以将《中华人民共和国水土保持法》第31条修改为:不同行政区域之间发生的水土流失防治的纠纷,应当协商解决;协商不成的,由上一级人民政府裁决,有关各方必须遵照执行。

(2)为了与《中华人民共和国水法》第57条协调一致,《中华人民共和国水土保持法》第39条可以修改为:对造成水土流失危害的赔偿责任和赔偿金额的纠纷,应当协商解决;当事人不愿协商或者协商不成的,可以申请水行政主管部门调解,也可以直接向人民法院提起民事诉讼。水行政主管部门调解不成的,当事人可以向人民法院提起民事诉讼。

(3)为了与《中华人民共和国水法》第56条协调一致,《中华人民共和国水污染防治法》第26条可以修改为:不同行政区域之间发生的水污染纠纷,应当协商解决;协商不成的,由上一级人民政府裁决,有关各方必须遵照执行。

(4)为了与《中华人民共和国水法》第57条协调一致,《中华人民共和国水污染防治法》第55条可以修改为:造成水污染危害的单位,有责任排除危害,并对直接受到损失的单位或者个人赔偿损失。赔偿责任和赔偿金额的纠纷,应当协商解决;当事人不愿协商或者协商不成的,可以申请环境保护部门或者交通部门的航政机关调解,也可以直接向人民法院提起民事诉讼。环境保护部门或者交通部门的航政机关调解不成的,当事人可以向人民法院提起民事诉讼。

(5)为了与《中华人民共和国水法》第56条协调一致,可以将《中华人民共和国防汛条例》第19条修改为:不同行政区域之间发生的防汛抗洪方面发生的水事纠纷,应当协商解决;协商不成的,由上一级人民政府裁决,有关各方必须遵照执行。

2. 按照水事纠纷争议的标的是私益还是公益,解决《中华人民共和国水法》第56条与第57条之间的不统一、不协调问题

解决《中华人民共和国水法》第56条与第57条之间的不统一、不协调问题,关键是按照水事纠纷争议的标的是私益还是公益,将"不同行政区域之间发生的水事纠纷"分成两类:一类是不同行政区域之间发生的公益性水事纠纷,一类是不同行政区域之间发生的私益性水事纠纷。不同行政区域之间发生的公益性水事纠纷的解决适用《中华人民共和国水法》第56条规定。不同行政区域之间发生的私益性水事纠纷的解决适用《中华人民共和国水法》第57条规定。所以,可将《中华人民共和国水法》第56条修改为:不同行政区域之间发生公益性水事纠纷的,应当协商解决;协商不成的,由上一级人民政府裁决,有关各方必须遵照执行。

3. 建立健全水事纠纷预防调处制度

强化纠纷信息收集工作,省际水事纠纷协调机构要通过定期巡查、协调通报等手段系统收集影响省际水事纠纷演化的关键信息、影响水事纠纷的外部环境变化信息、省际水事纠纷敏感地区涉水的正式与非正式制度、省际水事矛盾敏感地区各利益相关方的收益关系等信息。

进一步完善纠纷信息沟通机制,完善"联络小组制度",相互通报省际边界水事协调工作情况;签订省际边界协调工作规约;出台详尽的省际边界各方水事协商流程。

进一步完善纠纷过程干预机制,完善流域水法规体系来规范省际边界水事活动和涉水工程建设,为预防省际水事纠纷的发生和流域水行政执法提供法律保障;制定与执行省际边界河流规划;

进一步加强省际边界（跨省）河流行政审批事项的管理，在双方没有协商一致时，不得改变水的现状；建立省际边界敏感地区监督检查机制；加快确立由市场调节和配置水资源的制度，通过化解水危机来预防和解决水事纠纷；充分发挥民间调解在水事纠纷调处的重要作用。

4. 完善我国水事纠纷行政处理方式

虽然行政机关解决水事纠纷有着自身的优势，但实践中运用行政处理方式解决水事纠纷却存在着一系列问题。为了充分发挥行政处理方式的优势，笔者提出以下三个方面的建议：

（1）加强水事纠纷行政调解协议的强制力。行政调解虽在实践中得到了广泛运用，但是因为行政调解只是一种民间性行为，调解结果往往没有强制力。水事纠纷案件的当事人通过行政调解方式所达成的合意，可以通过经该行政机关备案的方式而具有公信力，在行政调解协议作出以后，不能因一方当事人反悔而使调解协议归于无效。在调解协议作出以后，如果一方当事人反悔，只能选择向法院提起民事诉讼方式，法院收到诉状后，首先应当审查调解协议有没有违法或显失公平等情况。若存在上述情况，法院可以宣布该调解协议无效，然后当事人可以选择通过诉讼方式或通过其他方式解决水事纠纷。若不存在上述情况，法院应当驳回当事人诉讼请求。

（2）扩大环境行政裁决的适用。现行法律未明确规定通过行政裁决方式解决水事纠纷，尽管实践中会运用行政裁决方式解决水事纠纷，但该方式在水事纠纷解决领域的运用并不广泛。应通过立法或修改相关法律的途径来明确行政裁决解决水事纠纷的具体类型和适用条件等，通过制度设计的方式来改变"重调解、轻裁决"的现状，充分发挥行政裁决解决水事纠纷的作用。

（3）建立高效的水污染损害赔偿民事纠纷行政处理机制。虽然当前环境诉讼在某种程度上变得容易了，但是受害者通过法院追究加害人的责任现实地得到救济绝不是一件容易的事。大多数人不愿意通过程序严格、耗费钱力、周期相对较长的诉讼途径解决纠纷，而希望通过行政机关的专业知识和行政机关的公权力威信，使问题简易、迅速且廉价的得以解决。

5. 扩大诉讼的受案范围

目前，诉讼方式仅能解决平等民事主体间的水事纠纷，还不能解决跨界水事纠纷。跨界水事纠纷主要通过有关地方人民政府之间协商解决、上级人民政府协调或裁决解决。尽管通过这些行政方式，可以起到协调相关区域水事纠纷的作用。但从实践看，由于界属问题、地方保护等原因，推诿扯皮现象较为突出，尤其是跨省纠纷的协调统一处理难度大，污染事故很难得到及时妥善解决，而诉讼方式可以弥补这一不足。应当构建一套由行政方式和诉讼方式相配合的跨界水事纠纷解决模式。通过制度设计的方式，把法院受理民事诉讼案件的范围扩大到跨界水事纠纷案件，以此来统一诉讼模式和行政模式处理水事纠纷的范围，使诉讼方式像行政模式那样，既可以解决发生在平等民事主体之间的水事纠纷案件，也可以解决跨界水事纠纷案件。

6. 发挥民间组织力量，健全水事纠纷协商机制

以当事人之间合意为基础的非诉讼纠纷解决机制，是现代社会重新发现人与人之间沟通与对话价值的产物，各种非国家的组织、社区共同体或社团在纠纷解决中的作用日益受到重视，由此产生了协商、调解、仲裁等多种以当事人合意为基础的解决纠纷的方式。其功能在于促进社会自治与社会合作，是现代社会寻求以和谐方式解决纠纷的重要方式。目前，我国尤其要加强对水事纠纷的人民调解和环境仲裁建设，并设立中立的水事纠纷原因鉴定和责任鉴定专业机构。同时明确行政调解的法律性质。

7. 建立专门的环境诉讼制度，对水事纠纷实行整体式的司法救济

需制定专门的程序法，设立专门的环境法庭，构建有别于传统诉讼的环境诉讼规则，并大力发挥环境公益诉讼的作用。

第七章 水权制度

解决我国水资源短缺的矛盾，最根本的办法是建立节水防污型社会，实现水资源优化配置，提高水资源的利用效率和效益。充分发挥市场机制对资源配置的基础性作用，促进水资源的合理配置。我国建立水权制度具有现实的法律基础，用益物权理论和土地使用权转让制度为水权制度的完善提供了理论和实践依据，现行的取水许可制度是水权制度建立的有益探索。

第一节　近现代以来我国水权制度的发展及主要内容 [*]

我国历朝历代都非常重视水利事业的发展，修建了大量的水利工程。在长期的实践中，历朝历代也都因地因时制宜制订了规范水事活动的法律规定，尤其是唐宋以来的乡规民约，对各地水使用量的分配原则、用水顺序权、分水的技术措施以及渠系内分水制度等规定得十分详细，形成了中国特色的水权传统理念和水权制度。这些内容在其他章节已经有涉及，在此不再重复。

近现代以来，随着西方科学技术和法律理念的传入，资本主义性质的水权理念开始萌芽，并与中国传统的水权理念相融合，不仅各地制定了一系列水权制度，而且在《中华民国水利法》中已有专门章节论及水权。

一、民国水权制度的产生与发展

民国初期，并没有全国性法律专门规定水权制度，而是由各省或灌区根据当地的历史习惯和实际需要制定规范、章程、管理用水。

民国元年（1912年），黄河流域的河套灌区就制定了《河套灌区水利章程十条》，其中涉及水权作了如下一些规定："各渠浇水，春冬两季均行放稍，只许平口浇溉不准堵闸筑坝。其余各水按照净地每闸定有日期，期满之日此关彼放。如此次由口轮稍，彼次由稍轮口，轮流灌溉，毋得争执。如有私浇堵闸筑坝者，照浇地亩数公同议罚；各渠厘定浇水章程，日后如有高地非作闸不能上水者，准地户禀知该渠社长转禀水利局派员验，然后准其作闸，惟不得任意私作致起争端；各渠浇水日期以水到地起算。譬如此闸应浇五昼夜，至第三昼夜适遇黄河水落渠不进水，下次水浇仍由该闸再浇两昼夜以补不足，别闸不得争夺；各渠各闸浇水日期，各渠社已经立牌额悬挂本社，倘后

---

[*] 郭成伟，薛显林．民国时期水利法制研究．北京：中国方正出版社，2005.

若有更改,由该社长等临时会议;各渠每倾青苗应收渠租银四两五钱,以三两面三钱归社,下余一两二钱归水利局经费。而水利局不丈青苗,按各渠社所丈征收,而银两亦归社长呈交,且各社毋得隐匿亩数,如有隐匿者,倘经查出,以一罚十,决不以宽。"

民国12年(1923年),黄河流域《宁夏灌区管理规则》对如何引水灌溉、利用水利也作出简明扼要的规定。

民国21年(1932年),陕西省政府制定公布了《陕西省水利通则》,对陕西省内的水权制度作出了详细规定。对用水权的取得、丧失、变更等规定:"公有之水,除本通则另有规定外,得供私人洗濯、沐浴、汲水、取水、饮牲畜、淘蔬谷及行驶水船之用,且以非营利及不妨害他人为限。私人或团体,对于公有之水,除依法享用外,有为农林、渔业、工业、航运及其他用水事业时,须向主管机关呈请注册,发给证书,取得用权。举办水利事业,应附具计划图说,声请主管机关详勘核准发给举办执照,办成经复勘注册后,发给用水权证书。如有变更时,须另声请主管机关重新核定。不领举办执照,先行施工者,主管机关得停止其工程。举办水利事业,或利用公有之水,须使下游不发生水害,始得利用或开发。举办水利事业,需用他人土寺者,除法定情形外,应按照时价购买,倘地主故意阻碍时,得呈由主管机关依土地征收法处理。举办水利事业,其经过区域,遇有房舍坟墓古迹,及其他建筑物等,须设法绕避,不得已时,呈由主管机关核定拆移,其拆移费用及补偿,依土地征收法处理;经过区域,对于其他个人或公众之利益发生妨害,无法避免时,应赔偿其损失。举办规模较大之水利事业,其经过区域,遇有小水利事业,无论其已成未成,均得合并办理;其经过区域,在两县以上者,由地面最多之一县主理,或联合主理之。私人或团体二人以上,同时吾请在同一水显示目录上,举办水利事业时,距水源最近者,有优先权,距离相等,以利益较大者有优先权。旧有之水利事业,在本通则公布后,业主须将享用水利之历史、证据,呈经主管机关查勘确实,方准注册,发给用水权证书。前项水利事业,难复原状者,不得因谋补偿,而遗害于已成或其他之水利。水利经过区域,除依规定办理外,其土地所有人,不得征收水程通过费。旧有渠道废弃满三年以上者,若欲修复,与新渠同。凡因私益而烟灭或信造证据,或指疑似为证,而恃众或单独强争,经主管机关查实者,取消其用水权,并将冬夏事及唆使之人,送到法院惩办。主管机关在未经查实前,得施以临时紧急处分。用水权之移转,除当事人订立契约外,随其灌溉地,或水利事业为转移,并由双方声报主管机关备查。不同水源,先年合用或分用,通融兴利后,复以权限界址起争者,主管机关得以法令及现状,重新划定历史相沿之水利,其用水权不合现行法令,或其习惯现不适用时,主管机关得以法令及现状,另订单行章程处理之。旧有渠道因水源出没不时，或水量增减不定，或地形改变，及其他不可抗力致不敷用时，在未经主管机关勘定处置以前，仍应按照水程旧规比例灌溉。本非正渠，借故蒙利，已经官许，复起争议者，由主管机关彻查纠正。"对用水的限制作出如下规定："用水者所用水量，以注册事业上必需之水量为限，其有水程者，并需依次使用。农田水利事业附带工用水利时，以不变更水量而又无害于他人之农用者为限。工业用水，防害农田，其利益不及灌溉之大者，无论已成未成，均应停止。工业用水，防害农田。利益较大，或转移而为他渠灌者，应呈由主管机关变通处理。举办水利事业，不为协助者，不得于事业成就后，请求均沾水利，但当事人有特约者，不在此限。排泄污水，不得归纳于公有之水道，但有特别情形，经主管机关许可者，不在此限。"

民国29年（1940年）1月9日，经济部发布的《水利建设纲领》第28条规定："民营及地方水利建设，亟应提倡推进，为确定权利义务，有免除纠纷起见，应制定水利法以资遵守"。这一纲领性规定把建立全国性的水权制度提上议事日程。

民国31年（1942年）7月7日，国民政府制订公布、次年4月1日施行的《中华民国水利法》，9月16日修正公布的《水利法施行细则》，就水权、水权之登记等作出了专章规定。为配合《中华民国水利法》的实施，民国32年（1943年）6月23日由行政院核准、行政院水利委员会于7月19日公布施行了《水权登记规则》，同年11月2日由行政院核准、11月22日行政院水利委员会公布施行了《水权登记费用征收办法》。

民国时期制定并颁布的《中华民国水利法》，是中国近现代史上第一部全国性的水利法。而把水权制度单列并专章进行规定，说明当时对水权制度的重要性认识已经深化。已经从实践层面上升到制度层面，开始通过制度的规范作用来调整涉及水事的权利义务关系。

《中华民国水利法》公布实施之后，各流域灌区依据水利法的规定，还结合实际制定了一些具体的管理规则。如民国33年（1944年）11月1日经行政院核准的《陕西省泾惠渠灌溉管理规则》，对泾惠渠的用水权、用水用途、用水量、引水、灌溉、防汛等都作出了详细具体的规定。

二、民国时期水权制度的基本内容

（一）水权的概念和特征

1. 水权的概念

《中华民国水利法》第3章第13条规定："本法所称水权，谓依法对于地面水或地下水取得使用或收益之权。"

2. 水权的特征

（1）水权是一种派生权利。水权系从水资源所有权中派生，分享了后者中的使用权和收益权，是一种准物权。

（2）水权的客体为一定范围的水资源。根据《中华民国水利法》关于水权的界定，水权的客体只能是一定范围的水资源，即地面水和地下水。它存在于江河、湖泊、池塘、地下径流、地下土壤之中。

（3）水权以使用和收益为核心内容。《中华民国水利法》第2条规定："本法所称水利事业，谓用人为方法控驭，或利用地面水、或地下水以防洪、排水、备旱、溉田、放淤、保土、洗碱、给水、筑港、便利水运，或发展水力。"

（4）水权原则上无排他性。水权是水资源所有权派生出的权利，它不以占有水资源为条件，这就为数个水权同时并存提供了可能，所以排他原则对水权之间的效力冲突时常无能力，在特定区域的水资源上可同时存在着数个水权。

（5）水权的体现为"用水"，闲置的水权将被废止。《中华民国水利法》第3章第21条规定："水权取得后，继续不使用逾二年者，经主管机关审查决定公告后，即丧失其水权，并撤销其水权状。但经主管机关核准保留者不在此限。"

（6）水权设定的法律用意在于定纷止争。《中华民国水利法》专章对水权作出详尽具体的规定，总的目的是规范水事，利用水资源，造福百姓。

（二）水权制度的基本内容

1. 水权的主体

按照民国时期水利法的规定，水权主体是指享受一定范围水的使用权或收益权并承担相应义务的团体公司或人民。依据《中华民国水利法》和《水利法施行细则》，水权主体包括以下几种：

（1）具有中华民国国籍的人民可取得水权。

（2）经政府特许的外国人。

（3）水源地井、沟、渠及其他水流地所有人，得自由使用其水者，视为取得水权。但除家用、在私有土地内挖塘或凿井汲水、用人力兽力或其他简易方法引水可免于登记之外，仍应申请登记。

（4）兴办事业人（团体、公司）经声请可取得水权。

（5）政府兴办水利事业，其主办机关可取得水权。

2. 水权的客体

水权的客体是指水权人享有用水权利和承担用水义务所指向的对象。依据法律规定，民国时期水权客体包括地面水和地下水。

3. 用水顺序

用水标的顺序，也就是水权人用水的先后次序。《中华民国水利法》第15条规定：用水标的之顺序如下：一、家用及公共给水；二、农田用水；三、工业用水；四、水运；五、其他用途。前项顺序，省市主管机关对于某水道得酌量地方情形，呈请中央主管机关核准变更之。

4. 水权停止、撤销及限制

（1）水源水量不足之停止、撤销及限制。《中华民国水利法》第3章第17条规定："水源之水量不敷家用及公共给水，并无法另得水源时，主管机关得停止或撤销第一顺序以外之水权，或加以使用上之限制。水权人因前项停止或撤销或限制，受有重大损害时，主管机关得按情形酌予补偿。"

（2）因公共事业之需而撤销私人之水权。《中华民国水利法》第3章第23条规定："主管机关因公共事业之需要，得撤销私人已登记之水权，但应酌予补偿。"这里的私人用水是指私人从事生产经营、发展私人事业所需之水，不应理解为私人家庭用水，因为私人家庭用水量是必须的、受保障的。

（3）水权主体用水量应以其事业所必须者为限。《中华民国水利法》第3章第14条规定："团体公司或人民，因每一标的取得水权，其用水量应以其事业所必须者为限。"

5. 用水优先权

《中华民国水利法》第3章第18条规定："凡登记之水权因水源之水量不足发生争执时，先取得水权的有优先权。同时取得水权者，按水权状内额定用水量比例分配之，或轮流使用，其办法由主管机关定之。"

（1）先取得水权者之用水优先权。如果遇有两个水权的目的相同，则适用依水权取得的时间先后确定位序的规则，即先取得的水权优先。

（2）同时取得水权者之用水权。根据规定，同时取得水权者，按水权状内额定用水量比例分配之，或轮流使用，其办法由主管机关定之。

运用这一规则处理纷争，法律并不作更详细的规定，而是作了授权性规定，授权由主管机关对此作出具体规定。

6. 临时用水权

《中华民国水利法》第3章第19条规定：主管机关根据水文测验，认该管区域内某水源之水量，在一定时期内，除供给各水权人之水权标的需要外，尚有剩余时得准其他人民，在此定期内取得临时使用权。如水源水量忽感不足，临时使用权得予停止。如果水源水量充足，或者因为自然降雨量充足能够满足农田用水等，就会出现水量过剩的问题，这时如果还是固守已经取得水权人的用水权，就显得死板教条而造成水资源的浪费，而立法对临时用水权的设定，恰恰是为了弥补这一不足，体现了立法者的灵活性和艺术性。

7. 共同用水权

共同用水权是指两个以上的团体公司或人员，根据某种共同关系经声请批准获得水权，并对该水权不分份额地共同享有权利并承担义务。《中华民国水利法》第3章第22条规定："共同取得之水权，因用水量发生争执时，主管机关得依用水现状重行划定之。"共同共有人如果因用水量发生争执，由主管机关依用水现状重行划定之。主管机关可以根据实际情况，对各共同共有人的用水时段、用水比例、用水量等作出必要的划定，以使争端得以解决。

8. 水权的取得

水权的取得必须合法，合法的水权才受法律的保护，没有取得水权非法用水，法律非但不保护，还要制裁。《中华民国水利法》吸收各省区及灌区的水事实践，对如何取得水权作出了详细具体的规定。

（1）水权取得方式。

1）原始取得。即直接根据法律的规定，不依赖其他人的意志就可以取得水权。原始取得水权的情形有：①依《中华民国民法》第781条规定，水源地井、沟、渠及其他水流地所有人，得自由使用其水者，视为取得水权，这是依据河岸权原则赋予井、沟、渠及其他水流地所有人原始的、当然的水权，但规定除《中华民国水利法》第38条免予登记者外，仍应申请登记；②家庭用水、在私有土地内挖塘或凿井汲水、用人力兽力或其他简易的方法引水，视为当然取得水权，无需登记；③轮船、船舶等于航行天然通航水道者，视为当然取得水权，无需申请登记。

2）申请取得。即团体公司或人民依法向水权主管机关提出申请，经主管机关审核批准，并履行登记手续后，取得水权，水权取得大多是通过申请方式。

3）继承取得。在《中华民国水利法》颁布之前，《陕西省水利通则》就规定，用水权可以继承,但继承的水权也应到主管机关申请并重新核定。

(2)申请。《中华民国水利法》第24条规定:"水权之取得设定移转变更或消灭,非依本法登记,不生效力。"

1)水权权利人、义务人申请。

2)代理人申请。水权申请人如果选择由代理人代为申请,在申请登记时,代理人应附具委任书。

3)共有人申请。《中华民国水利法》第4章第28条规定:"共有水权之登记,由共有人联名或推代表申请之。"

4)申请文件,包括申请书,证明登记原因、文件或水权状,其他依法应提出之书据图式,以及第三人承诺书或其他证明文件。

水权登记的目的是明晰水权权属,避免引起纷争。当水权登记危及第三人的利益,或者与第三人有与水权有关的其他方面的利害冲突,法律规定必须告知第三人,并取得第三人的书面承诺或其他证明文件。

(3)受理。

1)受理机关。《中华民国水利法》《水利法施行细则》等规定:"水权登记应向县政府为之;水道流经两县以上,或水权之利害关系两县以上者,其水权登记由省主管机关办理之;但经中央政府核定由中央主办之水利事业,应由中央主管机关办理之;水道流经两省市以上,或水权之利害关系两省市以上者,其水权登记由中央主管机关办理之。"

2)审查。审查是指水权登记主管机关在收到水权登记申请人的申请后,依据有关规定,检查核对水权登记申请者的资格是否合法,其所提供的有关资料、文件是否正确、妥当和符合法定要求,水权登记的管辖权是否属于有关部门的受理范围,水权登记申请程序是否符合法律规定的要求,有无其他不宜受理的情况等。

3)履勘。履勘就是进行实地勘察和测量。水权登记主管机关经过审查,认为申请人的申请符合法律要求,就要依据法律的规定,指派具有专门知识和技能的人员,到申请登记之水权水道流经地进行实行查验、拍照、测量。

4)公告并通知。根据《中华民国水利法》的规定,水权人的登记申请如果经主管机关审查履勘,认为适当时,水权登记机关应当按照规定立即起动公告程序,并同时通知申请人。公告是指水权登记主管机关通过发布、张贴、登报等办法,将水权申请人申请登记水权的有关事项公之于众的行为。对于公告如何刊登以及时限要求，法律也作出了明确规定：一是公告可以登载于水权主管机关及其上级主管机关所发行的定期公报上；二是可以通过适当方式揭示于申请登记之水权所在的显著地方，并不少于30天；三是可以通过适当方式揭示于水权主管机关门前专门设立的公告地方，并不少于30天。

5）利害关系人提出异议。依据《中华民国水利法》规定，水权登记主管机关按照法定程序发生公告后，利害关系人可在自公告日起60日内附具理由及证据，向主管机关提出异议，以保护自己的权益。

（4）登记。《中华民国水利法》规定，水权经登记公告无人提出异议或异议不成立时，主管机关应即登入水权登记簿，并给予申请人以水权状。这就是对水权登记的法律规定。水权登记是水权申请登记的必要程序，也是水权登记的最后一道程序，经过这道程序，水权登记申请人即获得了受法律保护的现实水权。水权登记簿应记载下列各事项：水权人之姓名、性别、年龄、籍贯、职业及住所；水权所在地；用水标的；引用水量；水权来源；申请登记之年月日；水权转移变更或消灭年月日；发给水权状之号数；其他应登记事项。

（5）登记费用的收取。依据《中华民国水利法》和行政院《水权登记规则》规定，水权登记费用收取应按下列标准进行：水权的设立、申请水权的转移变更、水权的消灭登记者，其登记费以每一用水标的为一单位，每一单位征收100～300元。补行登记者，其登记费照应征额减半收取。

9. 水权的转移变更

（1）水权转移变更的概念。在《中华民国水利法》颁布之前，《陕西省水利通则》就作出规定，允许水使用权转移。"用水权之移转，除当事人订立契约外，随其灌溉地、或水利事业为转移，并由双方申报主管机关。"《中华民国水利法》对水权转移变更作出了狭义的规定。依据《中华民国水利法》及有关规定，水权转移变更是指当共同水权人因用水量发生争执或水道因自然变更时所引起的用水量、取水地点、引水路线等用水内容的变化。这实际上与现代合同法上的狭义的合同变更相类似。即在水权主体不变的情况下，对水权内容进行部分修改或补充。

（2）水权转移变更的情形。依据《中华民国水利法》及有关规定，水权转移变更有下列两种情形：①共同水权人因用水量发生争执时，主管机关得依用水现状重新进行划定，水权主管机关可依据重新划定的用水量，责令有关人员进行水权变更登记；②当水道因自然原因发生变化，原水权人可能因此而丧失用水权时，他可以请求主管机关就新水道指定适当取水地点及引水路线，使用水权状内额定用水量之全部或一部。

（3）水权转移变更登记。依据《中华民国水利法》的规定，水权转移变更也要履行登记手续方为有效。变更登记也要按照规定收取变更登记费。

10. 水权的消灭

（1）水权消灭的概念。水权消灭是指水权因一定的法律事由的出现，而使既存的水权客观上不复存在。

（2）水权消灭的情形。根据《中华民国水利法》规定，引起水权消灭的法律事由有如下两种情况：①在水权取得后，如果继续不使用逾二年的，经主管机关审查确实属实并决定公告后，即丧失水权，并由水权登记主管机关撤销其水权状，但经主管机关核准，认为不使用有正当理由，决定给予保留者不在此限；②主管机关因公共事业之需要，得依据规定撤销私人已登记之水权，但应确保私人之家庭用水，并对撤销之私人水权酌予以经济补偿。

（3）消灭登记。水权消灭也要履行注销登记手续。由权利人或义务人缴还水权状，到水权登记主管机关注销水权。

11. 用水量权

（1）用水量权的概念及意义。用水量是指依据法律或溉区制定的测量标准，或者依据历史形成的习俗，对水权人用水量的大小、多少等所做的限定性规定。

（2）用水量权的规定。《中华民国水利法》第14条规定：团体公司或人民，因每一标的取得水权，其用水量应以其事业所需为限。这里所称事业所必需之用水量，由主管机关参照兴办事业人之申请及下列标准审定之：①该项事业之最低用水量；②该项事业之邻近区域之通常用水量。第22条规定：共同取得之水权，因用水量发生争执时，主管机关得依用水现状重新划定之。《陕西省水利通则》和《陕西省泾惠渠灌溉管理规则》中对水使用量权的界定更为具体。如《陕西省水利通则》规定：旧有渠道，水源出没不时，或水量增减不定，或地形改变及其他不可抗力不敷用时，在未经主管机关勘定处置以前，仍应按水程旧规比例灌溉。在汾渭河流域的灌区中，渠系之间、灌区内部各村之间和利户水量的分配都有明确的规定，水量的分配是以"水程"为单位的。水程是水流的时间限定，在过水面积一定的情况下，水使用量的大小也就确定了。汾渭河流域的灌区内一般都对过水截面作了明确的规定。例如，"坊土追村陡门一座，高三寸八分，阔五寸五分"。灌区水程分配的文字记载在汾渭河流域的各种文献中随处可见，"冯堡村一十二夫，使水六日。周村兴十一夫，使水五日"。各渠还对不遵水程者严厉制裁。

12. 有关水权的乡规民约

民国时期，除了国家通过正式立法规范水权的制度外，还有许多乡规民约在规范水权方面发挥着不可或缺的重要作用。

（1）以香记时用水。

（2）买水过香。沿袭旧俗，水权可以单卖，买地带水，并要书立契约。书立买约时，必须书明水随地走。割食画字时，定请渠长到场过香。不清渠长同场过香者，即系私相接受，渠长即认卖主正利夫，而买主即以无水论。

（3）当水之规。地可以单独当卖，水也可以单独当卖。

（4）用水则例。用水则例在地方根据自己的传统和习俗，对如何用水所作的概括性、简明扼要的规定。

（5）水册制度。所谓水册制度，是指在官方监督之下，由所涉及渠道之利户在渠首主持下制定的一种水权分配登记册，主要是"按地定水"。由于"按地定水"，水权分配的依据是地权水册一旦制定，它实际上也成为土地清册，就具有地方法规的性质了，在一段较长时间内是稳定的。这种制度见诸各种史料，陕西关中地区的地方志都有明确的记载。

三、民国时期水权制度的特点

民国时期的水利法制建设在我国近代法文化史中独具一格，具有十分重要的历史价值和法文化价值。特别是水权制度，从立法理念、内容结构、立法技术、实施效果等来看，都达到了相当高的水准。从整体上看，具有以下特点。

1. 水权制度以地方管理为主

水权与投资主体密切相关，实际上，民国时期，政府投资寥寥无几，大量的水利投资来自民间或社会善款，因而地方政府仍然是水权制度的主体。如李仪祉先生修复泾惠渠时，所用资金就是由一些慈善机构和陕西省筹集而来，中央政府只提供了少量奖金，工程管理也由陕西地方管理而与黄委会无关。河套和宁夏灌区的管理也是地方官吏的事。在汾河流域，水利工程也多是民办或官督民办。出现这种状况的原因，一是国民党政府忙于内战，无暇真正顾及水利建设；二是国民党虽然实现了名义上的统一，但实际上军阀割据的状况始终未能改变，《中华民国水利法》实际上并未在全国范围内真正实施。

2. 水权制度具有明显的继承性

民国时期，由前代沿袭继承下来的灌区乡规民约等民俗习惯，构成水权的非正式制度，在水权实施中起着十分重要的作用。它们大都体现在各种渠册、渠例、碑文和地方志中。在黄河流域的宁夏平原、河套地区和汾河流域，还存在着依清朝旧例的情况。黄河流域的《河套灌区水利章程十条》《宁夏灌区管理规则》以及1944年李仪祉先生主持制定的《陕西省泾惠渠灌溉管理规则》等有关水权的规定，基本上与旧时是一致的。

3. 水权制度大量借鉴了国外经验

国民政府制定水法的官员大都是留洋回来的，有着丰富的水利知识和法律知识的新派人物，如李仪祉、茅以升等。他们对国外新知识了解较多，并且他们都是行政院水利委员会成员，对水利法的制定具有决定性的影响。他们把沿岸所有权、优先占用权、公共水权、代理制度、代表制度、异议制度、第三人制度等大量国外先进的民事法律制度和水权法律制度引入中国并结合实际付诸实践，丰富和完善了中国的水权法律制度内容。

4. 水权制度兼有实体法和程序法两种内容规范

一般认为，实体法与程序法是内容与形式的关系，在当代二者一般是分开的。《中华民国水利法》不但规定了水权的主体、客体，水权的取得、变更、消灭，水权优先权，共同水权等实体内容，而且规定了水权取得的程序、水权如何申请登记、申请中的代理制度、代表制度、异议制度、第三人制度等程序性规定。这可以理解为当时立法水平还不高，水权交易并不发达的表现。

第二节 当代水权制度[*]

水权制度的起源是与水资源紧缺密不可分的，如果水资源丰富而任何人都可以不受限制地使用它，就没有必要规定水权。在人类开发利用水资源的早期阶段，水资源利用是采用即取即用的方式。随着人口增长和开发活动，水资源成为一种短缺的自然资源，水权就作为解决特定地区社会系统冲突的制度而产生了。建立和完善我国的水权制度，规范与水有关的权利、责任和义务，实行资源有偿使用制度，充分发挥政府和市场两个方面的积极作用，是实现我国水资源优化配置的必然要求，有利于推进水资源的综合利用。新中国建立以来，尤其是改革开放以来，随着经济

---

[*] 蔡守秋. 论水权体系和水市场. 中国法学, 2001 (3).

社会的发展,水权制度不断完善。

一、国际上关于水权构成的不同规定

从全局和总体上制定水权转让和建立水市场的政策,需要用系统论和一体化的思想综合研究水权问题,防止在水权问题上的片面性和行业化倾向,从立法上建立科学、合理的水权体系。根据各国法律,水权体系应有多种权利构成。

(一)水资源的所有权

在一个相当长的时期内,江河湖海等水源作为人类无法控制、独占的共有物,没有形成水资源所有权的概念,一般用河岸权、地役权等物权来调整水资源权益。随着水资源开发利用规模的扩大和水资源问题的日益严重,普通法的有关规定已经很难适应水资源的使用和管理,一些国家的法律开始将江河湖海等水资源赋予所有权概念。目前许多国家规定水资源为国家所有,也有些国家的法律规定了单位(包括法人和非法人组织)、个人水资源所有权。例如,在俄罗斯,水资源所有权分国家、单位和个人所有权等多种类型。根据俄罗斯民法,个别零散水体可以属于市镇机构或一些公民和法人所有。《俄罗斯联邦水法》(1995年)第33条规定:"水体可以属俄罗斯联邦所有,也可以属俄罗斯联邦各州、区所有。"第35条规定:"所有一切水体,包括那些不属于个别市镇、公民和法人所有的零散水体,均应属国家所有制范畴。"根据我国的《中华人民共和国宪法》和《中华人民共和国水法》,水资源所有权属于国家;农业集体经济组织所有的水塘、水库中的水,属于集体所有;即我国法律上的水资源所有权包括国家所有权和集体所有权两种。

水资源所有权是指国家、单位(包括法人和非法人组织)和个人对水资源依法享有的占有、使用、收益和处分的权利,是一种绝对的物权。作为民事权利的水资源所有权的内容,包括水资源所有人依法对自己水资源享有占有、使用、收益和处分的四种权能。水资源所有权的客体是水资源或水体,是水体中的水的所有权和土地的所有权的统一。如果从法律上将水资源所有权、使用权与水资源地(包括水资源的底土、岸邦及与水资源相邻的土地)的所有权、使用权分割开来,则应该考虑、确定水资源相关土地的所有权、地上权、地役权、岸边权。从理论上看,水资源所有权应该适用于水资源的全部功能。但是,传统民商法、经济法上的所有权重在占有、利用、收益和处分水资源的经济功能,即对水资源的经济占有、利用、收益和处分,而没有将环境功能和社会功能包括在内。

（二）水资源的用益权或使用权

1. 用益物权

目前我国水资源使用权的概念，与国外民法中使用的用益权有较多的相似性。从理论上看，人们开发、利用和消耗水资源，原则上应该取得水资源的所有权；由于水资源所有权已经包括使用权能，水资源所有权人有权使用其所有的水资源，因而对水资源所有权人而言，没有必要设立水资源使用权。但是，现实生活是复杂的，在一个存在不同阶级、阶层和强权的社会或国家，绝大部分水资源往往为少数人拥有（水资源的私人所有制）或国家所有（水资源的国家所有制），并且拥有大量水资源的少数人往往不必或不能直接利用水资源，作为政治概念的国家也不能直接利用水资源；真正直接利用水资源的是大量非水资源所有权人。由于经济实力和贫富差距等原因，这些人无钱或没有能力从水资源所有权人那里买到水资源的所有权。这就产生了非水资源所有权人必须直接利用水资源所有权人拥有的水资源的客观需要和矛盾。解决这一问题的可行方案是，在不改变水资源所有权的前提下，由非所有权人向所有权人支付一定费用后取得利用并收益所有权人拥有的水资源的权利。这种权利，在大陆法系国家称为用益物权，在我国多称为水资源使用权。

用益权是指在不毁坏物的实体的情况下使用他人物品并收获其孳息的权利，即用益权就是用益物权。例如，《法国民法典》第578条规定："用益权为对他人所有物，如同自己所有，享受使用和收益之权；但用益权人负有保存该物本体的义务。"因此，用益物权是非所有权人以利用、收益为目的，在他人所有物上享有的使用、收益甚至有限处分的物权。享有权利的人称为用益权人，他有使用、收益甚至有限度处分他人所有物的权利。由于用益权人将他人所有物视同自己所有，因而原所有权被称为"虚有权"（nuda proprietas），又译为"赤裸所有权"；原所有权人被称为虚有权人，他只保留对其所有物的最终处分权。目前国外民法已经有大量关于用益物权的规定，其中许多规定可以适用于水资源的利用、收益和有限处分。

用益物权具有如下特点：用益物权是一种物权，用益物权人有独占和排他性支配标的物的权利；用益物权包括地上权、地役权和典权等，除地役权属于从物权外，其他用益物权都为主权利，不依赖其他权利而独立存在；用益物权是一种他物权、限制物权，用益物权必须存在他人所有的物上，用益物权人不是所有权人；用益物权的目的是对于标的物的使用、收益，收益是指收取或获得物的孳息，包括自然孳息（如水域中的鱼所自然繁殖的小鱼等自然产生之物）、人工孳息（如在水域中人工养殖而取得的孳息）和法定孳息（如养鱼场的租金）；用益物权的标的物须为他人所有物，一般为不消费物，一般以不动产为主；用益物权以物的使用价值为实现的基础，是在使用价值方面对物的支配，用益物权的标的物的灭失导致用益物权的消灭。由于用益物权的上述特点，它具有适用于水资源利用、收益和处分（即水权转让）的极大潜力，我国可以考虑建立水资源用益物权的概念。

2. 水资源用益物权

所谓水资源用益物权是指对他人所有的水资源享有的占有、使用、收益并有限处分的物权。在我国，可以将国有水资源用益物权定义为：非国有水资源所有权人对国有水资源依法、依合同享有的占有、使用、收益和有限处分的权利。这种水资源用益物权具有如下特点：水资源用益物权人有独占和排他性支配国有水资源的权利；国有水资源用益物权必须存在于国家所有水资源上，国有水资源用益物权人不是国有水资源所有权人；国有水资源用益物权一经确立（包括法定和意定），就不依赖其他权利而独立存在；国有水资源用益物权的目的是对于国有水资源的使用、收益；国有水资源用益物权以国有水资源的使用价值为实现的基础，是在使用价值方面对国有水资源的支配，国有水资源的灭失导致国有水资源用益物权的消灭等。

目前我国法律没有明确水资源使用权的概念。根据《民法通则》第80条和81条的规定，使用权是指民事主体对于国家或集体所有的土地等自然资源依法享有的使用和收益的权利；使用权派生于所有权。我国《中华人民共和国水法》第3条仅规定"国家保护依法开发利用水资源的单位和个人的合法权益"，没有明确规定水资源使用权。

一般认为，水资源使用权是指单位（包括法人和非法人组织）和个人对非自己所有的水资源依法享有的占有、使用、取得经济收益和处分的权利。根据这一定义，水资源使用权具有如下特性：

（1）水资源使用权是派生于水资源所有权但又区别于水资源所有权的一种独立的物权，水资源使用权不是水资源所有权中的使用权能。水资源所有权与水资源使用权的区别仅在于：水资源使用权的行使除依法外，还要依水资源所有权人与水资源使用权人依法签订的合同。从大陆法系的物权观看，水资源使用权是一种用益物权。

（2）水资源使用权的主体具有广泛性，一切单位和个人均可以成为水资源使用权的主体。水资源使用权可以分为单位（包括法人和非法人组织）水资源使用权和个人水资源使用权两类。

（3）水资源使用权的客体是水资源（水资源是一种不可消耗物，这可以将水资源使用权与水产品所有权区别开来，水资源使用权的客体只能是水资源而不能是水产品；水产品所有权的客体只能是水产品而不能是水资源,水产品是一种可以消耗的物),是非使用者所有的水资源(水资源使用权的客体只能是非使用者所有的水资源而不能是自己所有的水资源,如果自己使用自己所有的水资源则属于水资源所有权中的使用权能)。水资源使用权实际上是一种水体(包括水及其相连的土地)使用权,是持续或连续使用水资源的权利。例如,某水电站持续利用长江水发电的使用权,某轮船持续利用长江水航行的使用权,某农村组织持续通过水渠利用长江水从事农业生产或经营活动的使用权。

(4)水资源使用权使用的主要是水资源的经济功能(主要发电、航运、渔业养殖、商业旅游、商业供水等),而不是水资源的环境功能和社会功能。传统民商法、经济法上的利用着重于获得经济效益,而没有将环境利用和社会利用包括在内。根据对水资源的使用方式,水资源使用权可以分为取水权、水运权、水电权、放木权、养殖权、旅游观光权等各种开发利用水域或水体或水资源的权利。

取水权是指单位或个人有依法直接从国有水资源(包括江、河、湖泊、地下水)中引水或取水的权利,引水或取水是将水从其水体中分离出来、或将原有水体改变形状流向的行为。

取水权具有如下特征:①取水权的主体必须是具体的单位或个人,不能是国家或全体人民之类的抽象主体;②取水权的客体是水资源;③取水权人通过行使取水权可以形成新的水体而成为国有水资源的使用权人,也可以获得一定水量而成为该一定水量或水产品的所有人;④获得取水权必须经过批准或签订合同并依法或依合同缴纳一定的费用,获得国有水资源(如江、河、湖泊、地下水)的取水权应该经过有关行政主管部门批准并依法缴纳一定的费用,获得出让或转让国有水资源(如水库、水渠等水利工程中的水资源)的取水权应该经过国有水资源使用权人的同意并依合同缴纳一定的费用。

水运权是利用水域航行或运输的权利。

水电权是利用水流发电的权利。

放木权是利用水流放运木材、竹材的权利。

养殖权是利用水域养殖、种植水生物(主要是鱼类、贝类、藻类)的权利。

旅游观光权是利用水体或水域进行旅游观光的权利。

由于我国长期没有从法律上区别国有水资源所有权人、使用权人和管理权人的界限,上述各类水资源使用权在过去一般被视为行政许可的产物,而不被视为具有财产权性质的国有水资源使用权。今后,应该通过法律创造条件将它们转化为国有水资源使用权。

（三）水环境权

人要维持其生命和生存离不开水这一必要条件，人人都有享用江河湖海水体的自然权利，包括有享受、亲近、欣赏、体验适宜的水生态环境的资格和自由，如有享受水自然景观、清洁水体以及亲水等权利；有利用水环境资源或水环境功能以维护其自身基本生活、生存发展需要的资格和自由，包括利用水体的自净功能而排放适量污染物的资格和自由（如向水体排放生活、生产废物）；有要求维持河流流量和湖泊正常水位的权利；有通过环境权的行使而获得水环境效益、经济效益和社会效益的权利，如获得江河湖海的恩惠，获得安全、无污染、无害、清洁的水环境条件等效益。我们把这种水权称为水环境权，它是环境权的一种。

最初，水环境权作为一种自然权利、天赋权利，不需要法律规定或政府恩赐，政府和法律也不能否认或撤销。例如，在瑞典，自古以来就承认水环境享受权（主要表现为习惯），人们可以在他人所有的水域里取用饮水、游泳或乘船游览；同时，人们在行使这一权利时必须注意保护植物和水域。城乡居民不经许可即有权直接从江河湖海等天然水体中获取其基本生活、生产用水，这是许多国家的传统或习惯，并且这些习惯一直得到法律的承认或保护。例如，《俄罗斯联邦水法》第27条规定："除本水法另有规定外，俄罗斯公民有权自由使用水体水源满足自身需要。"《西班牙水法》（1985年）第48条规定："任何人都可以在不经任何批准授权的情况下，依照现行法律和法规取用沿自然河道流动的地表水，以满足饮用、浴用、家庭使用和牲畜饮用的需要。"有些国家的法律迄今还没有规定这种水环境权，并不意味着否认水环境权，而恰恰是默认水环境权的表现，即应验了"法律没有规定即有自由、即有权利"的名言。《美国宪法》第9条修正案规定："不得因本宪法列举某些权利而认为人民保有的其他权利被否定或贬低。"19世纪末，作为英国宪法宗师的戴雪以其《英宪精义》名扬天下，他在明确提出法治概念时也认为，宪法不是个人权利的源泉，而是它的结果。环境权作为一种道德权利，是人的"应有权利""与生俱来的权利"，是指人按其本质和生存需要所应该享有的权利和自由。根据"凡法律不禁止者皆可推定为权利"的原则，从法律没有禁止人们享有适宜环境这一点看，也可以推定人有享受适宜环境的权利。

我国法学界讨论水权问题时，很久以来不涉及或不研究水环境权问题。随着水体污染和破坏的加剧，侵犯水环境权的现象时有发生，各国对水环境权越来越重视，有越来越多的法律已经规定公民的清洁水权、亲水权、净水享受权或公民水环境权，甚至将保障公民的水环境权作为限制滥用水资源所有权、水资源使用权和水资源产权的重要条件。大多数国家通过环境权的法律规定就包括水环境权的内容。据统计，到1995年，约有60多个国家的宪法或组织法包括了保护环境和自然资源的特定条款；有越来越多的国家特别是发展中国家、处于经济转型时期的国家，正在将环境权或环境资源保护方面的基本权利和义务纳入宪法。"规定了环境权的40多个国家的宪法或立法文件中，环境权或者是作为人的权利之一，或者是作为国家的职责，或者二者兼而有之，这些文件都或多或少地使用了修饰词，以人及其需要为中心。"例如，《智利共和国政治宪法》（1980年）第19条规定："所有的人都有权生活在一个无污染的环境中"，"国家有义务监督、保护这一权利，保护自然"。《菲律宾宪法》（1987年）规定："国家保障和促进人民根据自然规律及和谐的要求，享有平衡的和健康的环境的权利。"《马里宪法》（1992年）第15条规定："每个人都拥有一个健康的环境的权利。国家和全国人民有保护、保卫环境及提高生活质量的义务。"1980年第8次修改的韩国《宪法》第35条（环境权）规定："所有公民都有在健康而舒适的环境中生活的权利，国家和国民应为了环境保全而做努力。"自20世纪60年代以来约有100来个国家制定了综合性的环境法律，其中在20世纪90年代制定或修改综合性环境法律的国家就有70多个，这些综合性的环境法律大都有环境权的内容。例如，美国在1969年《国家环境政策法》宣布："国会认为，每个人都应当享受健康的环境，同时每个人也有责任对维护和改善环境做出贡献。"《韩国环境政策基本法》（1990年制定，1993年修正）第6条（国民的权利和义务）明确规定："所有国民都享有在健康而舒适的环境中生活的权利，并应协助国家及地方自治团体的环境保全对策的实施，也应为环境保全而努力。"俄罗斯《人口健康法》（1991年）规定："公民享有拥有一个健康的环境和免受不良侵害的权利，企业有权获取有关卫生状况、环境和人口健康状况及卫生规则的权利。"墨西哥于1988年1月28日颁布的《生态平衡和环境保护基本法》规定："所有人都有权享受一个健康的环境。"在中国，《宁夏回族自治区环境保护条例》（1990年）、《福建省环境保护条例》（1995年）等地方环境法规已经明确规定公民的环境权。如《上海市环境保护条例》（1994年）的第6条明确规定："公民有享受良好环境的权利，有保护环境的义务。"第8条规定："一切单位和个人，都有享受良好环境的权利和保护环境的义务。对污染和破坏环境的行为有权进行检举和控告。"水是构成环境的环境要素，上述环境都包括水，因而有关环境权的规定也是有关水环境权的规定。

在一些国家，与水环境权有关的还有非人生命体的水权，即水生物基本用水的权利。为了保护水生物的正常生长和维持水生态系统的生态平衡，很多国家的法律都明确规定必须保证江河湖海和地下水体的自然流量或生态用水的需要，这实际上就是保护水生物的权利。

(四)社会公益性水资源使用权

传统民商法、经济法上对水资源的利用着重于获得经济效益,而没有将环境利用和社会利用包括在内。利用水资源的社会功能属于社会公益权的范畴,社会公益性水资源使用权包括防火、抢险、救灾、治病疗养、卫生、体育、文化、科研、教育、划界、国防、军事等社会公益性权利,这种水资源使用权的收益往往表现为社会效益(很难用经济价值来衡量)。

(五)水产品所有权

单位或个人通过行使取水权而取回的水量,单位或个人用容器接收的雨水,单位和个人通过买卖交易等活动获得的已经与原有水体分离的水,可以视为单位或私人所有水产品或私人物品,这时形成水产品或水的单位和个人所有权。有些人将水产品的所有权当作水资源所有权或水资源使用权,这是造成水资源权或水权概念混乱的一个重要原因。由于水产品是一种商品,因此对水产品而言具有实际意义的是水产品的所有权而不是水产品的使用权。水产品与水资源的最大区别是:水资源所有权或水资源使用权是对水的来源(水体)的占有、利用、收益或处分,获得了水资源所有权或使用权就获得了源源不断地供应水的能力;水产品所有权是对一定质和量的水的占有、利用、收益或处分,获得水产品所有权只是获得一定质和量的水。

(六)水资源产权

从经济法的角度对水权界定就会有水资源产权的概念。水资源产权即将水资源作为一种财产、一种产业,主要指以水资源所有权为基础的一组权利,包括水资源的所有权、占有权、支配权、使用权和经营权。许多国家将水资源即水体规定为水产业。根据西班牙《水法》(1985年),西班牙国有水产业包括:内陆水(地表水和可恢复的地下水);连续的或不连续的自然河流的河床;湖泊和池塘的基底,公共河道上的地表水库的库盆;地下含水层。根据日本《河川法》(1995年)的规定:江河属国家产业。

现代产权经济学主要研究市场经济条件下产权的界定和交易,其代表人物是科斯,其理论后经布坎南、舒尔茨等丰富和发展。科斯等人认为,资源配置的外部效应是资源主体的权利和义务不对称所导致,市场失灵是由产权界定不明所导致;产权制度是经济运行的根本基础,有什么样的产权制度就有什么样的组织、技术和效率;产权制度对资源配置具有根本的影响,它是影响资源配置的决定性因素;产权的主要经济功能是克服外部性,降低社会成本;严格界定的私有产权不但不排斥合作，反而有利于合作和组织。根据科斯定理，水资源产权制度的完善与改革对水资源开发利用和保护管理具有不可替代的作用，市场经济需要完善水资源产权，水资源产权交易又离不开水资源市场。从法律权利的角度看，在市场经济中，无论是商品还是劳务的交换，既是物质的转移和移动，也是权利的转让和移动。

因此，交易实质上是产权的交易，明确的产权是交易的先决条件。水资源产权制度的合理安排是解决我国水市场的关键。要想通过市场优化配置水资源，必须将水资源产权管理规则与水资源产权交易规则分开，合理安排政府对水资源产权的管理的限度与范围。

综上所述可知，水权是由水资源所有权、水资源使用权（用益权）、水环境权、社会公益性水资源使用权、水资源行政管理权、水资源经营权、水产品所有权等不同种类的权利组成的水权体系，水资源产权则是一个混合性的权利束。环境保护法主要强调水环境权，自然资源法主要强调水资源所有权和使用权，私法（民商法）主要强调用益权（地上权、地役权）、水役权、河岸权等水资源物权和水产品所有权，经济法主要强调水资源产权，行政公法主要强调水资源的社会公益性权利和行政管理权。只有正确认识和掌握各种水权利的性质、特点及其相互关系，才能科学确定水权转换的范围和原则，明确什么权利可以转让，什么权利不能转让。本文所讨论的水权转让中的水权，主要是指水资源使用权或水资源用益权。

二、水权的外部性与"公地的悲剧"

外部性，也称外部效果，是指那种与本措施并无直接关联者所招致的效益和损失。例如，工厂排放的废水污染了江河，使渔业受到损失，对于受害者而言，这是一种负的效果。水权具有一定的外部性，这是由水权的性质所决定的。有的学者提出："水仅在性质上属于具有公权性的私权。"我国台湾学者史尚宽先生认为："水权为跨公私法之独特权利。"孙宪忠教授在论及当代德国水权制度时精辟地指出："用水权是一种既有私法权利的性质，也有公法权利的性质的权利。"北京大学教授尹田先生也认为，在法国，法学学者将调整包括水的利用为内容的地役权称为"行政地役权"。

可见，在水权的性质上，中外法学学者在认识上相当的一致。这主要是因为：一方面，水权的客体既具有公共品的属性又具有私人品的属性。由于水资源的稀缺性、效用性、可支配性，因而可对水资源进行排他性的支配，为权利人占有、使用和收益，从而决定水资源可以成为私人品，可通过市场机制对水资源进行有效配置和充分利用。同时，水资源具有重要的生态价值，影响和决定人和其他生命体的生存及发展，关涉重大公共利益、社会利益，具有非竞争性和非独占性以及社会公益性，需要政府采取非市场手段进行干预和保护。另一方面，水权的法律制度既具有公法色彩又具有私法特征。水资源的开发利用涉及水土保持、防洪、航运、水污染防治、水文监测、流域内部及流域之间的水量分配、生态环境保护等诸多社会公共利益，因此，水权在设立、变更、转让、终止等各个方面均受到法律的严格限制，水权法律制度难免带有浓厚的公法色彩。同时，水权（水资源所有权除外）本着所有权与使用权分离的原则，可在平等私法主体之间进行流转，从而形成水市场和水权交易制度。因此，水权又属于私法上的权利，具有私法色彩。可以说，正是由于水权的客体具有公共品属性，水权具有浓厚的公法色彩，从而导致了水权的外部性。以流域为例，如果上游过多地利用水资源，就可能导致下游可利用的水资源减少，甚至江河的断流，从而导致下游一定程度的经济损失，并可导致严重的生态问题。

因此，水资源作为自然资源具有公共品的特性，需要政府对其加以适度的干预，以避免发生"公地的悲剧"。同时，水资源作为有价值的资产，具有私人品的特性，必须通过市场机制对其进行有效配置，建立水权流转机制和培育水市场，最大限度地避免其外部不经济性的产生。

三、水权的界定

目前民法、环境资源法学者之间对水权的界定尚未形成共识，甚至存在重大分歧。主要有三种观点：一种观点认为，水权是指水资源所有权、水资源使用权、水产品与服务经营权等与水资源有关的一组权利的总称。例如，姜文来先生在《水权基本理论研究》一文中提出："水仅是指在水资源稀缺条件下人们有关水资源的权利的总和（包括自己或他人受益或受损的权利），其最终可以归结为水资源的所有权、经营权和使用权。"汪恕诚于2000年10月22日在中国水利学会第一届学术年会暨第七届二次理事会上所作的报告：《水权和水市场——谈实现水资源优化配置的经济手段》也持这种观点，他指出："什么是水权？最简单的说法是水资源的所有权和使用权。"这种观点具有一定的代表性。另一种观点认为，水权是指水资源的使用权或者收益权，不包括水资源的所有权。例如，崔建远教授认为，水权是独立于水资源所有权的一种权利。裴丽萍认为，水权是水资源的非所有人依照法律的规定或者合同的约定所享有的对水资源的使用权或收益权，水权并非指对地下水或地表水资源的所有权。还有一种观点认为，水权的概念有广义、狭义之分，广义的水权概念是包括水资源的所有权、使用权、收益权、经营权等在内的一组权利或一个权利束，即同第一种观点；狭义的水权概念又分为两种对立的观点：一是认为水权不包括水资源的所有权在内，是指水资源的使用权、收益权等权利。有的学者批评道：那种"认为水权包括了水资源的所有权的观点,很明显是受了传统大陆法系观念的影响。传统大陆法系认为,'水资源是土地的孳息',对土地的所有权中含有对地上及地下水资源的所有权,对土地享有利用权者也有权取得对水资源的利用权。这种观念随着现代工业的发展以及人们对水资源生态环境的重视,早已被西方国家所打破……所以水权的发展也应该抛开水资源所有权的阻挠。水权属于准物权这一点,在学界已无多大的分歧"。二是认为水权应是水资源所有权的简称,理由在于"对水的占有、使用、收益和处分只是水的所有权的内容,是所有权的派生权利,不应成为与所有权并列的权利"。

水权是以水资源的所有权为基础的一组权利(权利束或权利簇),从民法的角度看,水权包括权利主体对水资源的占有、使用、收益、处分四项权能。一般情况下,我们是在两种意义上使用水权这一概念的:①指水资源的所有权;②仅指水资源的用益权,它是从水资源所有权若干权能中分离出来而形成的一种新型的准用益物权,系一种他物权。之所以称之为"新型的准用益物权",是因为它具有与传统用益物权相同的法律属性,与土地、房屋等一样,都是以对标的物的使用、收益为主要内容,属于他物权、限制物权。但是,"民法对用益物权之规定,可谓几乎完全系对土地而发",而水权的权利客体是水而并非土地,因此,水权与土地使用权、房屋使用权、矿业权等自然资源的用益物权不尽相同,属于一种类似于上述用益物权的新型准用益物权。因此,水权有两个不同层次的概念,当我们谈论"水权流转机制""水权交易""水市场"等术语时,显然是指后者。因为在我国水资源的所有权是禁止交易的,我国《水法》第3条规定:"水资源属于国家所有。水资源的所有权由国务院代表国家行使。农村集体经济组织的水塘和由农村集体经济组织修建管理的水库中的水,归各该农村集体经济组织使用。"

水权界定的意义在于水权转让。从法理逻辑上分析,广义的权利转让就是指权利在不同主体之间的移动、转移或流动。权利主体转让自己的权利,属于法律关系主体对自己权利的处分,也是权利的流动,包括第一次移动、第二次移动、第三次移动等多次移动,以及买卖、交换、赠与、抵押、出租、继承等多种处分形式。但是,目前我国现行土地法律没有采用广义的土地权转让概念,而是将土地权转让限定在土地使用权转让的范围,即:没有土地所有权的转让(集体土地所有权向国家移动,叫征用土地,不叫集体土地所有权的转让),只有土地使用权的转让;没有土地使用权的广义转让,只有土地使用权的狭义转让,即将国家以国有土地所有人的身份把国有土地使用权对土地使用者的第一次移动称为国有土地使用权的出让,而将土地使用者把获得的国有土地出让权再转移、多次转移的行为(包括出售、交换和赠予)称为土地使用权的转让。因此,严格说来,目前我国的土地使用权转让,仅仅指享有"出让国有土地使用权"的人移转其"出让国有土地使用权"的行为,以及通过这种方式获得土地使用权的人再次转移其国有土地使用权的行为。

比照上述法律有关土地权转让的规定，可以将现行水权转让的概念界定如下：①所谓水权转让中的水权，仅仅指国有水资源使用权；②所谓水权转让中的转让，广义的是指国有水资源使用权的流动，主要包括出让和转让两个方面即水权流转，狭义的仅指国有水资源使用权转让。所谓国有水资源使用权出让（即水资源的所有权人——国家将水资源的使用权有偿出让的行为），是指国家将国有水资源使用权在一定期限内出让给水资源使用者，由水资源使用者向国家支付水资源使用权出让金。可以将因国有水资源使用权出让而形成的国有水资源使用权称为出让国有水资源使用权。所谓国有水资源使用权转让（即平等主体之间转让水资源使用权的行为）是指享有"出让国有水资源使用权"的人移转其"出让国有水资源使用权"的行为，以及通过这种方式获得国有水资源使用权的人再次转移其国有水资源使用权的行为，包括出售、交换和赠予。因此，国有水资源使用权转让的范围取决于国有水资源使用权出让的范围，确定了国有水资源使用权出让的范围，也就确定了国有水资源使用权转让的范围。

四、水权流转机制

建立水权流转机制的前提条件是明确界定水资源的所有权和使用权。在市场经济条件下，要使水资源得到优化配置，其基本条件在于将水资源开发利用者置于市场机制约束之中，且市场约束力越大，水资源配置越有效。如何才能实现水资源的最优化配置？

（一）明确界定水资源相关权属

1960年，R.H.科斯在芝加哥大学《法与经济学杂志》上发表的《社会成本问题》一文中运用交易成本理论分析了法律制度对资源配置的影响，提出了著名的科斯定理：若交易成本为零，无论法律对权利如何界定，只要交易自由，资源都可以通过市场机制得到有效配置。换言之，当交易无成本时，法律权利的任何分配都能产生有效率的结果。但在现实世界中，交易成本总是大于零，由此又推出科斯第二定理：即在交易成本为正的情况下，不同的法律权利界定会带来不同效率的资源配置。因此，能使交易成本最小化的法律是最适当的法律。产权经济学家认为，在本质上，经济学是对稀缺资源产权的研究，一个社会的稀缺资源的配置就是对资源所有权、使用权的安排。产权制度影响资源配置及其利用效率。因此，明确界定水资源的权属，势必对水资源的有效配置产生积极影响。

水权流转机制运作的法律基础是水资源的产权明晰,即对水资源的所有权和使用权要有明确的界定。水权界定涉及公民、法人、非法人组织、流域内部以及流域之间的重大利益,这是水权制度成败的关键。因此,水权界定应遵循如下原则:①可持续发展原则,在水权界定上必须平衡公民、法人、非法人组织、流域内部以及流域之间的生态权利和生态义务,协调水资源利用与水环境保护之间的关系;②公平为主,兼顾效率的原则,在坚持公平原则的前提下,充分发挥市场机制的作用,提高水资源的利用效率;③水资源生态补偿原则,在水权界定上导致的流域内部以及流域之间水资源利用上的利益不平衡问题,应采取有效措施,使水资源利用的生态受益人与受损人之间的利益关系达到基本均衡状态。

(二)完善水资源有偿使用制度

完善取水权制度,应当充分体现水资源有偿使用原则,即取水权应当给付相应的对价,一方面确保水资源所有权主体——国家的所有者权益;另一方面也可避免水资源的低效率使用和水资源垄断并存的局面。

(三)强调生态用水

2002年《水法》的重大突破之一就是在水资源的利用上特别强调生态用水,在供水分配原则方面,增加了对生态用水的规定。例如,该法第21条规定:"开发、利用水资源,应当首先满足城乡居民生活用水,并兼顾农业、工业、生态环境用水以及航运等需要""在干旱和半干旱地区开发、利用水资源,应当充分考虑生态环境用水需要。在跨流域的用水调度方面,也充分考虑其对生态环境的影响。"该法第22条规定:"跨流域调水,应当进行全面规划和科学论证,统筹兼顾调出和调入流域的用水需要,防止对生态环境造成破坏。"这些规定改变了长期以来人们一直把水资源的价值限定在经济价值范围之内的偏见,开始转向对水资源生态价值的关注,使水资源的开发利用更加符合水资源可持续发展的要求。当前,解决水资源的稀缺性问题,最迫切的是尽快完善水资源的有偿使用机制,培育和发展水市场。

(四)努力做好相关基础工作

(1)调查评价水资源量和制定用水定额。通过水资源调查评价摸清全国、各流域和各行政区域的水资源量是建立水权流转机制和水市场的基础。在此前提下在全国范围内对各省级区域进行水量分配，进而再向下一级行政区域层层分配水量。制定各行业生产用水定额和各行政区域生活用水定额，在已知全国可利用水资源和各省级区域水资源量以及各省级区域经济发展和生态环境状况的基础上，科学分配水量到各省级区域，然后据此再层层分配水量到地（市）级行政区域、县（市）级行政区域。

（2）分配水量。完成各级行政区域的水量分配方案，确定各自的水量。然后在各行政区域完成水权的初始配置到各水权人。如果可供分配的总水权小于水权人需水权的总和，应按其需水权的大小比例来确定各自的实际份额。水权初始分配应强调公平，水权流转应注重效率。在水量总量控制和不影响生态安全的前提下，根据各地区现有的用水量和发展的需要，兼顾地区之间的平衡，进行跨流域之间的水量调剂，建设调水工程。

（3）在完成水权的初始配置后建立水资源的二级市场，实现水权的有偿转让，优化配置水资源，实现水资源的高效利用。并建立水权管理和水市场运行的机构，包括管理机构、仲裁机构、监督机构。在管理机构的设置上，根据水资源的跨行政区域的特点，实行水资源流域管理与国家水资源主管部门管理相结合的模式，避免行政管理的种种弊端，打破其在水资源利用上各自为政的局面。此外，水权二级市场的交易应当进行登记和公示。

五、健全水权流转机制

建立水权流转机制是社会主义市场经济发展的必然选择。我国水权流转机制的建立有其深刻的现实基础，一方面存在着对水资源迫切的、极大的需求，另一方面也存在水资源供给的能力。我国水资源日益加重的稀缺程度是水市场存在的第一个条件。第二个条件是我国水资源时空分布不均，水资源相对富余的地区客观上具有水供给的能力。但是，长期以来我国对水资源的配置一直采取计划经济的手段，这是导致水资源严重浪费和低效利用的主要原因，因此，必须建立合理的水权流转机制，充分发挥市场经济在配置水资源方面的基础性作用，解决水资源配置方面的不公平、不均衡、不合理的问题，改变以往出现的水资源利用上的惊人浪费与严重短缺并存。只重视生产生活用水而忽视生态用水、上下游、左右岸之间存在尖锐矛盾的局面。

在全面深化改革的新的历史时期，《水利部关于深化水利改革的指导意见》对建立健全水权制度和水价机制作出了具体安排。科学高效配置水资源，必须发挥市场在资源配置中的决定性作用和更好发挥政府作用，建立健全水资源资产产权制度，完善水价形成机制，培育和规范水市场，提高水资源利用效率与效益。主要内容如下：

（1）健全水权配置体系。开展水资源使用权确权登记，形成归属清晰、权责明确、监管有效的水资源资产产权制度。抓紧完成省级以下区域用水总量控制指标分解，加快开展江河水量分配，确定区域取用水总量和权益。完善取水许可制度，对已经发证的取水许可进行规范，确认取用水户的水资源使用权。对农村集体经济组织的水塘和修建管理的水库中的水资源使用权进行确权登记。对工业、服务业新增取用水户，研究探索政府有偿出让水资源使用权。

（2）建立健全水权交易制度。开展水权交易试点，鼓励和引导地区间、用水户间的水权交易，探索多种形式的水权流转方式。积极培育水市场，逐步建立国家、流域、区域层面的水权交易平台。按照农业、工业、服务业、生活、生态等用水类型，完善水资源使用权用途管制制度，保障公益性用水的基本需求。

（3）建立符合市场导向的水价形成机制。建立反映水资源稀缺程度和供水成本的水利工程供水价格机制，促进节约用水，保障水利工程良性运行。积极推进农业水价综合改革，加快落实灌排工程运行维护经费财政补助政策，合理确定农业用水价格，实行定额内用水优惠水价、超定额用水累进加价，制定农业水价综合改革意见。应充分考虑市场供求、资源稀缺、环境保护等因素，合理确定城镇供水水价，加快推进城镇居民用水阶梯价格制度、非居民用水超计划超定额累进加价，提高透明度，接受社会监督。

总之，要积极探索，逐步完善水权转让制度。各级水行政主管部门和流域管理机构要认真研究当地经济社会发展要求和水资源开发利用状况，制订水资源规划，确定水资源承载能力和水环境承载能力，按照总量控制和定额管理的要求，加强取水许可管理，切实推进水资源优化配置、高效利用；鼓励探索，积极稳妥地推进水权转让，因为水权转让涉及法律、经济、社会、环境、水利等多学科领域，各地应积极组织多学科攻关，解决理论问题；积极开展试点工作，认真总结水权转让的经验，加快建立完善的水权转让制度；健全水权转让的政策法规，加强对水权转让的引导、服务和监督管理，注意协调好各方面的利益关系，尤其注重保护好公共利益和涉及水权转让的第三方利益，注重保护好水生态和水环境，推动水权制度建设健康有序地发展。

第八章 现代水资源规划和开发利用制度

第一节　水资源的规划管理

一、水资源规划的体系和法律性质

（一）水资源规划体系

按照2002年《水法》第14条的规定，水资源规划体系由三类规划组成：①全国水资源战略规划；②流域规划，包括流域综合规划和流域专业规划；③区域规划，包括区域综合规划和区域专业规划。全国水资源战略规划是统筹研究全国范围内开发、利用、节约、保护水资源和防治水害的总体安排而进行的全面规划。流域综合规划是统筹研究某一流域范围内开发、利用、节约、保护水资源和防治水害的总体安排而进行的全面规划。区域综合规划是根据流域综合规划的总体安排，就某一区域开发、利用、节约、保护水资源和防治水害而进行的详细规划。专业规划是在一定的流域或区域内，就某一方面任务而进行的单项规划，包括防洪、治涝、灌溉、航运、供水、水力发电、竹木流放、渔业、水资源保护、水土保持、防沙治沙、节约用水等规划。其中，防洪规划、水土保持规划在《中华人民共和国防洪法》《中华人民共和国水土保持法》中有更具体的规定。

基于水资源自然特性的要求，我国《水法》明确规定了水资源规划之间以及与其他规划之间的相互关系。全国水资源战略规划、流域规划和区域规划，是根据规划范围的不同而划分的。以全国为单元所作的规划是全国水资源战略规划，以流域为单元所作的规划是流域规划，以特定的地理、经济、水行政区域为单元所作的规划是区域规划。因此，全国水资源战略规划对流域规划和区域规划起指导作用，流域规划和区域规划应当服从全国水资源战略规划。

水具有以流域为单元的整体特性，开发、利用、节约、保护水资源和防治水害的活动必须以流域为单元进行总体安排和部署。因此，相对区域规划而言，流域规划占主导地位，故2002年《水法》第15条明确规定"流域范围内的区域规划应当服从流域规划"。流域或区域综合规划是根据经济社会可持续发展的需要和水资源开发利用现状，按照统筹兼顾、标本兼治、综合利用、讲求效益、兴利除害相结合的原则，协调生活、生产经营和生态用水，发挥水资源的多种功能，综合考虑社会、经济、环境等多方面的要求，提出本流域或区域开发、利用、节约、保护水资源和防治水害的方针、目标和任务，选定开发、利用、节约、保护水资源和防治水害的总体方案及主要工程布局与实施步骤。编制流域或区域综合规划，需要综合考虑并正确处理和协调好水利建设与国土整治的关系，整体利益与局部利益的关系，上下游、左右岸、各地区、各部门之间的关系，开发、利用水资源和防治水害与节约用水和生态环境保护的关系，需要与可能、近期与远景的关系等。因此，流域或区域的综合规划要指导流域或区域的专业规划，专业规划应当服从所在流域或区域的综合规划，这就是2002年《水法》第15条所规定的"专业规划应当服从综合规划"。

水资源规划涉及到各地区、各行业，需兼顾各地区、各行业的需要，所以《中华人民共和国水法》第15条规定：流域综合规划和区域综合规划以及与土地利用关系密切的专业规划，应当与国民经济和社会发展规划以及土地利用总体规划、城市总体规划和环境保护规划相协调。

（二）水资源规划的性质与效力

1. 水资源规划是水资源开发利用和防治水害活动的基本依据

《中华人民共和国水法》总结了过去普遍存在的不严格按照水资源规划进行建设和对规划实施缺乏有力监督管理的弊端，第14条规定"开发、利用、节约、保护水资源和防治水害，应当按照流域、区域统一制定规划"，第18条规定"规划一经批准，必须严格执行"，第19条规定"建设水工程，必须符合流域综合规划"，第31条规定"从事水资源开发、利用、节约、保护和防治水害等水事活动，应当遵守经批准的规划"，并规定了规划同意书制度，以加强对规划实施的监督。因此，经批准的全国水资源战略规划、流域综合规划和流域专业规划、区域综合规划和区域专业规划，是开发、利用、节约、保护和防治水害等各项水事活动的基本依据。各级政府和水行政主管部门应采取有效措施，做好规划实施中的协调与监督工作，使江河治理和水资源开发利用建设能够依照水资源规划特别是流域综合规划进行，各类基本建设项目和城市建设都要符合流域综合规划和防洪、水资源、水土保持等专业规划的要求，严禁任何违反规划的建设行为。

2. 水资源规划属于水行政规划

水行政规划是指水行政主体为了实现一定公共目的（水行政目的），就未来一定期限内实现该公共目的的方法、措施或者步骤等所进行的事前安排和部署行为。事实上，水资源规划在形式上属于规范性法律文件。我国的现行法律文件中规定水行政机关制定规划（计划）的情形很多，但是很多规划并不直接影响特定相对人的权益，而是具有普遍约束力的规范性文件。规划出台之后，相应的水行政事务就应当按照规划部署统一进行，以保证顺利实现相应的水行政目标。水资源规划即属此类规划。

水行政规划的法律性质是关于水行政规划是否为一种独立的水行政活动方式,以及是否应当建立一套统一的水行政规划法律制度。在这些问题上,学者的意见存在分歧。例如,德国行政法学者毛雷尔认为:"不存在作为行政法上一种独立活动方式的计划。准确地说,计划只是代表各种现象的一个集合标签,对这些现象应当根据其特性和相应的法律规定进行判断"。同时,他还认为,计划"可能是法律(形式意义上的法律、法规命令和规章),可能是内阁的决定、联邦总理或首相的施政纲领,也可能是行政行为、行为规则、具体的行政指示或者事实行为。规划的法律性质只能根据单个计划的审查确定"。此种观点侧重于强调规划形式的多样性,认为行政规划不是一个独立的行政活动方式,当然也就更不可能建立统一的行政规划法律制度。而另外一些德国学者认为,计划是一个开放的行政法律制度,可能具有不同的法律意义和约束力。这意味着,不能将计划作为独立活动方式的问题与该法律制度的统一性问题混淆。也就是说,计划是一种独立的行政活动方式,但其法律形式却是多种多样的。相较而言,后一种观点更为可取,因为规划作为一种行政手段的特点之一就是其表现形式的多样性,但这并不影响所有的规划行为具有共同的内在机理。如果因为规划形式的多样而停止对行政规划整合研究,就可能导致"一叶障目、不见泰山"的结果。在日本也有学者持类似的观点,如室井力教授认为:"行政计划不具有共同的法律效果,可以根据其具体特性解释为法规命令、行政规则、内部行为等各种行为形式。但阐述行政计划时,要着眼于其机能,统一地加以把握。"

3. 水资源规划属于"与法律规范相结合而具有法源地位的其他水行政规范性文件"

其他水行政规范性文件可因与准用性法律规范相结合而具有普遍性强制拘束力。也就是说,在准用性法律规范存在的情况下,因准用性法律规范内容的不确定性,拘束力并不完整,而需要与其所指向的其他水行政规范性文件相结合,才共同构成普遍性强制拘束力。依授权的创制性文件都属于这种情况。但属于这种情况的不限于依授权的创制性文件,也可以是其他水行政规范性文件。水资源规划多属于此类。

二、水资源规划的战略地位

水资源规划是开发、利用、节约、保护水资源和防治水害的重要依据。长期以来,水资源规划的制定和执行一直没有得到应有的重视。原《中华人民共和国水法》条款只提出了"开发利用水资源和防治水害,应当按流域或者区域进行统一规划,规划分为综合规划和专业规划"。新《中华人民共和国水法》专设一章，在规划的划分上有了新的突破。明确要求开发、利用、节约、保护水资源和防治水害要按照流域、区域统一制定规划，并规定了规划的种类、制定权限与程序，并对规划的效力和实施问题作了具体规定，这是第一次将规划划分为三个层次。在第2章水资源规划中，第1条（即第14条）就明确规定："国家负责的是全国水资源战略规划"。水法虽然没有展开战略的内涵，但"战略"二字本身已阐明了规划的定位。

水是自然资源又是战略资源，作为战略资源有没有战略储备，这是衡量一个国家和地区经济实力的一个尺度，是衡量能否维护国家安全和社会稳定的保障程度。国家已经明确粮食、石油和水都是战略资源，事实上水比粮食和石油更为重要，因为粮食和石油都可以寻求替代，而水是无法替代的。因此，水利建设，对水资源问题绝不是孤立地就水论水的问题，也不能就某一个地区和国家论水的问题。水是全球性的问题，是全球性的环境问题，我们必须从人类的生存与发展的战略高度，从可持续利用和可持续发展战略的高度来认识水的问题。

因此，我们在制定水资源战略规划时，是在国家制定的经济社会可持续发展和水资源可持续利用两大战略指导下，遵循经济与人口、资源、环境协调发展的原则，从全局性、重大水问题出发，依据降水、地表水、地下水及其他水资源条件，提出的从工程型水利转向资源型水利的发展战略选择，这就是水利在观念上的重大转变、思维方式的重要变革、水利战略上的重点转移，是21世纪水利发展战略选择的必然之路。根据这一发展思路，依据国家经济社会发展的需要、人民生存环境和生活质量的需要，充分考虑水资源的承载能力，充分发挥水的多功能特性，统筹对各种水资源进行优化配置，合理分配生活、生产和生态用水，正确处理人与自然的关系，正确处理除害与兴利的关系，正确处理开源与节流的关系，正确处理利用与保护的关系，正确处理工程与非工程措施的关系，正确处理巩固与发展、兴建与管理、数量与质量的关系，正确处理各部门、各行业之间的关系，依据国家的国力，科学制定各阶段的发展目标，实现经济效益、社会效益和生态效益的兼顾和统一，提出各阶段实施的保障与措施。

三、编制水资源综合规划的基本要求

（一）贯彻国家新时期治水方针

随着经济社会发展，水资源在国民经济和社会发展中的地位和作用越来越突出。2011年中央一号文件指出，水是生命之源、生产之基、生态之要。党中央、国务院把水资源摆在如此高的战略地位,那么如何根据我国水资源的状况,管理好水资源,保障水资源的可持续利用,这是摆在我们面前的一项十分重要的任务。通过编制全国水资源综合规划,认真贯彻落实国家新时期的治水方针和可持续发展战略,从资源配置和管理的角度出发,按照自然规律和经济规律要求,处理好人与自然、人与水的协调和谐关系,科学制定水资源开发、利用、治理、配置、节约、保护的方案和措施,为实现我国水资源统一管理和可持续利用提供规划基础。

所谓可持续发展就是经济、社会和环境的协调发展。没有水资源的可持续利用就不可能实现经济社会的可持续发展。可持续发展的经济要尊重自然规律和生态学的诸多原理,依靠大自然的循环维持生态系统的平衡。水资源是生态系统平衡中最重要、最难以替代的部分,没有水资源系统的平衡和循环,就没有地球生态系统的平衡,也根本谈不上经济的可持续发展。因此,需要抓紧编制水资源综合规划,为实现以水资源的可持续利用,保障经济社会的可持续发展的目标提供基础条件。

(二)适应经济社会发展和环境改善的新形势

要管理好水资源这种国家的战略资源,应做到以下几点:

(1)要把家底摸清楚。第一次全国水资源评价和水资源利用规划编制距今已20多年了。20多年来,我国水资源状况,无论是水文系列,还是下垫面情况以及水资源的开发利用管理状况都发生了很大的变化。同时,对水资源的认识和水资源的管理也发生了很大变化,原有水资源评价和规划成果已不能反映水资源的实际情况,迫切需要对水资源的新情况和新问题做出新的评价。

(2)今后一个时期我国经济社会的发展对水资源的合理开发利用将提出新的更高的要求。经济的快速发展、人口的持续增长、城市化水平的提高、产业结构的调整等都需要以水资源作为支撑和保障,都要求对水资源进行科学规划。

(3)生态环境对水资源的要求越来越高。全社会对水环境越来越关注,要求改善水环境的呼声很高,尤其是近几年沙尘暴频发、水污染加剧和干旱缺水严重,引起社会各界的强烈反应。美国作家莱斯特·R.布朗在《生态经济:有利于地球的经济构想》一书中,[①]列举了近50年来世界环境发生的诸多变化,如温室效应、气候变暖、冰山融化、江河断流、森林砍伐、草场过牧、地下水下降、沙尘暴肆虐、水土流失、水源污染等现象,指出如再不改变人类的经济观念,仍然以市场为导向,无止境地追求最大经济利益,那么人类就终将逐渐走向衰败。而当前水资源成为制约世界经济发展和社会进步的一个重要因素,急需通过法律、行政、经济和科技等手段,加大水

---

① [美]莱斯特·R.布朗.生态经济:有利于地球的经济构想.林自新,等译.北京:东方出版社,2003.

资源开发、利用、节约、保护投入，加强政策引导，努力解决生态环境和生态经济当中的诸多问题。要回答解决这些问题，也需要通过水资源综合规划为工作的指导。

（4）全社会对水资源的认识发生了深刻变化。在重视水资源的开发、利用和治理的同时，更加重视水资源的配置、节约和保护，节约优先，保护为本，发展节水工业、农业、城市，建立节水型社会已逐步成为全社会的共识。在治水思路方面对水资源的节约保护有了新的认识，在生态环境方面提出了生态需水的新概念，在管理方面提出流域水资源管理的新理念，迫切需要做好新的规划。

（三）切实提高用水效率，实现水资源优化配置

由于气候变化和人类活动的影响，华北、西北、东北都面临着严重缺水的威胁。南方及其他一些地区也存在着局部资源性缺水、水质性缺水或工程性缺水等问题。在水资源匮乏的西北地区，近年来在农业开发、能源建设和生态治理中，频频出现过度消耗水资源搞开发的现象。专家学者指出，干旱缺水已经成为西北地区的心腹之患，这种发"水财"式的开发严重违背了自然规律和科学发展的要求，而当地水资源已经很难支撑其迅猛发展。水危机不是即将到来，而是已经到来，并在日益严重。如何在发展冲动与水资源瓶颈间找到平衡，是摆在人们面前的一道难题。

然而，当前全社会的节水意识，以及节水政策和措施与建立节水型社会的要求相比还有相当大的差距，水资源短缺和浪费并存。必须从节约和保护入手，加强水资源综合规划的编制，统筹考虑地表水、地下水、雨洪资源利用、污水处理再利用以及跨流域调水，安排好生活、生产和生态用水，优化配置水资源，提高水资源和水环境对经济社会和环境的承载能力，实现水资源的永续利用。规划是工程布局和资源管理的基础，是指导经济发展布局和经济结构调整，利用法律、行政、经济、科技等手段，加强水资源管理，提高用水效率，促进生产力发展的前提，也是政府制定各项政策、加强宏观调控的依据。因此，编制全国水资源综合规划，又是改变水资源利用模式，提高利用效率，加强水资源管理的急需。

第二节　水资源开发利用的基本原则

与其他自然资源相比，水资源具有流域性、流动性、有限性、循环可再生性、多功能性，以

及时空上的分布不均匀性、应用上的不可替代性、经济上的利害两重性等鲜明的特点。基于上述水资源的重要性和特殊性,结合我国的国情、水情,特别是针对我国已经面临的洪涝灾害、干旱缺水、水污染、水土流失等四大水问题,进行水资源管理要在确立水资源可持续利用是我国经济社会发展的战略问题这一基本理念的基础上,始终坚持水利建设要全面规划,统筹兼顾,标本兼治,综合治理;兴利除害结合,开源节流并重,防洪抗旱并举,下大力气解决洪涝灾害、水资源不足和水污染问题。

《中华人民共和国水法》根据党和国家新时期治水的系列方针、政策,在总结我国治水经验,并研究、借鉴国外立法经验的基础上,对水资源的开发利用作出了专门规定。这些规定中贯穿了水资源开发利用的科学精神和原则。

一、全面规划、统筹兼顾、标本兼治、综合利用、讲求效益

这是规范和指导开发、利用、节约、保护水资源和防治水害等各项水事活动的基本原则。2002年《水法》第4条明确规定:"开发、利用、节约、保护水资源和防治水害,应当全面规划、统筹兼顾、标本兼治、综合利用、讲求效益,发挥水资源的多种功能,协调好生活、生产经营和生态环境用水。"这是新中国成立以来我国治水实践经验的基本总结,是党中央治水方针政策的高度概括,是水的自然规律的必然要求,其他原则是这一基本原则的延伸和具体化。这项基本原则是一个有机的整体,全面规划是基础,统筹兼顾、标本兼治是手段,综合利用、讲求效益是目的。

开发利用水资源要按照流域、区域统一制定规划,在规划的指导下进行,对此2002年《水法》第2章做出了专门规定。如前所述,制定水资源规划,无论是流域性还是区域性,无论是综合性还是专业性,都是水的自然规律和社会经济发展规律的有机结合,是水资源政策法规原则规定的具体体现,是对水资源进行统筹兼顾、标本兼治以期实现综合利用、讲求效益之目的的技术方案。因此,规划是开发利用水资源、防治水害的基本依据。

开发利用水资源要从全局利益、整体利益出发,从时间上兼顾到近期、中期、远期不同时段的要求,从空间上兼顾到上下游、左右岸、于支流和地区之间的利益,从功能上充分兼顾到防洪、治涝、灌溉、排水、航运、水力发电、水资源保护、水土保持、防沙治沙等各个方面的需要,以治本为主,治标为辅。

开发利用水资源要按照可持续发展战略的要求,立足当前,着眼长远,做到一水多用、重复利

用,充分发挥水资源的多种功能,最大限度地实现水资源的经济、社会和生态环境的最佳综合效益,同时还要满足生活、生产经营用水需求和保证生态与环境用水的需要,以水资源的可持续利用支撑经济社会的可持续发展。

二、兴利与除害相结合,服从防洪总体安排

2002年《水法》第20条规定,开发利用水资源,应当坚持兴利与除害相结合,并服从防洪的总体安排。这是2002年《水法》根据水资源的时空上分布不均匀性和利害双重性,针对我国洪涝灾害频繁而且日益严峻的水情,对开发利用水资源所提出的第二项原则要求。

特殊的自然地理条件和气候特征决定了我国是一个洪涝灾害频繁而且严重的国家。据史料记载,1949年前的2155年间,我国发生较大的洪涝灾害1029次,差不多两年一次,几乎是洪涝与干旱灾害交替出现。新中国成立后,1954年的长江洪水、1963年的海河洪水、1975年的淮河洪水,造成直接经济损失都在100亿元左右。20世纪90年代,有6年发生洪水,每年洪水造成的经济损失上千亿元,特别是1998年长江发生了新中国成立以来仅次于1954年的全流域型大洪水,时间达40多天,嫩江、松花江干流发生了超历史实测记录的特大洪水,洪水重现期为150~400年一遇,西江、闽江发生了百年一遇特大洪水,为有纪录以来的最大和第二大洪水,全国共有29个省、自治区、直辖市遭受洪涝灾害,受灾面积3.34亿亩,成灾面积2.07亿亩,死亡4150人,倒塌房屋685万间,直接经济损失在2500亿元以上。此后,中央和地方加大了防洪投入,堤防工程状况有了较大改善,防洪能力有较大提高。全国人大常委会于1997年8月29日专门颁布了《中华人民共和国防洪法》,其中第4条第1款依然强调"开发利用和保护水资源,应当服从防洪总体安排,实行兴利与除害相结合的原则"。

贯彻落实这一原则:①应按照《中华人民共和国防洪法》第9条规定,在水资源综合规划及防洪专业规划中作出总体安排;②要在防洪工程、水电站、水库等水工程建设项目上得到具体体现,如《中华人民共和国防洪法》第17条明确规定,在江河、湖泊建设水库应当按照防洪规划的要求留足防洪库容,建设防洪工程、水电站、其他水工程,应当符合防洪规划的要求;③要通过对这些水工程设施的运用进行统一的防洪调度,如《中华人民共和国防洪法》第44条规定,在汛期,水库、闸坝和其他水工程设施的运用(包括水库汛期限制水位以上的防洪库容的运用),必须服从防汛指挥机构的调度指挥和监督。

三、开源与节流相结合,节流优先

2002年《水法》第23条规定,地方各级人民政府应当结合本地区水资源的实际情况,按照开源与节流相结合、节流优先的原则,合理组织开发、综合利用水资源。这是2002年《水法》根据水资源的有限性和时空上的分布不均匀性,针对我国存在既严重缺水又普遍浪费水的实际情况,对水资源的开发利用所提出的第三项原则要求。

我国是一个严重干旱缺水的国家。据史料记载,1949年前的2155年间,我国发生较大旱灾1056次,差不多两年一次。全国多年平均水资源总量为2.8万亿立方米,目前人均只有2100立方米,仅为世界人均水平的28%,比人均耕地占比还要低12个百分点。由于降雨时空分布不均,水资源需求不断增强,造成我国许多地区水资源供需矛盾尖锐,全国年平均缺水量500多亿立方米,2/3的城市缺水,农村有近3亿人口饮水不安全。不少地方水资源过度开发,像黄河流域开发利用程度已经达到76%,淮河流域也达到了53%,海河流域更是超过了100%,已经超过承载能力,引发一系列生态环境问题。[①] 在一般年份,农田受旱面积1亿~3亿亩,因旱减收粮食200亿~300亿公斤,造成上千万人饮水困难。许多地区由于缺水,造成工农业争水、城乡争水、地区间争水、超采地下水和挤占生态用水。2000年和2001年连续两年的大旱,使我国部分地区出现了较为严重的缺水局面,给工农业生产和人民生活造成很大影响。

在缺水的同时,用水效率不高、用水浪费现象也十分严重。我国的用水总量和美国相当,但水资源利用方式比较粗放,农业用水仍然是大面积漫灌、串灌,农田灌溉水有效利用系数仅为0.50,与世界先进水平0.7~0.8有较大差距;万元工业增加值用水量为120立方米,是发达国家的3~4倍。工业用水重复利用率不足55%,而发达国家已达80%;城市输配水管网和用水器具的漏水损失率高达20%。

水资源问题是我国实现新世纪发展战略的重要制约因素。从人口增长看,2030年左右,我国人口将达到16亿,人均水资源占用量将降至1700立方米左右,接近国际公认的警戒线。从经济增长看,今后几十年,我国仍将处在经济快速增长期,到21世纪中叶,国内生产总值要增长10倍以上,据中国工程院《中国可持续发展水资源战略研究报告》,到2030年国民经济需水总量将增加1400亿立方米左右。从城市发展看,21世纪中叶我国城市化率可能达70%,城市水供求矛盾必

---

① 参见胡四一在2012年2月16日国务院新闻办举行的《国务院关于实行最严格水资源管理制度的意见》出台新闻发布会上的讲话,水利部网站 http://www.mwr.gov.cn/ztpd/2012ztbd/szyzt/2012-2-16.

将更加尖锐。从粮食安全看,我国产粮区水资源条件不富余,2050年前国家需要增产1.4亿吨粮食,给水资源带来的压力也很大。

因此,无论从当前还是长远看,要解决我国水资源短缺问题,就必须克服在水资源开发利用中重开源轻节流的倾向。首先要强化节约用水,通过节水可以减少无效需求和浪费,减轻供水压力,还可以相应减少污水排放,减轻污水处理的负担,减少对环境的污染,所以2002年《水法》第8条规定:"国家厉行节约用水,大力推行节约用水措施,推广节约用水新技术、新工艺,发展节水型工业、农业和服务,建立节水型社会""各级人民政府应当采取措施,加强对节约用水的管理,建立节约用水技术开发推广体系,培育和发展节约用水产业""单位和个人有节约用水的义务",并在第5章"水资源配置和节约使用"中专章作了许多具体规定。其次是适当开源,根据可持续发展的战略要求和"量水而行、以水定发展"的指导思想,以水资源承载能力和水环境承载能力为基础,结合国民经济和社会发展总体目标,制定和完善各类水利规划,按照规划组织开源,实施水利建设,推进水利与经济、社会、环境的协调发展。

四、开发与保护相结合,污水处理再利用

2002年《水法》根据可持续发展的战略要求,为实现水资源可持续利用,针对我国存在水资源开发与保护脱节、水污染呈日趋严重的趋势,对水资源开发利用提出了这项原则要求。水环境恶化已成为我国与洪涝灾害、干旱缺水同时并存的第三大水问题。全国水体水质形势依然严峻,2012年,对全国20.1万公里的河流水质状况进行了评价。全年Ⅰ类水河长占评价河长的5.5%,Ⅱ类水河长占39.7%,Ⅲ类水河长占21.8%,Ⅳ类水河长占11.8%,Ⅴ类水河长占5.5%,劣Ⅴ类水河长占15.7%。2012年,对全国开发利用程度较高和面积较大的112个主要湖泊共2.6万平方公里水面进行了水质评价。全年总体水质为Ⅰ~Ⅲ类的湖泊有32个,占评价湖泊总数的28.6%、评价水面面积的44.2%;Ⅳ~Ⅴ类湖泊55个,占评价湖泊总数的49.1%、评价水面面积的31.5%;劣Ⅴ类水质的湖泊25个,占评价湖泊总数的22.3%、评价水面面积的24.3%。[①]

2012年,全国废水排放量684.8亿吨,比上年增加3.9%。工业废水排放量221.6亿吨,比上年减少4.0%;占废水排放总量的32.3%,比上年减少2.6个百分点。城镇生活污水排放量462.7亿吨,比上年增加8.1%;占废水排放总量的67.6%,比上年增加2.7个百分点。集中式污染治理设施废水

---

① 引自水利部网站:2012年中国水资源公报.

（不含城镇污水处理厂，下同）排放量0.5亿吨，占废水排放总量的0.1%。除工业和城市生活排水点源污染外，我国的面源污染也越来越严重，化肥、农药的农田径流，畜禽养殖业排放的废水、废物等，其严重影响已经在我国很多城市和地区显现出来。如北京近郊畜禽养殖场排放的有机污染物为全市工业和生活废水所含有机污染物总量的3倍，滇池流域的面污染源所排放的氮磷污染占了氮磷污染总量的60%以上。可以说，面源污染的控制已经到了刻不容缓的地步。[1]

水污染加剧了水资源短缺，直接威胁着饮用水的安全和人民的健康，影响到工农业生产和农作物安全，造成的经济损失约为国民生产总值的1.5%~3%，对国民经济和社会的可持续发展构成了严重的威胁。与洪涝灾害、干旱缺水不同的是，受污染的水通过多种方式作用于人体和环境，其影响的范围大、历时长，但其表现却相对缓慢，使人失去警觉。水污染的危害，早在20世纪70年代已经显现出来，但没有引起足够的注意，采取的措施不够恰当有力，因此出现了今天的严重局面。随着我国人口的不断增长、经济的快速发展、城市化进程的加快，废污水排放量也将不断增加。据预测，到2030年全国城市污水排放量将增加到850亿~1064亿吨，如再不及时采取有效对策，将产生不可弥补的后果。

为此，2002年《水法》第6条规定，开发、利用水资源的单位和个人有依法保护水资源的义务；第9条规定，国家保护水资源，采取有效措施，保护植被，植树种草，防治水土流失和水体污染，改善生态环境；第23条规定，地方各级人民政府应当按照污水处理再利用的原则，合理组织开发、综合利用水资源。考虑到城市取水集中，排污集中，2002年《水法》第52条明确要求，城市人民政府应当加强城市污水集中处理，鼓励使用再生水，提高污水再生利用率，《中华人民共和国水污染防治法》第19条也强调城市污水处理应当进行集中处理。这些条款规定集中体现了一个原则要求，就是要开发与保护相结合，在保护中开发，在开发中保护，集中处理污水，鼓励使用再生水，提高污水再生利用率。

如果说节水是通过水量上的节省来维持良好的水质的话，那么污水处理再利用是通过水质上的治理来增加可用的水量，二者相辅相成，互为作用，不可偏废。

五、地表水与地下水的管理相结合，统一调度开发

2002年《水法》根据水的循环规律，针对我国存在地表水与地下水分割开发、分割调度，部

---

[1] 引自环境保护部网站：2012年环境统计年报.

分地区地下水已严重超采的情况，对水资源的开发利用提出了这项原则要求。

水始终处在降水—径流—蒸发的自然水文循环之中，这是水区别于其他资源的独特自然属性。我国多年平均降水总量6.2万亿立方米，除有56%通过蒸发和蒸腾回归大气外，每年大约有2.7万亿立方米形成河川径流（即地表水），大约有8000亿立方米渗入地下，在岩层和土层中集蓄并缓慢流动，形成地下径流（即地下水）。一般来说，在山区、丘陵区，是地下水补给地表水，而在河流的下游，特别是西北的内陆河流和北方的地上河，以及渠道、水田都是地表水入渗补给地下水。因此从水的循环过程看，地表水与地下水是水资源的两种表现形式，二者相互依存、相互转化、不可分割。

长期以来，由于人们认识上的偏差，在进行水资源的开发利用时，忽视了水的循环规律，很少考虑地表水与地下水在水文、水力和经济上的联系，没有把二者视为不可分割统一整体来统一调度和开发。在许多地区，虽然地表水与地下水都已成为不可缺少的供水水源，但对二者的开发利用是分开考虑、分割调度，不仅造成资源利用不充分、经济效益低下，更为严重的是导致采补失衡、生态环境恶化。特别是我国北方地区由于只考虑到地下水水质优良、开采容易以及投资较省、工程简易等优点，忽视了地下水比地表水的流速和单位储存空间更替速度缓慢的特点，致使地下水严重超采。2012年的数据显示，全国地下水开采量已达到1100亿立方米，已经接近全国平原区浅层地下水的可开采量1230亿立方米。地下水的大量开采，已造成全国400多个地下水超采区。这些地下水超采区总面积达19万平方公里，约占全国平原面积的11%，其中海河流域平原超采区占到海河平原的91%。据调查统计，现有超采区出现地面沉降的面积已超过9万平方公里，海水入侵面积超过1300平方公里。太行山麓的京广铁路沿线，由于城市和工业大量抽取地下水，也造成浅层地下水的大面积区域性漏斗。另据全国118座大城市浅层地下水的调查，97.5%的城市受到不同程度的污染，其中40%的城市受到重度污染。

基于上述情况，2002年《水法》第23条规定，地方各级人民政府应当结合本地区水资源的实际情况，按照地表水与地下水统一调度开发的原则，合理组织开发、综合利用水资源，并在第36条对地下水的开采作出了限制性规定。

六、生活、生产、生态用水相协调，优先满足生活用水

2002年《水法》根据水的多功能性和不可替代性，为维护人的基本生存权，并针对我国长期以来忽视生态用水需要，造成生活、生产、生态之间用水比例失调，引起生态环境恶化的情况，

对水资源开发利用提出了这项原则要求。

人们生活离不开水、工业生产离不开水、农业生产离不开水，水是生物依赖生存的三大要素之一，获得充足、干净的饮水，是广大人民群众最基本的生活需要，所以 2002 年《水法》把满足生活用水放在突出位置，必须优先满足。截至 2011 年年底，解决了 2.66 亿农村居民和 1460 多万农村学校师生的饮水安全问题。但全国仍有 2.42 亿农村居民和 3314 万农村学校师生存在饮水不安全问题。要因地制宜采用不同的供水方式，鼓励发展集中供水工程，切实加强水源保护和水质保障工作，力争到 2020 年农村集中供水受益人口比例达到 85%。城市缺水也同样严峻，全国 657 个城市中有 300 多个属于联合国人居环境署评价标准的"严重缺水"和"缺水"城市。[1] 许多城市被迫限时限量供水，极大地影响了城市居民的正常生活。

随着城市规模不断扩大、人口不断增长，城市缺水矛盾将会越来越突出。据预测，到 2030 年在充分考虑节水的前提下，我国城市用水将从现在的 730 多亿立方米增加到 1320 亿立方米，其中居民生活用水将从现在的 260 多亿立方米增加到 660 亿立方米，解决好城乡居民生活用水问题，直接关系到人民生活质量的提高，关系到社会的稳定，是全面实现小康社会目标的重要内容，必须放在水资源开发利用的首位予以考虑，加以解决。

为此，2002 年《水法》第 21 条规定：开发、利用水资源，应当首先满足城乡居民生活用水，并兼顾农业、工业、生态环境用水以及航运等需要。

水是生态环境的控制性要素。从广义上讲，维持全球生物地理生态系统水分平衡所用的水，包括水热平衡、水沙平衡、水盐平衡等，都是生态环境用水。我国降水 6.2 万亿立方米，其中相当部分是用于植被（包括人工植被）蒸腾，土壤水、地下水和地表水的蒸发，以及为维持水沙平衡及水盐平衡而必需的入海水量。但是长期以来，我国许多地区在水资源开发利用中只注重水的资源功能，忽视了水的生态功能；只注重生产、生活用水，忽视甚至挤占了生态用水，导致生态环境的恶化。目前全国水土流失面积达 356 万平方公里，占国土面积的 37%，不少地方因水土流失，土地严重退化。南方出现石质荒漠化；北方更是森林、草原退化，土地沙化，沙尘暴频发。北方河流干枯断流情况愈来愈严重，黄河进入 20 世纪 90 年代，年年断流，平均达 107 天。此外，河湖萎缩、湿地锐减、地下水超采现象也相当严重。

根据党中央的水利工作方针，水利部分析总结我国的治水经验与教训，提出了从工程水利向资源水利，从传统水利向现代水利、可持续发展水利转变，以水资源可持续利用支持经济社会的

---

[1] 杜宇，何雨欣. 全国 657 个城市有 300 多个"缺水". 北京日报，2014-05-18.

可持续发展的新时期治水思路。在党中央水利工作方针和新的治水思路的指导下，近年来水利工作在以下几个方面取得了明显进展：

（1）以可持续发展思路为指导，编制完成了一系列水利规划，国务院先后批复了首都水资源、黑河治理、塔里木河治理规划，基本完成了全国水资源保护规划，《中国水功能区划》已下发试行，目前正在抓紧制定全国水资源综合规划。

（2）重点加强了长江上游、黄河中游以及环北京等水土流失严重地区的水土保持生态环境建设，黄河中游地区经过多年治理，每年减少流入黄河泥沙3亿吨。

（3）重视生态用水，加强了流域水资源的统一调度管理，黄河通过水量的统一调度，实现了2000年之后干流14年不断流，黑河连续14年成功进行分水；塔里木河也顺利完成了从博斯腾湖向下游调水，实现了全流程过水，尾闾台特马湖已经形成了10平方公里的水面，地下水埋深从过去的13米上升至17.8米，下游生态明显改善；对干旱的东北丹顶鹤自然保护区扎龙湿地进行了补水；建设引（长）江济太（湖）冲污工程，使太湖及其下游河流的水质明显好转，进入上海的水质明显改善；山东省济南市通过加强地下水管理，限采及回补地下水，实现了泉水复涌；江苏省对苏锡常地区地下水实施封井、禁采，地下水位开始回升。

基于上述分析，我们就不难理解生态用水的重要性。所以2002年《水法》第4条规定：开发、利用、节约、保护水资源和防治水害，应当协调好生活、生产经营和生态环境用水。

七、兼顾上下游、左右岸和有关地区之间利益，实现和谐共赢

2002年《水法》根据水的流动性和多功能性，为上下游、左右岸经济社会的协调共同发展，避免水资源配置和水工程建设不当而引发跨水行政区域间的水事纠纷，对水资源开发利用提出了这项原则要求。

水资源是以流域为单元而流动的动态资源。在同一个流域或区域内，上下游、左右岸和地区之间在防洪、排涝、供水、水运、水力发电、水土保持、生态环境等涉水事务上，往往存在着不同的功能和利益需求，而上下游、左右岸、干支流之间的开发利用彼此关联、相互影响，存在着错综复杂的利害关系，因此，开发利用水资源和防治水害，是一项系统工程，它不仅仅包括复杂的自然科学技术和工程科学技术问题，更包括复杂的社会经济关系问题。如果顾此失彼，处理不当，就会引发地区间、部门间的水事纠纷。

水事纠纷发生后，不仅需要耗费大量的人力、物力、财力进行调解、处理，更主要的是会造

成边界地区社会不稳定,甚至引发大规模的群体性械斗等恶性事件,破坏安定团结的局面,阻碍经济的有序发展。此类情况,在全国各地都程度不同地发生过。在全国最为典型的是发生在山西、河北、河南3省交界地区的浊漳河、清漳河和漳河干流上的漳河水事纠纷,这起跨省纠纷始于20世纪50年代,3个省的市县之间为了争夺水源和河滩地多次发生械斗、爆炸、炮击事件,特别是20世纪80年代以来,纠纷逐步升级,先后发生了河南红旗渠、河北大跃峰渠与白芝渠被炸,沿河村庄遭炮击及械斗流血事件30余起。特别是在1999年春节期间,河南的古城村与河北的黄龙口村发生爆炸、炮击事件,造成近百名村民受伤、民房被炸、生产生活设施被毁,直接经济损失800万元。该纠纷旷日持久,历时半个世纪,党中央、国务院高度重视,水利部、公安部及地方政府和有关部门为了解决纠纷、维持稳定做了大量工作,通过工程措施和非工程措施结合运用,基本上解决了这一地区持续多年的水事纠纷。

  因此,为了避免纠纷、保障社会稳定、促进共同发展,2002年《水法》第20条规定,开发、利用水资源,应当兼顾上下游、左右岸和有关地区之间的利益。同时,根据民事法律关系的要求,2002年《水法》第28条还规定,任何单位和个人引水、截(蓄)水、排水,不得损害公共利益和他人的合法权益。

第九章 国外水利管理制度及理念

水是世界上一切生命活动的基础。近些年来，水资源的合理利用问题，受到了全球的极大关注。全世界人均水资源拥有量为7342立方米，但由于世界水资源的分配，在时间和空间上很不平衡，所以，很多国家和地区都缺水。世界上65%的水资源集中分布在10个国家里，而人口占世界人口40%的80个国家却严重缺水。据估计，全球用水量每年大致以5%的速度增加。世界人口在20世纪增加了两倍，而人类的用水量却增加了5倍。

由于水资源供给的稳定性和需求的不断增长，使水具有了越来越重要的战略地位。国外的一些专家指出，估计到21世纪水对人类的重要性将像20世纪石油对人类的重要性一样，成为一种决定国家富裕程度的珍贵商品。一些世界著名的科学家提醒人们：一个国家如何对待它的水资源将决定这个国家是继续发展还是衰落。那些将治理水系作为紧迫任务的国家将占有竞争优势。如果水资源消耗殆尽，人类的健康、经济发展以及生态系统将受到威胁。对水资源控制权的争夺，将可能在下个世纪引发许多种族和国家间的敌对。因此如何解决水资源供应问题，保持水资源供给和需求之间的相对平衡，世界各缺水国家和地区长期以来都做了大量的探索，一些发达国家或者比较发达的国家已取得了很多成功的经验。

第一节　德国、英国、法国等国家水资源管理体制

一、德国的水资源管理体制

德国中央政府的水资源管理实行一个部门统一管理与其他部门管理配合的体制。德国联邦环境、自然保护与核安全部总体负责全国水资源管理事务，负责《联邦水法》《废水收费法》等相关法律法规的起草和实施，负责德国在欧盟范围跨流域水资源保护和海洋资源环境保护。此外，其他部门在联邦环境部总体协调下负责相关领域水资源管理工作，其中联邦农业部负责农村地区的水资源管理、水土保持和雨洪调控等，联邦健康部负责饮用水安全和饮用水水质监测等，联邦教研部负责水资源开发利用和保护技术研发推广，联邦经济技术部负责供水产业发展监督管理，联邦经济合作部负责双边和多边国际水利援助与合作项目管理。

德国是联邦制国家，根据宪法，地方州政府在水资源管理方面拥有较大的自主权。虽然各联邦州对水资源管理的政策体系有所差异，但其机构设置和管理方法基本一致。根据联邦政府颁布

的法律，16个联邦州有权制定地方水资源管理法规，并负责各自管辖领域内供水、污水处理及相关监督管理工作。按照地方法律法规，市政当局负责供水和污水处理管理机构组建、工程实施，并负责相关投资和运行费用监督管理。各州政府也必须对连接国家水体（联邦政府管理的水域）的相邻部分水域负责，保证连接国家水体水域的水质达标。

二、英国的水资源管理体制

1. 中央管理机构

英国中央政府中的水资源及产业的主管部门是环境、食品和乡村事务部（DEFRA），该部是2001年6月由以前的农渔食品部（MAFF）和环境、交通和区域部（DETR）的环境和乡村事业局组建而成的新政府部门，其主要职能是统一管理环境、农村事务和食品生产，重点负责农村、环境等政策制定，参与欧盟和全球相关政策制定。在涉水方面，该部主要从宏观上进行管理，具体表现在两个方面：一是负责国内相关水政策法律的制定，代表英国在欧盟水政策制定和实施的安排上进行谈判；二是对水务监督管理机构的宏观管理，负责制定监督管理机构的改革计划，并且对改革效果进行评估，适时调整改革方案。

2. 监督管理机构

在英格兰及威尔士地区，有3个监督管理机构具体承担涉水事务的监管工作，分别从环境、经济和社会以及饮用水质量等三个方面对水务行业进行监管。

（1）环境署（Environment Agency，EA）。依据1995年环境法环境机构于1996年4月1日正式成立，是一个非政府部委的公共机构（Non Departmental Public Bodies，NDPBs）。目前受环境、食品和乡村事务部领导，同时也对威尔士议会负责。该机构的主要职能包括污染的预防和控制，放射性物质管制，垃圾及废弃物管理，水资源管理、水质、土质、洪水风险、航行、娱乐、自然保护、渔业等方面的管理。其管辖范围包括英格兰和威尔士地区1500万公顷土地、3.6万公里长的河流、5000公里长的海岸线及向海3海里宽区域（约200万公顷水域）。在水质和水资源管理方面的主要工作是负责监测水量和水质变化，在英格兰和威尔士地区的河流上建立了15000个水文站，此外还有6000个地下水监测站；负责防洪，防洪区域长达36000公里，并制定防洪政策负责监管排污，控制污染源恢复生态环境；负责取水管理，发放取水许可证，并对45000个取水口进行监测；负责水环境保护、控制水域开发，保护野生动物的栖息地；制定水资源发展规划和发展战略；审查水务公司的发展计划并报DEFRA审批；监督水务公司节水措施的实施；负责对流域管理机构相关事务的管理等。

（2）水务办公室（Office of Water Services，OFWAT）。负责英格兰和威尔士地区经济监管的机构是水务办公室，该部门1989年成立，是一个非部委的政府机构，直接向英国议会和威尔士议会政府负责，其工作独立于政府。目前的正式名称是水务监管机构（the Water Services Regulation Authority，WSRA）。总部位于伯明翰，现有人员约200人。该机构的运行管理经费主要来源于水务公司缴纳的特许经营执照费，执照费由水务公司缴纳给政府，然后通过财政拨付。该机构是英格兰和威尔士的水业私有化后代表政府对水的价格进行宏观调控的最重要机构。其主要职责和任务是保证当地水公司履行1991年水工业法规定的法律职责，其中重要工作之一是设定最高供水价格，以保证英格兰和威尔士地区的水务公司能为该地区用户以合理的价格提供优质高效的供水及排污服务，使水务公司能够正常融资，保护消费者利益，提高经济效益，促进有效竞争。

（3）饮用水监督委员会（Drinking Water Inspectorate，DWI）。该机构是1990年英国供水业实行私有化之后成立的独立组织，受环境、食品和乡村事务部领导，由政府直接拨款。主要职责是保护及检查英格兰和威尔士的饮用水质量标准，主要工作是监督水务公司供应饮用水的数量和质量。每年组织对水务公司提供的饮用水进行多达300万次的检测，这些检测由独立的实验室完成，然后向DWI汇报。此外，他们还负责处理消费者投诉并调查与水质相关的事故。调查结果出来后，他们有权对相关责任公司进行处罚。

在苏格兰地区也有类似上述的监管机构，其职责与运行机制基本相同。它们是：①苏格兰水务委员会（Water Industry Commission for Scotland，WICS），负责苏格兰地区水务的经济监管；②根据1995年环境法成立的苏格兰环境保护局（the Scottish Environmental Protection Agency，SEPA），负责方该地区水务的环境监管；③饮用水水质监管局（the Drinking Water Quality Regulator for Scotland），负责该地区的水质。

北爱尔兰地区的水务工作一直由地区政府所属的北爱尔兰水务局（Water Service Northern Ireland）负责，2007年4月1日，该地区的供水和排水的经营职能转由政府所有的北爱尔兰水公司负责。北爱尔兰环境部的环境与遗产服务局负责该地区涉水的环境监管。

3. 相关利益团体的监管

相关利益团体包括水务公司和消费者两方面组织，英国水务公司协会（Water UK）是水务企业自行建立的非营利性机构，相当于我国的水务行业协会。采用会员制，凡是受政府监管的水务公司可自愿缴纳会费加入。每一个会员单位在协会中拥有一个代表席位，会员单位的代表共同组成行业委员会，委员会每年定期召开会员大会确定行业中的重大事项，并清理与议会和政府交涉的事项及原则。与此相应，水的消费者也组成了利益团体，这就是名为水声（Water Voice）的消费者协会，是消费者利益的代表，它不仅监督水务企业的经营行为，而且代表消费者直接向水监管机构甚至是议会反映消费者的利益要求，从而影响公共决策。

4. 水管理运行机制

环境、食品和乡村事务部（DEFRA）根据欧盟的政策和行业规定，结合英格兰和威尔士地区水务的实际情况，制定本国的政策，提交议会通过形成法律。水务办公室（OFWAT）、环境署（EA）、饮用水监督委员会（DWI）分别从经济、环境和饮用水三个方面对10家水务公司和12家供水公司进行监管，其中EA同时还对工业和农业用水进行监管，DWI还通过独立的实验室对水质进行检测。这三个部门都向议会汇报并对其负责，每年议会都会对三个监管部门的工作报告进行评估。当欧盟提出水质的新标准时，由DEFRA提交议会形成英国法律，然后由DWI负责落实。DWI会通知水务办公室OFWAT在制定水价上限时必须考虑提高水质标准对水价的影响。同样，当欧盟提出水环境方面的新要求时，也必须在英国法律中得到具体体现，并由EA负责贯彻，EA也会通知OFWAT在制定水价应予以注意。如果水务公司对OFWAT定的水价或其他行为不满，可以上诉到竞争委员会（Competition Commission）裁决。由于水务行业是垄断行业，所以必须受到监管。

三、法国的水资源管理体制

历史上，法国曾经实行以用户为基础（即以区域为主）的水资源管理。第二次世界大战后至1969年这一时期，法国由一个农业国迅速向工业国转变，快速的工业发展和城市化进程，造成了水需求的迅速增长和水污染的急剧恶化。针对这种状况，法国于1964年颁布了修定的水法，对水资源管理体制进行改革。其主要内容：①从法律上强化了全社会对水污染的治理，确定了治污的时间目标；②建立以流域为基础的解决水问题的机制；③建立流域委员会和流域管理局，作为流域综合治理的主要融资机构，在环境保护的前提下，实现流域水资源的高效开发利用。1964年以后法国将全国按水系分成六大流域，各自的流域委员会和流域管理局负责本流域内水资源统一规划，统一管理，目标是既满足用户的用水需求，又满足环境保护的需求。1992年新的《水法》进一步加强了这一管理体制。

法国的水管理机构分国家级、流域级、地区级和地方级。此外，还有专为涉及国际河流或水域事务而建立的国际机构，如莱茵河中央航运委员会、国际日内瓦湖泊水污染防治委员会等。

1. 国家级

国家级的水管理机构主要有国土规划与环境保护部、农业部、设备部（建设、交通、居住部）等。其中，国土规划与环境保护部是法国水管理中起主要作用的政府部门，内设水资源管理司。其主要职能是负责制定全国性水管理法律法规和政策并监督执行，制定与水有关的国家标准、协调各类水事关系，监测和分析水污染情况，参与流域水资源规划的制定，监督各流域机构的工作等。农业部主要负责农业及村镇的供水、农田灌溉和农业污水处理等。设备部（建设、交通、居住部）与水有关的职责主要是防洪，在各地区均派有管水的管理分支机构。除了中央政府各部门的这些职能机构外，在中央一级还设立一个水资源管理的部际联席会议，由与水资源管理相关的13个部门的代表参加，主要讨论国家水资源管理政策和法规。

2. 流域级

流域级的管理机构包括流域委员会和流域水资源管理局。

（1）流域委员会。法国的流域委员会不同于我国的七大流域管理委员会。从本质而言，其相当于一个较大区域的"水议会"，是对水资源进行民主管理的一种"议会"形式，目的是使各类用户能参加到水资源开发利用的决策过程中来，以增加决策的民主性和合法性，它是流域水利问题的立法和咨询机构。流域委员会是一个非常务机构，每年召开1~2次会议，通过有关重要决议。委员由用水户、地方行政官员、社会组织的有关人士，特别是水利科技方面的生态学者组成。其主要作用是对水务局所制订的流域的长期规划和开发利用方针以及收费计划提供权威性的咨询意见。

（2）流域水资源管理局。流域水资源管理局（简称"流域水管局"）是流域委员会的执行机构，负责处理流域委员会的日常事务。水管局下设机构包括：综合管理、收费、水质、水资源开发、规划计划、财务管理、资料文献和外事等处。水管局由董事会进行管理，组织形式采取"三三制"。其中，1/3代表由用户和专业协会选举产生，1/3由地方选举产生，其余1/3由国家政府有关部门如环境部、渔业部等产生，水管局局长由国家环境部委派，董事长按国家法令提名，任期三年。董事会的职责是负责制订流域水政策和规划，制定开发水资源和治理水污染的五年计划，为公益性水资源工程筹措资金，对公有和私有控制的治理污染工程补贴、贷款，征收水费、污染税等。水管局作为董事会的执行机构，主要有五项职能：①征收水资源管理费（"用水"费及"污染水"费）；②对供水工程及污水处理工程给予经济援助；③资助水利研究项目；④水信息收集与发布；

⑤提供技术咨询服务。

（3）流域委员会与流域水管局的关系。流域委员会和流域水管局关系相当密切，它们之间是咨询制约关系。水管局负责制订财务计划、签署合同和处理一切开支，并就收费等问题向流域委员会征求意见。水资源工程和水管局的财务计划，如不能取得流域委员会批准，就不能付诸实施。流域委员会对水管局水政策及流域规划提出咨询意见，水管局董事会将该意见和决定通过水管局，由水管局局长负责实施。局长负责全面工作，负责召集会议，并将董事会的意见或决议付诸实施。事实上，水管局起着流域委员会秘书处（或办公室）的作用，是一个执行机构，负责制订流域各项活动的日程表。

3. 地区级

地区级（每个地区由 2～5 个省组成）水管理机构主要包括地区长官、地区水技术委员会、地区董事会。其职能分别为参与其管辖区域水资源开发计划的制定和执行，促进协调工作以及监督和批准项目的执行等。

4. 地方级

地方级水管理机构有地方水权管理局和用水户协会。

四、澳大利亚的水资源管理体制

澳大利亚的水行政管理分为联邦、州和地方三级。

联邦政府水资源理事会是全国的水资源咨询机构，也是国家管理地表水和地下水的主要机构，负责组织和协调全国范围的水资源研究和规划。理事会由联邦、州和北方的部长们组成，由联邦政府开发部长任主席。理事会下有若干专业委员会，委员会由下属各水管理局以及相关地方政府的人员组成。联邦政府级主要提供水资源信息和管理的政策指导，并通过流域机构对其流域内的各州水资源开发利用进行协调。

流域管理机构一般设有流域部长理事会、流域委员会和社区咨询委员会。部长理事会是流域管理的决策机构，由联邦政府和所在州的土地、水利及环境部长组成，通过表决决定流域内水事的政策和主张。流域委员会是执行机构，接受部长理事会指导，对各州负责，但不是任一州政府的法定机构，主要负责流域水资源分配，向部长理事会提供流域自然资源管理咨询意见，实现资源管理策略，包括提供资金和框架文件。流域委员会的成员由各相关州负责土地、水利及环境的司（局）长级官员组成，主任由理事会指派，通常由持中立态度的专家或教授担任。流域委员会常设机构有办公室和特别工作组。社区咨询委员会是部长理事会的咨询机构，负责调查研究、收集各方意见，就一些决策问题进行咨询，发布最新研究成果。成员一般来自农民联合会、地方政府协会、工会理事会及各种基金会等。

墨累-达令河流域委员会和雪山工程委员会即是联邦政府所属的两个重要的水利水电管理机构。墨累-达令河流域是澳大利亚最大的流域，也是世界上最大的流域之一。委员会负责流域内主要工程的运行管理，主要是按照用户的要求（同时考虑生态环境要求）放水。至于从河中引水后的用水方式，委员会不负责管理。城镇、工业及灌溉供水由各州有关机构负责。

州政府的水土部代表州政府实施水资源管理、开发建设和供水分配，并根据联邦政府确定的各州水资源分配额，对州内用户按一定年限发放取水许可证，同时收取费用。

澳大利亚各州都有水资源委员会，对各州的水资源管理具有自主权，负责水资源的评价、规划、监督和开发利用，实施州内所有与水有关的工程，如供水、灌溉、防洪、排水、河道整治等。

各州的水质管理由水管理机构、环保机构和卫生部门共同负责。水管理局有很大的自主决定权，可以决定取消各种不利于水质保护的活动或控制废水排放。在控制污染、保护水质方面采取监测与治理相结合的方式。墨累-达令河流域管理局在流域的干、支流上，设立了58个水质监测站。水质监测和水文测验数据都传送至流域统一管理系统的数据库中，作为水质预测和进一步采取治理措施的依据。

地方政府是执行机构，主要执行州政府颁布的水法律、法规，地方水务部门具体负责供水、排水及水环境保护。

五、日本的水资源管理体制

日本中央政府采取集中协调与分部门行政的水资源管理体制。水资源保护利用等事宜均由总理大臣组织制订基本计划，在内阁中设置直属三级单位国土厅，再设置水资源部，作为水资源日常管理的最高协调部门，其下有建设省、厚生省、通产省、农林水产省、环境厅等部门。

在流域层面，以流域水资源管理体制为主。明确以流域水资源管理为基础、行政区水管理为次，流域管理集中体现在跨行政区河流或河段上。根据日本河川法，中央政府对一级河川按流域范围指定管理者，负责有关的保护和整治活动所需费用。在河川法之下又制定了水资源开发促进法，规定由内阁总理大臣指定水资源开发体系，以流域为基础制定水资源基本规划，并以此为指导协调各方面的利益。

第二节　西方国家水资源管理的主要举措

一、增加和平衡水的供给

为解决水资源的供给问题，水资源比较紧缺的国家都很重视水资源的开发利用和优化配置。20世纪以来，全世界修建了大量拦水蓄水工程以控制地表径流，解决水资源供给季节分布不均的问题；为解决地区性的缺水问题，还修建了大量的引水工程，将水资源相对丰裕地区的水引到严重缺水的地区；同时，世界各国都非常重视地下水的合理开发利用，为了保持地下水的永续利用，一些国家在抽取地下水的同时，还对地下水资源进行回补。对于较大范围的区域性缺水，很多国家通过区域之间水资源的调配，解决其水的短缺问题。

美国西部是干旱缺水地区。为开发西部，仅1933—1943年联邦政府就批准兴建了34个灌溉与调水工程，这些工程的建成为美国西部的繁荣发挥了重要作用。美国加利福尼亚州南部地区原本是沙漠地区，年降雨量很少。在美国西部开发中，美国通过从科罗拉多河引水，供应南加州地区的用水需求。20世纪50年代，加州又进一步实施了北水南调工程，将加州北部的水引到南部。调水工程的成功，为南加州的发展提供了坚实的基础。

以色列人均水资源占有量只有世界平均水平的1/32。为解决水问题，以色列实施了全国性的北水南调工程，于1947年后相继建设成多条输水管道系统以及"全国输水管道"，把北部地区相对丰富的水源引到干旱的南部地区。以色列的北水南调工程于1964年建成，总投资1.47亿美元，每年从北部的加利列湖抽水3亿～5亿立方米，输送到130公里以外的以色列中部，再经过两条大致平行的支管将按照国家饮用水标准处理过的水输送到中部地区和南部的沙漠地带。

西班牙也是北部水多，南部干旱缺水。为克服水资源时空分布的不均匀和各地区用水量的不平衡，西班牙环境部制定了一项以跨十大流域调水为基础，总体解决西班牙内陆水资源分布不均衡的规划，计划建设一批大型跨流域调水工程，将埃布罗和塔霍两河流域的多余水资源调至地中海沿岸地区。

埃及在苏联的援助下，于1960年动工修建了阿斯旺大坝，形成了蓄水量达1820亿立方米的纳赛尔湖，对埃及减少洪涝、干旱灾害，改善灌溉发挥了重要作用。目前埃及政府正着手修建两个大型引水工程，一个是和平渠工程，一个是新河谷水渠工程。和平渠工程西起位于三角洲的尼罗河支流杜米亚特河，向东穿过苏伊士运河将尼罗河水引到西奈半岛。该工程1979年开工，水渠全长242公里，总投资约16.7亿美元。新河谷水渠工程是埃及正在建设的规模最大的引水工程，计划中的新河谷水渠总长850公里，该水渠建成后将使更大范围的沙漠地区得到开发。

二、实施节约用水

节水是很多国家特别是水资源紧缺国家实现水资源平衡的一项战略性措施。农业、工业生产用水和城市生活用水、生态用水等各个领域都推广了一大批先进、适用的节水技术，取得了显著成效。

美国在20世纪50年代就开始普遍推广农业节水灌溉。目前整个灌溉面积中已有一半采用了喷灌、滴灌，另一半多数也采用了激光平地后的沟灌、涌流灌、畦灌等节水措施，喷灌、滴灌的比重还在不断提高。在没有灌溉措施的农场，也普遍采用了土地平整、轮作制、免耕法等节水保水措施。美国的粮食作物大多用时针式、平移式和卷盘式大型喷灌机灌溉。美国的灌溉不但是节水的灌溉，也是科学的、现代化的灌溉。喷灌和滴灌往往与农作物施肥、使用农药相结合。在美国占全部耕地面积15%的灌区创造的农业产值占到全国农业总产值的40%。

以色列是世界上节水灌溉最发达的国家。以色列的农业灌溉已经由明渠输水变为管道输水，由自流灌溉变为压力灌溉，由粗放的传统灌溉方式变为现代化的自动控制灌溉方式，由根据灌溉制度灌溉变为按照作物的需水要求适时、适量灌溉，实现了农业灌溉领域的一场革命。目前以色列节水灌溉面积已经发展到25万公顷，占到耕地总面积的55%左右。

近几十年来，一些国家节水农业和节水灌溉发展很快，在很大程度上得益于政府的一系列政策支持。这些政策包括：

（1）对节水农业提供财政支持。在美国农业灌溉工程的科研、设计等技术方面的费用，全部由联邦政府支付，灌溉工程建设费用由联邦政府资助50%，其余50%由地方政府支付或者使用由政府提供担保的优惠贷款。另外，每年美国政府还向农场主提供数亿美元的资助，帮助农场主发展农业灌溉。在以色列，农业灌溉所用水源以及输水管网的建设和管理，都由政府来负责，政府将灌溉用水直接送到集体农庄或农户的地边。对于田间灌溉设施的投资，政府还提供1/3的资金补助，银行对发展节水灌溉的农户还提供长期低息贷款。

（2）大力开发和采用节水灌溉技术与先进的灌溉设备。以色列建立有较为完善的节水灌溉技术研究、开发、生产、培训、销售和服务体系，不断研究和开发各种先进的节水灌溉技术和设备，不仅极大地促进了节水灌溉的发展，而且其节水技术和设备等也大批地进入国际市场，成为一个具有竞争优势的产业。以色列每年在节水灌溉技术和设备研制开发方面的投资达上亿美元，仅滴灌设备，每年就要推出 5～10 种新产品。

（3）调整农业种植结构，提高农业生产的质量和效益。在节水灌溉比较发达的地区，一般由于缺水，水费本身比较高，另外节水灌溉设施的使用也会增加一定的农业生产成本。为了解决这一矛盾，很多地方都对农业结构进行了必要的调整：①减少高耗水农作物的生产，增加耗水量较少的农作物的生产；②大力发展高附加值的农作物，减轻成本增加的压力，提高农业经济效益。在世界各地，节水灌溉的发展一般都与效益农业联系在一起。在一般的缺水地区，高效集约的农业生产都采用了节水灌溉技术。在农业集约程度很高的荷兰，其花卉等生产都采用了先进的节水灌溉技术。在澳大利亚，尽管农田灌溉的比率并不很高，但不少葡萄园的生产都采用了节水灌溉技术。以色列在发展节水灌溉的过程中，对农业结构也进行了调整，减少了粮食作物的面积，扩大了创汇率高的蔬菜、水果和花卉等的种植面积。发展节水灌溉，需要调整农业结构，反过来农业结构的调整和农业效益的提高，又为节水灌溉技术的发展和进步提供了更大的市场。

除了农业节水以外，工业生产和居民生活用水的节约也越来越受到世界各国的普遍重视。在美国，国民把节水当作一种有教养的表现融入整个社会文化中。在日本，人们节约并有效用水体现在各个方面，如普及节水器，兴建"节水型住宅"以及工业用水的反复多次使用等。

三、治理水污染

水污染既破坏了生态环境，加剧了水资源的供需矛盾，同时也威胁着人们的生活和健康，影响到工农业生产和农作物安全，对水污染的治理受到了国际社会的广泛关注。

美国从 1973 年就开始实施清洁水法案，这项法案的实施已阻止数 10 亿磅的污物排入河川，来自工厂、下水道污物处理厂和土壤侵蚀的污染也大幅度减少。为了达到清洁水法案原先制定的目标：每一个美国人都能在所有河川、湖泊和沿海地区游泳和钓鱼，1997 年 10 月美国副总统戈尔已下令农业部和环保署与其他联邦机构和民众合作拟订一项积极的行动方案，以减少水污染。克林顿总统接着在 1998 年国情咨文演说中宣布了新的清洁水行动计划，提议在 1999 会计年度编列 5.68 亿美元的预算，加强公共卫生保护、有限保护社区水源以及控制社区的污物排放。

欧盟在 1970 年就开始制定了保护水源和河川的政策，当时主要通过立法保护来自河川及其他水源的水的品质，并集中力量制定水质标准，严格规范饮水的品质及海水与河水的品质。到

1990年，欧盟已开始就一般的水源进行管理，并通过了两项立法：①严格规范市区及郊区废水处理；②严格规范了农业硝酸钠的使用。目前欧盟正在进行解决水源和河川污染的第三波行动，将制定更加严格的制度防止水污染，并将水源保护的范围扩张到地面水、地下水及河水海水等所有水源涉及生物化学的使用层面上。

法国十分重视水资源保护，为了保证饮用水，从水源取水到使用后排放，在每一个环节都进行严格的监测，全国有2000多个监测断面，制定了符合欧盟要求的63项用水指标。计量用水在法国早已形成制度化，由于安装了家庭水表，增加了用户的节水意识，城市的污水处理目前已达到95%以上。根据欧共体1991年的一项规定及1992年法国《水法》，所有超过2000人口的市镇都必须有一个污水处理厂，以保证用水安全。我们实地考察了位于巴黎市郊的一家污水处理厂，通过参观和听取讲解，对法国污水处理技术、污水处理工艺有了一定的了解。概括来讲，法国污水处理厂污水处理工艺先进，自动化程度相当高，处理的污水严格达到规定的标准，最后排放到河流。由于法国对污水处理的重视，法国河流等水体受污染程度较小，水质标准高，水生态环境相当优良。

以色列不仅有水污染控制的严格法律，而且非常重视废水的回收利用，是世界上废水利用率最高的国家，城市的废水回收率在40%以上，每年大约有2.3亿立方米经过处理的废水用于农业生产，对使用净化废水和污水灌溉的农户，其水费按照洁净水费的1/3收取。以色列计划到2010年农业用水将有1/3以上使用废水。净化后的污水用于农业灌溉，缓解了缺水的矛盾，使更多的优质淡水可以用于家庭用水和其他用水，同时还减少了污染，保护了生态环境。

四、加强水资源管理

为保证水资源的合理配置和有效利用，很多国家都十分重视水资源管理问题。一些国家制定了很多水资源管理的法律，成立了专门的水资源管理机构，对水的调配、使用、开发等进行全面的管理。

美国各个地方水资源的分布有较大差异，在水的管理上也有不同的模式。但从总体上讲，美国对水资源的管理注重统一性和综合性，强调从流域甚至更大范围对水资源的统一管理，强调水资源的综合利用，不仅重视水资源开发利用对经济发展的影响，而且重视水资源开发利用对其他资源和生态环境的影响。美国水资源管理的一个典型模式是田纳西管理模式。田纳西河是美国的一条重要河流。田纳西河流域历史上曾经是水旱灾害频繁、水土流失严重、经济最落后的地区。

1933年美国政府通过一项法律，决定成立田纳西流域管理局，并授予其规划、开发、利用田纳西河流域各种资源的广泛权利，对整个流域进行综合治理、统一规划、统一开发、统一管理。经过10年的努力，田纳西流域管理局修建了31座水利工程，建设了21座大坝，控制了洪水，扩大了灌溉，发展了航运，开发了电力，同时，通过植树造林、防治水土流失等措施，改善了生态环境。田纳西流域的综合治理，极大地促进了当地经济的发展，10年间流域居民的平均收入提高了9倍，创造了举世赞誉的田纳西奇迹。

以色列为了缓解水资源的供需矛盾，也非常重视水资源的管理。政府专门设有职能部门——水利委员会，负责制定水利政策、分配额度、制定用水计划与水资源发展规划，以及防治污染、开发废水、研制海水淡化设备等。以色列建国不久，就先后制定了《水法》《量水法》《水井控制法》等法规，对用水权、用水额、水费征收、水质控制等做了详细规定。以色列对地表水和地下水实行联合调度、统一使用，地表水和地下水的开发利用均实行取水许可证制度，打井和开发地下水必须经过政府批准。以色列对不同的用水实行不同的水价，农业、工业和生活用水的价格不同，水价由全国水利委员会统一制定。为了节约用水，以色列还实行用水配额制。对于各种超配额用水，以色列规定了比较高的水费标准，比如农业超配额用水要按三倍的价格收取费用。还有一项重要的措施就是对废水进行净化处理，以及对咸水和海水进行脱盐淡化，以增加淡水的供应。

五、重视依法治水

在水资源管理法律体系上，德国联邦政府负责制定有关水资源管理法律框架的总体设计，联邦环境部是联邦政府负责环境和水资源立法的最高机构。在国家层面上《联邦水法》是德国水资源管理的基本法，该法对水资源管理和保护规定详尽到具体技术细节，充分体现了可操作性、实用性和长效性的特点。自《联邦水法》颁布至今已经做了7次大幅度修订，对城镇和企业的取水、水处理、用水和废水排放标准都有明确的规定。此外，德国政府还相继出台了《废水收费法》《联邦土壤保护法》《联邦自然保护法》《清洁剂和洗衣店法》《地下水条例》《饮用水条例》《供水管道条例》《肥料条例》等专门法律法规。各联邦州和市政府需要地方立法将联邦政府制定的法律转化为地方法律，也可自行制定补充性的规定，同时负责水资源管理法律条例的实施。按照《废水收费法》，各州和地方政府享有废水处理费用的征收和使用权。德国联邦政府还注重水资源管理法律法规的监督与实施，在联邦内政部专门设立了环保警察，对不达标废水、废气和废物排放，有毒化学制剂外泄等问题进行实时监测，一旦发现污染源，立即采取有效措施将污染点控制在最小范围内。

英国是世界上最早制订水法的国家。1848年，英国颁布了《公共健康法》，城市供水系统迅速发展起来。第二次世界大战后，英国关于水的法律和法规进入了全面建设时期，颁布了一系列与水资源管理有关的法令，如《河流洁净法》（1960年）、《土地排水法》（1961年）、《河流防止污染法》（1961年）、《公共健康法》（1961年）、《1963年水资源法》（1963年）、《运输法》（1968年）、《农业法》（1970年）、《蛙鱼与淡水鱼法》（1972年）、《水法》（1973年、1989年、2003年）等。其中最重要的是《水法》。英国议会于1973年颁布第一部《水法》，明确要求按流域（或联合邻近几个小流域）改组水资源管理部门，确立了流域统一管理与地方配合的水资源管理新体制，并组建了承担流域管理政企合一的水务局。1989年议会通过新的《水法》对水管理体制进一步调整，在环境部成立国家流域管理局，在英格兰、威尔士成立了8个流域管理局，承担从原水务局剥离出来的管理职能，同时成立了3个水务监管机构，对水务公司实行监管。不过1989年《水法》在取水管理方面与形势发展要求还不相适应，水管理体制改革需要深化，同时欧盟对水资源的管理和开发利用提出了新要求，因此《水法》又进行了调整。

英国实施的是第3部《水法》，于2003年12月1日生效。新《水法》强调水资源的可持续利用，其指导思想是保证英国有可持续发展的水源。新《水法》有几点重大变革：在水资源监管方面，对各监管部门进行整合，以保证投资商对政府监管有足够的信心。在取水许可证的使用期限上也有重大变革，以前取水许可证是无期限的，有的甚至已经使用了上百年，2003年《水法》规定使用期限是12年，同时国家有权将其缩短到6年。此外，水务行业引进竞争机制，年用水量超过5万吨的用水大户还可以不受地域限制选择水务公司，从而促使水务公司提高服务质量。

法国是一个法制较为健全的国家。在水资源管理方面注重以法律为准绳，来规范各种水事行为和进行水资源管理。法国水资源管理依据的主要法律是《水法》。法国早在1919年就颁发了《水法》，后经逐步修改补充不断完善，目前采用的是1992年颁布的《水法》。该《水法》主要包括现行的立法、水的所有制、水资源管理和保护、水利工程的立法、保护区和保护地的立法、政府对水的管理和制度、专门和自制的水资源开发机构、水资源财政和经济方面的立法、水法的执行和管理等。对国家、流域、地方政府用户及水公司等所从事的所有水资源规划、水资源开发利用、污水处理及水资源保护等一切水事活动均有较为详细的法律条文。

第三节 西方国家水资源管理的成功经验

一、以流域为单元统一管理

流域是一个以江河干支流水系为纽带，把各种资源有机结合起来的资源综合体，国外水资源流域管理模式已从注重水资源本身的综合利用转向水环境的综合管理，即转向了对流域内的水土资源及其他相关资源的开发利用和保护进行统一规划与协调，水资源管理更加趋向于以流域水资源综合管理为基础。

世界上流域机构大体可分为几种类型：

（1）流域管理局。以美国建立的田纳西流域管理局为典型，由国家通过立法赋予其统一规划开发利用和保护流域内各种自然资源的广泛权限，这种流域机构的任务已超出水资源管理的范围，其目的是要推进自然经济和社会经济的有序发展。

（2）流域协调委员会。由国家立法或由河流流经的地区政府和有关部门，通过协议建立的河流协调组织，如澳大利亚的墨累河流域委员会、美国的特拉华河流域委员会和萨斯奎那河流域管理委员会等。

（3）综合性流域机构。典型的综合性流域管理机构是英国成立的泰晤士河水务局，它的职权不像流域管理局那样广泛，也不像流域协调委员会那样狭窄或单一。目前，在欧洲一些国家已普遍实行这种综合性流域管理方式。

法国1992年颁布的《水法》明确提出了"实行以自然水文流域为单元的流域管理模式"。在该法规的指导下，法国实行以水文流域为单元进行水资源综合管理的设想成为现实，并日臻完善，逐渐显现出其优越和有效性。以流域为单元，可将水资源的水量、水质、水工程、水处理等进行综合统筹管理。不仅管理地表水，也管理地下水，既从数量上管，又从质量上管，充分考虑生态系统的平衡，体现了对流域水资源的可持续利用和区域社会经济可持续发展的理念。

流域委员会通过协调，制定水开发与管理的总体规划。规划确定流域经协调后的水质与水量目标，以及为达到这些目标应采取的措施。流域机构注重从经济、社会、水环境效益上强化水资源的综合管理，重视与强调水质与污染控制管理力度，通过政策、法规、经济手段等方面的措施，减少污染，促进节水。流域委员会制定的规划可操作性强，每5年制定一次，规划有战略目标、有建设重点、有实现目标的具体项目和投资估算，有保证项目有序实施的财政政策。在具体实施上，还辅以经济手段，使流域的综合治理能取得实效。因此，能够真正起到指导流域水资源有效且可持续利用、流域社会经济可持续发展的重要作用。

法国的罗纳河公司由国家法律授权进行流域水电和航运资源的开发与管理，带动了整个流域的总体开发治理及水资源的综合利用，将罗纳河流域治理成了世界上少有的美丽的富饶之地，是世界公认的流域综合开发与管理的成功范例。法国这种以流域为单元的综合管理，有效地促进了法国水资源的科学、合理和可持续利用。

澳大利亚新南威尔士州20世纪80年代初提出并开始实施"全流域管理"的综合治理战略，目的是使流域内的土地、水、植被和其他自然资源的利用和管理与流域内的各项活动相互协调，确保对土壤的退化和侵蚀、流域内的产水量、水质和环境以及其他自然资源的不利影响最小。州政府成立了专门委员会，其重要职能之一就是为各流域实施全流域管理制定一系列准则，并制定州内各个主要流域的"全流域管理"战略。

以流域为单元建立机构，统一管理，也是美国、墨西哥、英国、德国等国的基本做法。德国还构建了有效的跨流域管理国际合作机制，如"保护莱茵河国际委员会"由莱茵河流域的瑞士、德国、法国、荷兰和卢森堡共同组成，共同对莱茵河流域水资源和生态环境实施保护与管理。尽管各国间存在着政治体制、经济结构、自然条件和水资源开发利用程度的差异，所建立的水资源管理体制不尽相同，但各国政府对水资源作为水系而独立存在的基本规律都有着共同的认识，尽可能以流域为单元实行统一规划，统筹兼顾，积累了富有各国特色的管理经验。

二、政府着重宏观管理，具体涉水服务社会化

德国的水资源行政管理体系分工较为明确，形成了联邦政府、地方政府和社会组织相互合作、互为补充的水资源可持续管理体制。政府着重宏观管理，在国家层面上由联邦环境部总体负责水资源管理相关事宜。在联邦法律框架下，各联邦州和市政府被赋予了较大的自主管理权，比如征收的排污收费归地方政府支配使用，这也调动了地方政府工作的积极性。德国各级水管理机构独立行使执行和监督权力，政府机构集中精力做好宏观管理，许多供水和污水处理的工程，完全由各类具有独立法人资格的协会、联合会或公司去实施。德国水管理政策的长期目标是保持或恢复水资源的生态平衡。在数量与质量上确保饮用水和工业用水的供应，确保服务于公众福利的用水。同时，德国很多公益机构和学会也参与到了水资源可持续管理工作中，在其中发挥专家指导与社

会监督作用。

经济调节也是德国水资源管理的一个重要手段。在市场经济高度发达的德国，节约用水、减少废水排放最快捷有效的措施是靠经济手段。德国政府保护水资源的主要经济手段包括：规定自来水价格、征收生态税和污水排放费，以及对私营污水处理企业减税等。比如，德国的自来水价格各地不同。1996年，各州的水价每立方米为1.85～2.54马克不等，定价的标准主要依据是水资源状况、水处理成本和居民消耗水量等因素。居民用水越多，水价越高。

法国水法确定的原则之一："谁污染谁付费、谁用水谁付费。"根据这一原则，用水者和污水排放者都必须交费。水费是法国水资源管理经费的主要来源，水费的概念与我国的工程水费完全不同。以巴黎市的水费为例，它包括地方税、向流域水管局缴纳的取水排污费，农业供水基金，增值税等。水费构成包括饮用水处理占55%，污水收集处理占31%，排污费占6%，取水费占1%，国家农业供水基金占1%，增值税占6%。

水费价格全国不统一，各地方政府可根据具体情况制订水价，但地方制订水价时必须充分考虑上缴流域机构的费用和国家的税。国家农业供水基金，用于补贴人口稀少地区和小城镇兴建供水、污水处理工程。供水及污水处理工作的具体实施，由地方市（乡）镇政府负责。其管理形式有三种：①代理管理，它包括租赁管理，即由市镇进行投资兴建，建成后将工程租赁给私营公司管理，特许转让，即由私营公司负责筹资兴建工程，自由运营，合同期满后交给市镇；②由市镇水利部门直接管理，如巴黎市政府环保局；③由上述两种管理形式的混合管理方式，如罗纳河公司。由于法国在水资源开发利用及污水处理过程中采用了市场运作的方式，"以水养水"措施通过实践证明已取得了巨大的成效，它不仅为流域治理水源计划提供了资金，而且增强了企业及个人节约用水和保护水资源的意识。

澳大利亚为解决新老产业的用水矛盾，高附加值农业与传统农业的用水矛盾，水量控制与新增需水的矛盾，农业用水与城镇工业用水的矛盾，开放水权市场，充分运用水价等经济手段促进供水业的良性循环，允许用水额度自由交易，使这些矛盾得到了一定程度的缓解。水价改革是澳大利亚供水业改革的关键，各地新水价的制订和供水企业化几乎是同步进行的。目前，澳大利亚不论是城市供水企业，还是农业灌溉公司都能盈利运行。以墨尔本供水公司为例，如果没有适当的水价，它就不可能承担供水、污水处理、水源地保护、工程建设维护等多项城市水务职能；同样，水费如果没有占到市民人均收入的1%以上，人们就不会把节约用水当一回事。近年来，供水企业总收入中，水费收入大幅增长，曾经持续增长的工业用水连续下降。

三、水资源管理分工明确，各负其责

法国的 1992 年《水法》明确规定："水是全民共同财产的组成部分。尊重自然平衡的规则，保护水，提高水的使用价值，开发可利用的水资源符合所有人的利益。在遵守法律、规定及以前所立法规的情况下，使用水是所有人的权利。"这就从法律上明确了水资源的所有权与使用权的归属关系。

法国的水资源权属管理实行分权管理制：国家负责制定和监督实施水法律、水法规和水政策；六大流域委员会负责水资源的综合管理，包括制定流域水资源开发利用总体规划，确定五年计划，调解水事矛盾，提出水费征收与水资源开发项目和污水处理项目投资分配意见，支流一级水管理委员会负责制定地区一级水资源开发利用规划、水管理方案；地方政府官员和用户代表参与流域及支流一级水管会水资源管理决策工作；市镇一级直接负责供水及污水处理工程等项目立项、资金筹措、水价及确定项目和运行管理的公司；水公司则根据有关政策法令和规定，负责供水及污水处理工程的经营管理。

法国法律明确规定了国家、流域委员会、地方省区乡镇分级管理的责任、权利和义务，同时把参与水事活动的政府机关、事业单位、企业单位的职责明确分开，各自在法律赋予的权限范围内充分发挥作用，若有越权或违法行为发生，通过法律手段予以纠正或处罚。

四、注重多方参与的民主管理

法国《水法》明确公众参与原则，让所有与水有关的公、私部门（包括开发机构）和个人参与管理，采取协调一致的行动。法国《水法》还规定，"水政策的成功实施要求各个层次的有关用户共同协商和积极参与"，即"协商对话"的原则。这种对话机制是建立在国家级、流域级、地方级等各个层次上的。就流域的水管理来说，流域水管局董事会的全体成员、用户和国家行政代表进行深入细致的协商对话，制定流域发展规划，协调用水户与开发商之间的冲突。流域委员会针对某一个水源的使用，在各个层次的各用水单位之间开展讨论与协商工作，制定水的规划和管理总纲，确定水的平衡管理方针，协调水的各种用途并调和各地之间可能产生的冲突。对于一些重大的水事活动，流域机构首先向社会各界公布，广泛听取相关水问题的决策意见，体现出了流域水管理中决策的民主化和科学性。流域水机构非常重视联合所有用水户共同参与水资源的管理，通常水政策的制定要经由地方政府、各类用水户等有关各方共同协商确定。流域委员会及水管局机构成员中均有约 1/3 是用水户代表。目前法国的用水户组织已成为用水改革的主要力量。供水单位的经济运行、财务收支状况，包括投资利润、运营盈亏等情况，每年除要向主管部门上报外，还要向社会用户公布。向用户收取水费的账单非常详细明了，内容包括每一项收费细目的用途，以及扩大投资（如购置设备、管道维修、更新、改造等）的计划和说明，便于用户了解和监督。公司和政府部门都非常重视用水户协会的意见，对于用户提出的对服务和收费等有关问题的投诉能及时作出反馈并拿出解决问题的方案。

加拿大政府在制定有关水资源管理政策时采取以下方式鼓励公众参与：①在制定有关水管理的所有决策时听取公众的意见和考虑他们的观点；②鼓励公众参与、发起、制定和递交提高全民水资源保护意识的国家计划；③鼓励各省和非政府组织为提高公众知情权和觉悟作出努力；④通过适当的手段，包括环境情况报告制度，来保证公众获得目前水资源的范围及其状况的信息等措施，提高公众的觉悟和让他们参与各种改善和保护加拿大水资源的计划和活动；⑤加拿大许多非政府组织也积极参与水资源的可持续管理。如加拿大水资源协会，该协会由对参与加拿大水资源管理感兴趣的个人和组织组成。通过为各方提供讨论各种水问题的论坛，诸如洪水和滞洪区的管理、流域恢复和水出口等国家和地区的各种水资源问题，来促进可持续地开发和利用水资源。

此外，澳大利亚通过用水户协会组织公众参与水资源管理，墨西哥坚持必须促使更多的用户参与水资源管理。

五、注重水资源管理的技术创新

美国非常注重水资源管理的高科技化。通过借助先进的科技手段建立系统模型，适时反馈信息，管理者评估事态发展或调整管理状态，同时也能为利益相关群体提供信息平台，为冲突解决提供有价值的途径。

德国不仅制定了严格的法律、法规和规章，对污水排放进行严格治理，而且在形成水资源管理政策的过程中，注重通过制定各种切实可行的配套措施细则，大力鼓励水资源管理技术产业领域的公司企业从事和开展各类技术创新活动。同时，注重水资源管理新技术产品的推广应用，依靠技术创新来促进水资源管理高新技术成果的产业化发展，走出了一条经济、社会、资源、环境和生态共赢的发展道路。

六、注重发挥经济杠杆作用

法国通过建立合理的水价结构,制定符合市场经济规律的合理水价,在国家有关政策的引导下,实现了"以水养水"的良性循环,实现了水资源的高效利用。科学合理的水价,促使人们增强节水意识,同时对高耗水、低效益用户形成自然淘汰;促使排污量减少,水价中包含了较高的排污费,促使各企业减少污水排放量,对高污染企业形成自然淘汰;使供水企业及污水处理企业均处于良性循环,由于供水企业获得的饮用水费和污水处理企业获得的污水处理费均高于成本并带来合理利润,使得这些企业能良性运转,并吸引更多的私营资本和公司投资这类企业。

在墨西哥,法律确认水资源是一种商品,同时也是一种公共财产,通过领取许可证,支付各种水权费和排污费。

第十章 当代中国水法治建设的不断完善

新中国成立之初，中央人民政府水利部就开始着手建立水管理的各项制度。如1949年11月，解放区水利会议上提出："河流湖泊均为国家资源，为人民公有，应统一水政，统筹规划，统筹建设，统筹管理，相互配合"。但是由于新中国建设之初洪涝灾害频繁，水利工作的重点在于建设，这些水管理的基本原则未能很好地贯彻落实。此后，"大跃进"的冲击和"文化大革命"使水政难兴。"文化大革命"结束后，国家拨乱反正，提出"一手抓建设，一手抓法制"，法治环境始有改善，这为水法治建设创造了条件。改革开放后，水管理体制与机制改革得到推进，为水利事业的蓬勃发展奠定了法制基础。

改革开放初期，我国处于多龙治水状态，水资源开发利用和保护管理方面存在着不少问题。社会呼吁尽快制定《水法》。1978年党的十一届三中全会胜利召开。全会提出要"加强社会主义民主，健全社会主义法制""从现在起，应当把立法工作提到全国人民代表大会及其常务委员会的重要议程上来"，标志着我国民主法制建设进入了一个新的历史时期。水利法治建设作为国家法治建设的组成部分，也进入了一个新的时期，有力引导、规范和保障了水利发展与改革，取得了显著成效。改革开放30年来，水利从"无法可依"到各项水事活动基本做到了"有法可依"，水利法治建设实现了历史性飞跃。

第一节　当代中国水法治建设的发展历程

"法律随社会之变迁而演进，新变迁之环境，尔后有赖新形成之法律以维持其秩序……"[①] 我国水法治建设的发展变迁、演进，在不同的历史阶段有不同的内容，如古代水法主要以漕运、灌溉和防洪为主要内容，而在当代，干旱缺水、水污染和水生态环境的恶化成为水法治需要应对的主要内容。为了对我国当代水法治建设的发展趋向进行准确把握，首先需要对我国当代水法治建设发展的阶段性进行细分，并找寻其发展的规律。从1957年《水土保持暂行纲要》颁布实施起，我国当代水法治建设已经走过50余年的历史。经历了1988年《水法》颁布和2002年《水法》修订的标志性事件，水法治建设大体可分为三个阶段。

---

① 柯泽东. 环境法论. 台北：三民书局，1988.

一、萌芽与起步阶段（1949—1984年）

1957年，国务院制订颁布了《中华人民共和国水土保持暂行纲要》，专门对保护水资源防止水土流失作了规定。1959年颁布的《生活饮用水卫生规程》第一次确立了生活用水标准，同时还对水源的选择和水源保护区的污染防治作了规定。1973年，国务院召开了第一次全国环境保护会议，把环境保护提上了国家管理的议事日程，会议制定并通过了《关于保护和改善环境的若干规定（试行草案）》，同年颁布的《工业三废排放试行标准》是我国第一个综合性的污染物排放标准，其中对水污染物的排放第一次做了明确的规定。

20世纪70年代末，我国社会主义现代化建设步入正轨，经济活动日趋活跃，社会管理得到重视。水问题复杂化和日益严重的趋势，对强化水管理提出了迫切要求。在加强社会主义法制的方针指引下，水利部门明确了以法制促进管理的思路，积极推动水利立法，水利法治建设取得了初步成果。1978年4月，水利部开始酝酿起草水法，并开展了水土保持、水源保护等方面的立法工作。而1979年公布施行的《中华人民共和国环境保护法（试行）》，对防治污染的原则、制度、措施、法律责任等作了基本的规定，这些原则、制度、措施、法律责任同样适用于水污染防治。这一时期，我国处于高度计划经济时期，缺乏依法治国的理念，还几乎没有水资源的法律保障和水污染的法律防治的意识，因此，这一阶段属于我国水法治建设的萌芽阶段。

至20世纪80年代中期，制定了《河道堤防工程管理通则》《水闸工程管理通则》《水库工程管理通则》《灌区管理暂行办法》《水利水电工程管理条例》等一批水利工程管理的规章和规范性文件。1982年《水土保持工作条例》出台，1984年水污染防治法颁布实施。1985年《水利工程水费核订、计收和管理办法》发布实施。部分省、自治区、直辖市也制定了一些地方性水法规。这一时期，水管理的部分领域实现了有法可依，水利立法的重点主要在一些单行立法上，尚无总体规划，水行政执法尚未纳入议事日程。

这一阶段水法治的特点表现为：一是没有完整的水资源保护观念和水污染法治理念，对水资源的保护主要是以防治水土流失为主，后期开始注重从医疗卫生的角度对水污染进行初步防治。但无论是水资源保护还是水污染防治的规定还处于比较零散的阶段，对开发利用水资源和水污染防治还没有形成系统的规制。二是从立法的表现形式上看，立法大都是行政法规、规章，原则性过强、操作性较差，不能被视为真正的水法治。三是当时颁布的一些法规，由于"文化大革命"而没有真正实施。①

二、创设与发展阶段（1984—2000年）

1979年以后，我国环境资源法治得到迅速的发展，也带动了水法治建设。这一阶段成为实质意义上的我国现代水法治的创设阶段。在党的十一届三中全会精神指引下，1984年10月，原水利电力部倡议并获得国务院批准，成立由有关部委负责人参加的"全国水资源协调小组"。在"协调小组"领导下，水法起草工作顺利开展，通过法定程序，于1988年1月第六届全国人大常委会第23次会议上审议通过，颁布了新中国第一部《中华人民共和国水法》。《中华人民共和国水法》的颁布实施是水利法治建设史上具有里程碑意义的重大事件，标志着水利工作进入了依法治水的新时期。此后，水利法治建设进入了快速发展阶段。水法是新中国第一部规范水事活动的基本法。为贯彻落实《中华人民共和国水法》，1988年国务院机构改革明确水利部为国务院水行政主管部门，水利法治建设被摆在水利工作的重要位置，水利部的职能开始从水利建设向依法管理逐步转变。

（一）水事立法有序展开

为全面贯彻实施《中华人民共和国水法》，水利部于1988年制定了第一部《水法规体系总体规划》（以下简称《总体规划》），并有计划地组织实施。按照党的十四届三中全会提出的"本世纪末初步建立适应社会主义市场经济的法律体系"和第二次全国政府法制工作会议提出的"政府法制工作的重点是加强经济立法工作"的要求，水利部于1994年对《总体规划》进行了修订，并将《总体规划》确定的水法规体系建设作为水利五大体系建设的内容之一。《总体规划》提出要在抓紧制订《中华人民共和国防洪法》、修订《中华人民共和国水法》、完善《中华人民共和国水法》配套法规的同时，结合水利经济体制改革，加强水利经济立法，并明确近期立法的重点是：建立适应社会主义市场经济体制的水利固定资产经营管理体系、投资体系、价格体系和服务体系，促进水利基础产业发展的有关法规；加强宏观调控，合理开发利用和保护水资源和河道的有关法规；维护水利管理单位合法权益的有关法规。同时确定水法规体系按调整内容分为水资源开发利用与保护、水土保持、防汛与抗旱、工程管理与保护、经营管理、执法监督管理和其他等七类，具体项目包括法律7件、行政法规和法规性文件39件、部规章77件。到2001年，水法规体系初步形成，

---

① 金瑞林. 环境与资源保护法学. 北京：北京大学出版社，1999.

水事活动基本实现了有法可依,水行政执法体系建设取得重大进展,全社会水法制意识得到不断增强。这一阶段,水法治建设在水污染防治、水土保持、水资源开发利用和水生态的保护、水灾防止等四个方面都有了相应的立法。

在水污染防治方面,1984年5月11日,第六届全国人大常委会第五次会议通过了《中华人民共和国水污染防治法》,同年11月1日起施行。该法是防治淡水水体污染方面的综合性单行法。为了贯彻该法,国务院于1989年7月12日发布了《中华人民共和国水污染防治法实施细则》,国家有关部门还发布了《地面水水质标准》和《污水综合排放标准》(1996年)。这些法律、法规、标准的颁布施行,使我国的水污染防治工作取得了一定的成效。但是,进入20世纪90年代,随着我国经济的高速增长,水污染在总体上仍呈恶化的趋势,水污染防治领域出现了许多新情况和新问题。如原法仅突出工业废水的污染控制,对城市生活污水、非点源污染防治和流域水污染控制等方面没有规定;原法的防治思想主要是建立在单一的点源治理、末端治理和浓度控制的基础上,而要有效地改善水环境质量则要求水污染防治向污染集中处理、生产全过程控制和污染物总量控制的方向转变。因此,第八届全国人大常委会第十九次会议于1996年5月15日通过了《关于修改〈水污染防治法〉的决定》,并于同日公布施行。修改后的《中华人民共和国水污染防治法》与原法相比较,共改动、增加了23条,由原来的7章46条修改为7章62条,增加的内容主要包括:按流域或者区域进行统一规划和防治;重点污染物排放的总量控制;城市污水进行集中处理和收取污水处理费;公众参与环境影响评价;推行清洁生产和对落后工艺、设备实行淘汰;加强对饮用水源的保护;制止乡镇企业污染;扩大环境保护行政主管部门监督管理职责和增设渔政监督管理渔业污染事故权限等。

在水资源开发利用和水生态保护方面,除了1988年《水法》外,与保护水资源有关的法规和规章相继颁布:《违反水法规行政处罚暂行规定》(1990年水利部发布)、《防汛条例》(1990年国务院发布)、《取水许可制度实施办法》(1993年国务院发布)、《河流管理条例》(1988年国务院发布)及《城市节约用水管理规定》(1988年10月水利部发布)等。

在水土保持方面,1982年国务院颁布了《水土保持工作条例》,1988年经国务院批准,由国家计委、水利部发布了《开发建设晋陕蒙接壤地区水土保持规定》,1991年全国人大常委会通过了《中华人民共和国水土保持法》,1993年国务院发布了《关于加强水土保持工作的通知》,同年又发布了《中华人民共和国水土保持法实施条例》,1995年国务院发布了《开发建设项目水土保持方案编报审批管理规定》,1996年国务院发布了《关于治理开发农村"四荒"资源进一步加强水土保持工作的通知》等。另外，在防止水灾方面，1997年制定颁布了《中华人民共和国防洪法》等法律、法规。

（二）水法规保障体系初步形成

1. 建立水政工作机构

水利部将水政机构建设作为转变职能、推动水利法治建设的重要措施。1988年5月国务院下发《水利部"三定"方案》，明确水利部为国务院水行政主管部门并规定相关的职责，水利部积极推动省级人民政府明确地方各级水行政主管部门并赋予相应的职责。同时，新组建的水利部内设水政司，负责水法制和水政策工作。1989年5月召开的全国水利工作会议要求："各级水行政主管部门要认真履行《中华人民共和国水法》所赋予的职责，依法承担起水行政主管部门的各项工作，要加强水政建设，自上而下建立起水行政执法体系，保障《中华人民共和国水法》的贯彻执行。"这次会议，时任国务院副总理田纪云进一步提出了"五个统一"，即"实现水资源统一管理要做到统一规划，统一调度，统一发放取水许可证，统一征收水资源费，统一管理水量与水质"。随后，地方各级水行政主管部门的水政机构也相继成立，并于1991年基本完成，形成了系统的法制工作体系，为推进水利法治建设提供了组织保障。有了一部《中华人民共和国水法》，又明确了水行政主管部门，我国开始进入依法治水管水的新时期。

2. 推进水利执法体系建设

为改变有法不依、执法不严、违法不究的状况，1988年《水法》颁布后，水利部提出要尽快建立水利执法体系。自1989年起，水利部通过试点、扩大试点、全面铺开三个阶段分步推进了水利执法体系建设。至1992年，全国水利执法体系基本建成，形成了省、地、县、乡四级执法网络。1995年，为深化队伍建设，强化执法，水利部组织开展了水政监察规范化建设，于20世纪初基本完成工作任务。水利执法体系建设使水行政执法得以全面开展，通过专项执法、重点治理、日常监督等执法活动，大量水事违法案件得到查处，保障了水法规的有效实施。

3. 深入开展水利法制宣传教育

彭真委员长在六届全国人大常委会第23次会议通过《中华人民共和国水法》时强调："定了法就要向群众宣传，让群众掌握。法律一旦为群众所掌握，就会变成强大的物质力量。"《中华人民共和国水法》颁布后，水利部开展了大规模的学习宣传活动，并将每年的7月1—7日设定为全国水法宣传周。为使水法宣传周与"世界水日"有机结合，自1994年起，水法宣传周从每年的7月1—7日调整为每年的3月22—28日。各地在水利法制宣传中,探索出了许多好的形式和方法。从"二五"普法开始,国家将水法规列入了法制宣传教育内容,水利部门积极落实"二五""三五""四五""五五"普法规划。普法工作创新宣传教育形式,组织经常性和定期性(水法宣传周和世界水日)的社会教育活动,广泛利用报刊、网络开设栏目,组织典型案例宣传,使广大干部群众的水法律意识和水法制观念明显增强,水行政主管部门依法行政水平也不断提高,取得了良好的社会效果。

4. 加大水事纠纷调处力度

针对水事纠纷多发状况,各地加强了水事纠纷调处,贯彻"预防为主、预防和调处相结合"方针,明确纠纷调处责任,健全工作程序和机制,工作成效明显提高。持续半个世纪的冀豫漳河上游水事纠纷得到成功调处,各地也有数以万计的纠纷得到解决,兼顾并保护了各方面群众的利益诉求,维护了社会稳定。

这一阶段,我国的水法治建设表现出以下特点:①创设了系统的水法律体系,形成了水污染防治、水资源开发利用和水生态保护、水土保持、水灾防治四个水法治子系统;②形成了多级别、多层次的综合体系;③四个子系统相对独立,融合性不强,在管理体制上不统一,特别是水污染防治法和水资源开发利用的规制相分离;④法律体现为初级的制度建设,运行操作性差;⑤立法的背景为我国改革开放的前期,计划成分多,所采用的手段主要是控制命令手段,且多为末端控制,缺乏市场激励手段、公众参与手段,国际化程度不高;⑥主要强调水资源的开发利用,在水资源的技术性保护和采用技术性方式提高水资源的利用效率方面的措施很少,同时重水资源管理,忽视水生态环境和生态系统的保护。①

三、发展完善阶段(2000年以后)

20世纪80年代以来,由于社会经济的高速发展,气候持续干旱,导致我国水资源危机加剧,制约了经济和社会的发展。面对21世纪我国经济社会发展的战略目标,水资源问题已成为我国实施可持续发展战略过程中必须认真解决的重大问题。为贯彻实施可持续发展战略,满足经济社会发展对水利提出的要求,水利部根据中央对水利工作的方针政策,提出了从传统水利向现代水利、可持续发展水利转变的治水新思路。这一时期,正值对1988年原水法的实质性修改阶段,党和国家对水利工作的方针政策为《水法》的修改指明了方向。2002年颁布实施的新水法,将新时期党和

---

① 蔡守秋. 环境资源法学教程. 武汉:武汉大学出版社,2000.

国家治水方针政策法律化,强化了水资源统一管理,把节约用水和水资源保护放在突出位置,明确了水利规划的法律地位,强调了流域管理,加强了水资源开发利用中对生态与环境的保护。

(一)水事立法日趋完善

2006年水利部对1994年的《水法规体系总体规划》(以下简称《总体规划(2006)》)进行了修订,进一步完善了水法规体系建设的基本思路和重点内容。《总体规划(2006)》颁布实施以来,水利立法紧紧围绕水利中心工作,坚持加快立法进度与提高立法质量相结合,以水利改革发展立法需求最为迫切的领域为重点,统筹推进水法规体系建设。

1. 主要水法律依次完成大修

首先,2002年8月29日第九届全国人民代表大会常务委员会第二十九次会议通过了《中华人民共和国水法》修订案,对《中华人民共和国水法》作了较大的修改,修改后的《中华人民共和国水法》:①强化了水资源的统一管理,注重了水资源的宏观配置,发挥了市场在水资源配置中的作用;②把节约用水和水资源保护放在了突出位置,提高了用水效率;③加强了水资源开发、利用、节约和保护的规划与管理,明确了规划在水资源开发利用、节约、保护中的法律地位,强化了流域管理;④适应水资源可持续利用的要求,通过合理配置水资源,协调好生活、生产和生态用水,特别是要加强水资源开发、利用中对生态环境的保护;⑤适应依法行政的要求,强化了法律责任。

其次,2008年2月28日我国修订了《中华人民共和国水污染防治法》,修订后的《中华人民共和国水污染防治法》增加了30条,即由原法的62条增加到92条,章节设置更合理、更科学。该法充分体现了预防为主的思想,对城镇、农业和农村、船舶水污染进行了实质的控制,增加了政府责任、强化了有关制度、关注农业农村水污染防治、突出了水污染事故应急制度;明确违法界限,严格了法律责任,加大违法排污处罚力度,扩大了处罚对象,提高了处罚标准,赋予了环保部门更多的处罚手段和权力,操作性更强,使我国水法治建设工作达到了一个新的高度。

再次,完成了《中华人民共和国水土保持法》修改。1991年《中华人民共和国水土保持法》公布施行。随着经济社会的迅速发展和人们对生态环境要求的不断提高,原法已经不能适应新形势新任务的要求。2005年6月,水利部正式启动了《中华人民共和国水土保持法》的修订工作。历时5年,2010年12月25日,第十一届全国人大常委会第十八次会议审议通过了修订后的《中华人民共和国水土保持法》,并于2011年3月1日起实施。这是我国水土保持事业发展史上的一件大事,是水土保持法治建设的又一个里程碑。新法在原法6章42条的基础上,修改、补充和完善为7章60条，增加了1章18条，内容大大丰富，产生了质的飞跃。新法认真贯彻落实科学发展观，注重以新的理念为指导，充分体现人与自然和谐的思想，将近年来党和国家关于生态建设的方针、政策以及各地的成功做法和实践以法律形式确定下来。重点内容有：强化政府的水土保持责任，强化水土保持规划的法律地位，强化水土保持方案制度，完善水土保持投入保障机制，完善水土保持的技术路线，强化水土保持监督管理，强化水土保持监测，强化法律责任，明确单设水土保持机构的职责等。

2. 水法配套法规制度建设逐步完善

2002年8月通过新修订的《中华人民共和国水法》后，为落实新水法，加快配套法规建设，水利部于2002年年底发布《新水法配套法规体系建设一览表》和《新水法配套法规建设近期工作重点》，并于2006年修订了《水法规体系总体规划》，突出了水资源配置、节约、管理和保护的制度建设，立法进程大大加快。国家先后颁布了《中华人民共和国防汛条例（修订）》《取水许可和水资源费征收管理条例》《大中型水利水电工程建设征地补偿和移民安置条例修订》《黄河水量调度条例》《中华人民共和国水文条例》等行政法规，水利部出台了70余件部规章，各地也制定或修订了一批特色鲜明的地方性法规和政府规章。各省、自治区、直辖市依据《中华人民共和国水法》《中华人民共和国防洪法》《中华人民共和国水土保持法》等水法规，结合本地的实际情况，制定出台了一批地方性法规、政府规章和规范性文件，使国家水法规的贯彻实施具有了更强的操作性。截至2014年9月，我国已颁布实施以水管理为主要内容的法律4件，行政法规19件，部门规章55件，地方性法规和地方政府规章近700件，内容涵盖了水利工作的各个方面，适合我国国情和水情的水法规体系基本建立，各项涉水事务管理基本做到有法可依。为水资源的开发利用、保护管理及水利建设提供了良好的法治基础，使各项水事活动基本实现有法可依。这一体系从我国国家层面而言主要包括四大子体系，即水污染防治法体系、水资源开发利用和水生态保护法体系、水土保持法体系和水害防治法体系。水法配套法规制度建设逐步完善，奠定了依法治水的制度基础。

3. 国家水权制度建设取得重大成果

水权制度是水资源管理架构完整、相互配套的制度体系。2005年水利部制定了《水权制度建设框架》，明确了水权制度建设的目标、内容和任务，发布了《水利部关于水权转让的若干意见》《水利部关于内蒙古宁夏黄河干流水权转换试点工作指导意见》，指导水权转让的实践探索。根据国家水权制度建设的总体部署和水资源管理需要，水利部重点开展了初始水权分配的法律制度建设，2006年国务院颁布了《取水许可和水资源费征收管理条例》，2007年和2008年水利部制定了《水量分配暂行办法》《取水许可管理办法》，为规范水资源合理配置提供了重要保障，标志着我国初始水权分配制度基本建立。各地在水权转让、用水总量控制、水量分配等水权管理实践中也取得了令人瞩目的成绩。

（二）水法规保障体系日趋完善

1. 水行政执法得到加强和改善

建立了基本完备的水行政执法体系，执法成效显著。《中华人民共和国水法》颁行后，水利部通过试点、扩大试点、全面推广的步骤，从1990年5月召开全国水利执法体系建设工作会议开始，全面部署水利执法队伍建设伍。特别是1995年水利部发出《关于加强水政规范化建设的通知》以来，全国各地进一步加强了水政监察队伍建设，各省、自治区、直辖市初步形成了组织机构健全、上下贯通、运行有力的水行政执法体系，已成立各级水政监察队伍3400余支，专兼职水政监察人员近7万人，形成了省、市、县、乡四级水行政执法网络。全国各级水行政执法机构通过贯彻落实水利部关于加强水政监察规范化建设的通知精神，逐步建立健全了执法责任制、执法巡查制、评议考核制、岗位责任制、错案追究制、执法监督检查等的水行政执法制度，执法体制逐步理顺，执法力度不断加大，执法效能显著增强。1988年以来，全国共查处水事违法案件92万余件，挽回经济损失约24亿元，维护了水法规的尊严和权威。为进一步提升水行政执法能力和水平，在水政监察规范化建设基础上，水利部先后组织开展了水行政执法能力建设和水利综合执法工作。各地从理顺执法体制，加强制度建设和解决编制、经费、装备等方面入手，加大了队伍建设力度。水行政执法专职队伍建设取得显著进展，全国有多数省、自治区、直辖市开展了水利综合执法试点工作，执法体制机制进一步完善，执法责任制逐步落实。队伍建设带动了执法效能的提高，在查处非法取水、打击非法采砂、清理整顿"四无电站"、查处违反水土保持法案件、入河排污口监督检查以及河道管理等领域，取得了明显效果。

2. 水事纠纷和行政争议的调处力度加大

各级水行政主管部门和流域管理机构积极探索解决水事纠纷的有效途径，进一步健全纠纷调处工作机制，落实纠纷调处责任制，浙闽大岩坑引水纠纷、鄂豫丹江荆紫关水事纠纷等一批重大省际水事纠纷得到解决，兼顾并保护了各方面群众的利益诉求，维护了社会稳定。省际边界水事矛盾敏感地区水利规划和边界水事活动协商等预防机制建设得到推进，水事纠纷排查得到加强，有效减少了纠纷的发生。针对水利行政复议案件不断增长的趋势，水行政主管部门和流域管理机构积极贯彻行政复议法,提高复议案件的办案能力和办案质量,妥善解决了一批行政复议案件,做到了"定纷止争、案结事了",发挥了行政复议在化解行政争议、建设法治政府、构建和谐社会中的重要作用,实现了法律效果和社会效果的有机统一。

3. 水利行政审批制度改革稳步推进

水利行政审批项目从总体上减少近四成,规范行政审批的制度建设取得重要成果,行政审批行为更加规范,推动了政府职能转变,提高了水利社会管理和公共服务水平。按照国务院统一部署,水利部组织实施了水利行政审批制度改革,取消、调整了一批行政审批项目,清理了行政审批实施主体,修订或废止了一批涉及行政审批的规章和规范性文件,进一步完善了行政审批制度。行政审批制度改革的工作重心已经由制度建设转向规范管理,通过采用各种公开、便民、高效的行政审批措施,提高了水利社会管理和公共服务水平。

4. 规范化水费制度逐步建立

新中国建立后,为了支援农业,基本上实行无偿供水,只在某些灌区收取少量水费。1965年10月,国务院批转原水利电力部的《水利工程水费征收使用和管理试行办法》,开始建立了水费制度。但这个办法水费标准过低,如农业水费只相当于供水成本的1/10~1/5,用水户认为水不值钱,节水措施难以推行,水的供需矛盾日益突出,大批已建工程因缺乏维修和运行管理资金而老化失修,效能下降,难以为继。《中华人民共和国水法》起草过程中,水利部开始对水费政策组织理论研究,并对256项大型水利工程的供水成本进行调查和测算,经过一些省、自治区、直辖市的试点,于1985年7月,经国务院批准发布《水利工程水费核算、计收和管理办法》。这是我国以成本为依据的水费制度的一次重大改革,对促进全社会节约用水、增强水管单位经营管理能力、维护已建工程的效益起到了重要作用。2002年8月修改后的《中华人民共和国水法》规定:"供水价格应当按照补偿成本、合理收益、优质优价、公平负担的原则确定。"2004年1月,经国务院批准,新的水利工程供水价格管理办法开始实施,将水价完全纳入商品价格范畴进行管理,彻底改变了过去无偿或低偿供水,将水利工程供水作为行政性服务管理的模式。随着水行政执法力度的加大和水法规的贯彻落实,许多地方依法开展水利规费征收工作,规费的征收额是逐年上升之势。例如,根据内蒙古自治区水政监察总队统计,2004年共收取水资源费1600万元,2005年共收取水资源费2000万元,年增幅达20%左右。

5. 水利法制宣传教育更加深入

水利系统利用"四五""五五""六五"普法活动,大力开展水利法制宣传教育。领导干部和公务员的法治意识增强，为全面推进水利依法行政打下了坚实基础。"世界水日""中国水周""全国法制宣传日"等集中宣传活动以及结合依法治理开展的经常性宣传活动注重实效，加深了群众对水法规的了解，提高了学法守法用法的自觉性，促进了水法规的贯彻实施。

（1）从"水是取之不尽，用之不竭"的传统认识到树立起保护水和节约水的新观念。北京、青岛、太原等地的实践证明，节水风尚形成后，社会节水效应是不会逆转的，即使增加新的水源，也不会重新增大水的消费。

（2）从水利是农业的命脉、为农业增产服务，到水利是国民经济的基础产业，为经济社会全面服务。改革开放后，工业化、城市化进程提速，水利不仅是"农业的命脉"，而且是"国民经济的基础产业"。按照《中华人民共和国水法》规定的水资源管理体制，在历次国务院机构改革中，水利部均予以保留，并作为水行政主管部门在职能上不断得到了加强。

（3）从水利系统内部对水利战略定位的认识到全社会的共识，从专家观点、社会舆论上升为党中央、国务院的正式文件。2011年《中央一号文件》首次锁定水利，明确提出水是生命之源、生产之基、生态之要，水利在经济和社会发展中具有公益性、基础性、战略性的地位，水利不仅关乎防洪安全、供水安全、粮食安全，而且关乎经济安全、生态安全、国家安全，就水利改革发展若干重大问题作出决定，标志着对水利战略定位的认识已经成为党和国家执政理念的重要组成部分，依法治水在依法治国战略中的地位更加凸显。

这一阶段水法治建设的特点：①不仅考虑到制度的设立，同时也考虑到制度的运行，法律的操作性更强；②水污染防治和水资源开发利用规章制度开始融合，注重开发中的水生态环境保护和水污染的防治；③管理制度转型，即由过去单一的命令控制手段向命令控制、行政诱导、经济刺激和公众参与转变；④加强了生态环境保护的成分；⑤开始重视水资源保护中的企业和公民财产权；⑥依法治水、贯彻实施水法规的社会环境和人文氛围初步形成。

（三）《水法规体系总体规划》的适时修订

为全面贯彻实施《中华人民共和国水法》，水利部于1988年制定了《水法规体系总体规划》，为适应形势发展的需要，水利部分别于1994年和2006年对《水法规体系总体规划》进行了修订。《总体规划（2006）》实施6年多来，我国水法规体系建设取得了重大成就，与此同时，我国经济社会迅速发展，法治建设加快推进，各项改革不断深化。根据完善中国特色社会主义法律体系、加强法治政府建设、保障水利改革发展等要求，2013年水利部对《总体规划（2006）》进行了修订，进一步完善水利改革发展顶层设计，使水法规体系建设符合新形势和新任务的要求，更好地引领、推动、规范和保障水利改革与发展。

1. 水法规体系建设的总要求

党的十八大描绘了新世纪新阶段科学发展的宏伟蓝图，突出强调了法治建设的重要性，关于法治的论述贯穿于改革发展全过程，覆盖了经济、政治、文化、社会、生态文明建设全领域，包含了立法、执法、司法、守法等法治建设的各方面。新形势、新任务对加强水法规体系建设提出了新的更高要求。

完善中国特色社会主义法律体系，加强法治政府建设，全面推进依法行政，对水法规体系建设提出了明确要求。党的十八大对加快建设社会主义法治国家，更加注重发挥法治在国家治理和社会管理中的重要作用，完善中国特色社会主义法律体系，推进依法行政，严格规范公正文明执法提出了明确要求。中国特色社会主义法律体系形成后，立法工作依然艰巨，修改完善法律和制定配套法规的任务更加繁重。近年来，国家加快推进依法行政和法治政府建设。国务院于2010年8月召开的依法行政工作会议和同年10月印发的《关于加强法治政府建设的意见》，对加强政府立法和制度建设作出全面安排部署。《中华人民共和国行政强制法》《中华人民共和国政府信息公开条例》等规范政府行为的法律法规先后颁布实施。水法规体系建设应当进一步统筹兼顾，突出重点，完善程序，着力优化体系结构，在推进水利依法行政中更好地发挥基础性和保障性作用。

贯彻中央决策部署，强化水利改革发展顶层设计，实现水利发展宏伟目标，对水法规体系建设提出了明确要求。党的十八大对大力推进生态文明建设作出全面部署，突出强调加强生态文明制度建设，依靠制度保护生态环境。中央水利工作会议强调要尽快构建适应我国国情和水情的水法规体系。《中共中央 国务院关于加快水利改革发展的决定》要求"建立健全水法规体系，抓紧完善水资源配置、节约保护、防汛抗旱、农村水利、水土保持、流域管理等领域的法律法规"，到2020年"基本建成有利于水利科学发展的制度体系"。为贯彻中央决策部署，保障大规模水利建设顺利进行，加快水利重点领域改革，必须加强顶层设计。当务之急是以2011年《中央一号文件》为引领，以建立防洪抗旱减灾体系、水资源合理配置和高效利用体系、水资源保护和河湖健康保障体系、有利于水利科学发展的制度体系等四大体系为目标，以法律法规、水利规划、政策措施为支撑，构建目标清晰、层次分明、支撑有力的水利改革发展顶层设计总体框架。完善水法规体系，以服务经济社会发展全局为导向，确保顶层设计既能体现国家意志又能体现人民群众意愿，促进水可持续发展。

加强和创新社会管理，构建社会主义和谐社会，对水法规体系建设提出了明确要求。党的十八大提出:"提高领导干部运用法治思维和法治方式深化改革、推动发展、化解矛盾、维护稳定能力""推动政府职能向创造良好发展环境、提供优质公共服务、维护社会公平正义转变"。加强和创新社会管理,是党中央正确把握国内外形势新变化新特点,从党和国家事业全局出发确定的一项重大战略任务。近年来,随着水资源条件深刻变化、涉水利益格局深刻调整、水利发展方式深刻转变,水利社会管理的难度和挑战在不断加大,特别是不同地区、不同群体水事活动中的利益冲突明显加剧,水事纠纷和矛盾呈现高发态势。水利社会管理是一项系统工程,涉及水利工作的各个方面,涵盖管理领域的众多环节,直接面对行政管理相对人,与水事活动主体和人民群众的切身利益密切相关,必须强调依法管理和法治保障,自觉把水利工作和涉水活动纳入法制化轨道,不断完善水资源管理、河道管理、水土保持等水利社会管理方面的法规制度,切实保障人民群众的合法水事权益,努力维护和谐安定有序的社会环境。

2. 水法规体系建设的总体思路、目标和主要任务

水法规体系建设的总体思路是:深入贯彻落实党的十八大精神,以科学发展观为指导,按照完善中国特色社会主义法律体系、推进法治政府建设要求,紧紧围绕中央兴水惠民决策部署,坚持以人为本、立法为民,坚持科学立法、民主立法,遵循经济和社会发展规律,立足基本国情和水情,根据条件成熟、突出重点、统筹兼顾的原则,把握立法规律和立法时机,进一步健全完善水法规体系,为推进水利改革发展新跨越提供坚实制度基础和有力法治保障。

水法规体系建设的目标是:到2020年,形成适合我国国情和水情、内容完整、配套协调的较为完善的水法规体系,使各项涉水事务有法可依,基本满足水利社会管理、公共服务和可持续发展的需要;展望2030年,水法规体系趋于完备和科学,更加适应和满足水利科学发展的需要。

水法规体系建设的主要任务是:当前和今后一个时期,水法规体系建设的主要任务包括五个方面:①适应深入落实最严格水资源管理制度的要求,完善水资源配置、节约、保护和管理的法律法规,重点做好节约用水、地下水管理、水资源论证、水功能区管理、水能资源管理、用水总量控制、跨流域调水、取水权转让等方面的制度建设;②适应大力推进民生水利的要求,完善防汛抗旱、农田水利、农村水电、水土保持的法律法规,重点做好洪水影响评价、农田水利、农村水电、饮用水安全保障、蓄滞洪区管理、水利工程移民安置等方面的制度建设;③适应加强和创新水利社会管理的要求,完善河湖管理、水利工程管理的法律法规,重点做好河道管理、河道采砂管理、湖泊管理、水库管理等方面的制度建设;④适应强化流域管理的要求,完善流域规划、水量调度、水资源保护的法律法规,重点做好长江、黄河流域的综合立法和珠江水量调度、长江流域水资源管理与保护、南四湖管理、河口管理等方面的制度建设;⑤适应深化水利改革的要求,研究论证水务管理、小型水利工程产权制度改革、水生态补偿等方面的法律法规。

水法规体系建设总体安排主要分为两个部分,涉及72件水法规和11个研究方向。第一部分是拟开展调查研究、咨询论证、组织起草的立法项目,共计72件,其中法律2件、行政法规21件、部门规章49件,重点立法项目有《长江法》《黄河法》等法律,《洪水影响评价管理条例》《南水北调供用水管理条例》《河道管理条例(修订)》《节约用水条例》《地下水管理条例》《农田水利条例》《农村水电条例》《河道采砂管理条例》等行政法规和《建设项目节水设施管理办法》《用水总量控制管理办法》《长江河口管理办法》等部门规章。第二部分是为满足水利改革发展需要拟开展立法研究的主要方向,包括综合、水资源管理等11个方面。各地也应当根据本规划确定的总体安排、立法重点和立法方向,结合当地水利改革发展实际,制定相应的地方性法规和地方政府规章。

第二节 当代中国水法治发展的基本经验

一、依法治国是水法治的基本前提

我国自改革开放以来,进入了一个世界立法史上少有的快速立法时代。依法治国是中国特色社会主义理论的重要组成部分,是党和政府管理国家和社会事务的重要方针。党的十五大正式提出要依法治国,建设社会主义法制国家。法制建设才有了空前的生存环境和发展空间,目前已初步形成了有中国特色的社会主义法律体系。经过坚持不懈的努力,到2013年年底,全国人大及其常委会制定了243部现行有效法律;国务院制定了680多件现行有效的行政法规;地方省级人民代表大会及其常委会制定、批准了9000多件现行有效的地方性法规。一个立足中国国情和实际、适应改革开放和社会主义现代化建设需要、集中体现党和人民意志的,以宪法为统帅,以宪法相关法、民法商法等多个法律部门的法律为主干,由法律、行政法规、地方性法规等多个层次的法律规范构成的中国特色社会主义法律体系已经形成,国家经济建设、政治建设、文化建设、社会建设、生态文明建设的各个方面实现有法可依。水法规体系正是这一体系的组成部分。2002年新水法作为水利领域的基本法,是依法治国依法行政在国家专门事务中新拓展,其实施标志着我国水法治建设进入了一个新的轨道。《水法》的修订以水资源可持续利用为主线,以新体制、新机制为发展理念,体现了与时俱进的时代精神,标志着我国进入水资源合理开发、高效利用、优化配置、全面节约和有效保护的历史新阶段。

二、水法治建设必须适应经济社会发展要求

我国 1988 年第一部水法的实施,标志着我国水利事业开始走上了法治建设的轨道,这对依法治水、依法管水,从法制上保障水利事业的发展,保障经济发展和社会稳定发挥了积极的作用。但随着我国经济社会的快速发展,不仅国家加强法治建设为我们创造了空前的良好机遇,而且水利面临的形势及其地位已经发生根本性的变化:①水利从农业的命脉转变为国民经济的命脉,确立为国民经济的基础产业,服务范围和基础地位已经发生了根本性的并带有本质的变化;②水利面临的形势和问题发生了巨大的变化,水资源短缺和水环境恶化已成为经济社会可持续发展的严重制约因素,尤其是进入 20 世纪 90 年代,水旱灾害和水污染频繁发生,"水多、水少、水脏"与水环境恶化三大灾害中干旱缺水与水污染问题越来越严重;③对国民经济和人民的生命财产造成的损失越来越大。干旱缺水直接影响国家经济发展和社会进步,以及环境的改善,直接影响人民的生活质量和健康水平。对人类的生存与发展已构成严重的威胁。水危机越来越向我们逼近。实践表明,原《中华人民共和国水法》已不适应形势发展的需要,修订势在必行。

2002 年水法的修订在内容上全面、系统、详细地提出了具体的目标、任务、措施与义务,标志着我国水法治建设进入了一个新的历史阶段,对推进我国现代化水利事业的发展,以水资源可持续利用保障经济社会可持续发展都具有深远的历史意义。

国际社会普遍认为,19 世纪世界的问题是煤,20 世纪是石油,21 世纪是水。21 世纪水利的主要矛盾是水资源短缺和水污染与水环境恶化,而水资源短缺已成为世界关注的热点。在南非约翰内斯堡举行的联合国可持续发展首脑会议上,全体与会代表一致通过将水危机列为未来 10 年人类面临的最严重挑战之一,并将水列为五大优先领域之一。代表们呼吁让更多的人喝上安全的饮用水,享受用水卫生设施,并加强水资源管理。因此,未来经济社会发展的目标应当把经济可持续发展和水资源可持续利用作为一条主线贯穿其中。

三、水资源国家所有原则的确立符合国际发展趋势

《中华人民共和国宪法》第 9 条规定,"水流"属于国家所有,即全民所有,在这里的水流即

是指水资源。《中华人民共和国民法通则》第81条规定:"国家所有的矿藏、水流,国家所有的林地、山岭、草原、荒地、滩涂不得买卖、出租、抵押或者以其他形式转让。"《中华人民共和国水法》第3条规定:"水资源属于国家所有。水资源的所有权由国务院代表国家行使。农村集体经济组织的水塘和由农村集体经济组织修建管理的水库中的水,归各该农村集体经济组织使用。"这些规定表明,在我国水资源所有权属于国家所有,并禁止其买卖、出租、抵押或者以其他形式转让。《中华人民共和国水法》第6条规定:"国家鼓励单位和个人依法开发、利用水资源,并保护其合法权益。"但是,这一规定并未明确水资源开发利用者的水资源使用权或者水资源的用益物权,由于我国水资源所有权主体的唯一性以及所有权的不可转让性,法律上明确水资源使用权或者水资源的用益物权,无论在理论上还是实践中都将具有重要意义。

在一个相当长的时期内,江河湖海等水源作为人类无法控制、独占的共有物,没有形成水资源所有权的概念,一般用河岸权、地役权等物权来调整水资源权益。随着水资源开发利用规模的扩大和水资源问题的日益严重,普通法的有关规定已经很难适应水资源的使用和管理,一些国家的法律开始将江河湖海等水源赋予所有权概念。目前许多国家规定水资源为国家所有,也有些国家的法律规定了单位(包括法人和非法人组织)、个人水资源所有权。例如,在俄罗斯,水资源所有权分国家、单位和个人所有权等多种类型。根据俄罗斯民法,个别零散水体可以属于市镇机构或一些公民和法人所有。《俄罗斯联邦水法》(1995年)第33条规定:"水体可以属俄罗斯联邦所有,也可以属俄罗斯联邦各州、区所有。"第35条规定:"所有一切水体,包括那些不属于个别市镇、公民和法人所有的零散水体,均应属国家所有制范畴。"根据我国的《中华人民共和国宪法》和《中华人民共和国水法》,我国的水资源所有权包括国家所有权和集体所有权两种。

(一)水资源在传统民法中作为共用物和私有物法律地位

水资源法律地位的确立或者说公水和私水的划分是罗马法制定水法制度的出发点,以此为据,以民事权利为中心和以行政授权为中心的两套不同的水资源调整模式在罗马法时期已现雏形。古罗马法中规定的水法原则和制度对包括英美法系和大陆法系的现代各国的水立法产生了重大的影响,正是以罗马水法为基础发展出了后世水法两个不同的主要支系:大陆法系的水立法以及普通法系水立法,后者又包括英国水法体系和北美优先占用水法体系两个分支。但是,各国不同的政治、经济条件和历史发展,使得各国在继承罗马法原则时保留了各自不同的特色。

从罗马法肇始到19世纪末期以前的这段时期,将水资源划分为共用物、公有物和私有物,并分别建立和适用不同的规则,与当时水资源利用的实际状况相吻合:水资源一般处于天然水道中,取水、排水、承水等活动一般只限于沿岸一定土地范围之内,不需要借助大型水工程作为工具,加上水资源相对充裕,且大规模的工业污染尚未出现,生态用水和水环境保护根本不成为问题。所以,水资源规范需要解决的主要是沿岸家庭生活用水以及与土地耕作相关的水的分配和使用问题。

但是,19世纪末期以后,随着社会经济的发展,导致需水量迅猛增加,水量的供不应求不仅引起各种经济用水的冲突,也使生态用水和水环境保护成为问题,甚至造成生存用水恐慌。因为城市化进程的加快,生活和工业用水急速增加,"工程水利"的应对方式应运而生,先进的工程取水方式取代了直接从江河、湖泊中取水的原始方式。而大坝、水库、灌溉渠的建设导致了大量的水处于人工水道而非天然水道中,加上大量的水工程都是公共工程,所以,水资源作为共用物存在的前提条件几乎丧失,大部分原来处于天然水道中的水资源由共用物摇身一变而成为了公共水道中的公有物。其次,私有水因为其固有的私的天性,在供需矛盾日益加剧的情况下,很难加以有效约束,以使其上附着的生态环境等公共利益得到优先保护,使水生态环境的恶化态势得到应有的遏制。如此一来,水资源作为共用物和私有物的地位显然受到挑战,19世纪末20世纪初,已经到了现代水法对传统民法中确立的水资源的法律地位及其调整模式进行变革的时候了。

(二)水资源在现代水法中作为国家或者州所有的公有物地位

19世纪末开始,水资源在传统民法中的法律地位已经动摇,相应地,以水资源的法律地位为线索建立的分配和利用规则也随之显得不合时宜。因此,各国从重新界定水资源的法律地位着手,对水资源管理和利用的法律调整模式进行改革。

大陆法系国家,以法国《水法》的发展为例,可以发现水资源法律地位的变化过程。1804年法国民法典将水划分为公水和私水,而罗马法上作为共用物的水被法国民法典取消,这是因为在法国革命产生的组织结构中,每一种东西都有必要属于某一主体,或者是私人,或者是国家,或者是公共领域。可见,不承认共用物这种水的类别,在法国虽然有其独特的原因,但共用物这种水类型最早遭到废弃是一个事实。早期,公水仅仅指那些可以通航的水流。1964年12月16日,法国《水法》颁布,其中规定:为家用水供应、航行、农业和工业生产目的的需要,其他的水都可以包括进公水的范畴。这说明,对公水和私水的划分标准由过去的纯粹自然标准——适于通航,改变为法定的标准——公共利益,由此对私水的范畴构成了重大的限制。在1964年水法的规定中,立法甚至不再采用"私水"的术语,而改称为"非公水"。政府总是可以为了公共利益的目的征收土地，包括土地上的私水。如此一来，私水的范畴就非常狭窄，指那些不属于公水范畴和没有被宣告为公水的水，如那些离开了私人土地后没有汇入公共水流的雨水和泉水被认为是私水。到1992年，法国的现行《水法》颁布，它对1964年水法进行了进一步改革与完善。在现行水法的规定下，法国的所有水资源不再区分公水和私水，均为国有，私水的分类至此被新的立法彻底抛弃。

1942年颁布的意大利《民法典》有关水资源的调整规定也颇为引人注目，根据意大利《民法典》第822条的规定：港口、江河、流水、湖泊和其他依法属于公共所有的水源，是公共财产，由国家享有所有权。第823条规定：公共财产除法律的特别规定外，不得转让和设定负担。保护公共财产的权利属于行政机关。

显而易见，在意大利《民法典》中，作为共用物的水资源已不存在，大部分水资源是国家所有的公有物，另外，还存在很小一部分私水。根据第828条的规定，国家所有的财产受有关的特别规则的调整，无特别法规定时，适用《民法典》的规定调整。由此推断，意大利水资源的现代调整模式是：作为公有物或者私有物的水资源首先适用专门的水法调整，但土地的所有人对公共水流和非公共水流的支配和使用，在不违反水资源特别法规定的前提下，仍然可以继续适用民法调整，这说明意大利《民法典》将"社会利益也反映在水的规范当中"。

从传统民法到现代水法，水资源法律地位的最大改变就是：过去作为共用物和私有物的水资源在大多数国家被一律作为国家或者州统一所有的公有物对待，私有水仅在意大利、瑞士等国家立法中少部分地存在。[①]

四、水法治完善需要一系列保障措施

要将水法规体系建设作为水利改革与管理的核心内容，建立水利立法工作与水利改革和管理实践相结合的机制，实现水利立法决策与水利发展改革决策相统一，水利立法进程与水利改革进程相适应。

要按照条件成熟、突出重点、统筹兼顾的原则，科学合理地制定五年立法规划和年度立法工作计划，推动规划的立法项目有序开展。五年立法规划和年度立法工作计划是落实规划的具体安排，应当以《总体规划》为依据，分清轻重缓急，对立法项目、立法时机和立法进度做出合理的安排。

---

① 裴丽萍．论水资源法律调整模式及其变迁．法学家，2007（2）．

要严格遵守有关立法权限和立法程序的规定，切实维护法制统一。要按照《水利部立法工作管理规定》的要求，完善立法工作管理制度。要强化年度立法计划的指导性作用，落实目标责任，建立目标责任制和定期通报制度。

要改进立法工作方法，扩大水利立法工作的公众参与程度。要建立健全水利立法工作的公众参与机制，建立健全公开征求意见制度、听证制度、专家咨询制度和调查研究制度，要按照《水利立法技术规范》的要求，不断改进立法技术，提高立法质量。

要建立和完善水法规贯彻实施的跟踪评估制度和水法规的定期清理制度，及时修改、废止不适应市场经济体制和水利发展形势的水法规，提高水法规之间的协调性和配套性。

要加强立法前期研究工作，做好立法项目的储备。要加大对水利立法工作的投资力度，建立完善的立法项目预算管理制度。

第三节　中国当代水法治建设的文化价值

一、水资源管理保护法治化是依法行为理念深入人心的过程

法制是制度，法治是理念，法制是法律制度由无到有的过程，而法治是构建法律制度、运行法律、实施法律、依法行动、遵行法律的过程，是依法行为理念深入人心的过程。通过立法程序，以书面形式表现出来的法律、法规等行为规范，要真正落实在法律主体的行为中，使法律主体依法活动，仅有法律制度的构建是不行的，还需要执法、司法制度的安排，还需要法律意识的提升。有法律不等于有法治，我国改革开放的前期，是法律制度的构建期，是创建法制的过程，而后期（这一过程还在持续）重点是法治秩序的构建过程，目的是使法律制度真正运转起来，使法治意识深入人心，使政府依法行政、使公民依法维权。我国水法治建设在前一阶段的建设基础上，开始重视法律运行和法律实施，特别是操作性的强化，这是一大趋势，并且这一趋势在不断地延展。

二、水的公共性要求与权利意识和权利本位确立并行不悖

在计划经济时代，水资源的公共性以更加极端形式表现出来，公众个人无独立行使权力的机

会。随着市场体制机制的发展，与其他资源一样，水资源的开发利用管理保护，在坚持公共性、公益性基本要求的同时，对市场主体而言，从义务意识走向权利意识，从义务本位走向权利本位同样十分必要。

我国改革开放的一个重要任务就是如何实现"两个解放"：①把本应属于社会自治的功能、社会的权利，从国家权力中解放出来；②从中央集权的国家权力里面，给予社会一定的自治权。从市场经济的角度来讲，法治首先就是要处理好公权和私权的关系，这应该体现在三个方面：①在市场经济中私权是基础；②市场主体的自治权应该优于公权；③市场经济的合法利益应该得到法律的全面保护。从义务本位走向权利本位的过程就是要将我国市场经济的主体——商人从官商或者是生存在权力夹缝中的私商的地位转变为真正独立的商人，使其有独立的财产权和得到独立财产权的保护，我国《中华人民共和国物权法》的制定和实施事实上是这一趋向的重大标志。西方从传统社会向现代社会的转变的标志是：私有产权制度、专利保护制度、股份公司制度、复式簿记制度、独立商业城市的民主制度的建立，这些制度的实质内涵是权利本位。我国改革开放后所构建的市场经济，其中主要的任务是培植市场经济的主体——商人。而商人和投资、资本是相关联的，资本投资者必须在市场经济中享有广泛的权利，而不能只承担义务。在改革开放中期，商人拥有一定的资产后，权利意识开始觉醒，这是我国改革开放法治趋势由义务本位走向权利本位转变的主要推动力。在水法治的建设上也在经历这个转变，表现为水权制度的初步探索，取水权概念在行政法规层面得以确立，水权交易制度的建立和水务市场和水污染处理向社会开放，建立水市场投融资制度，在水法、水污染防治法中确立企业和公民的涉水财产权等。

三、水环境的脆弱性需要贯彻"预防主义法学"理念

第二次世界大战后大陆法系的"裁判法学"认为，法律是为解决已发生的争执和麻烦而予以裁判和治疗的规范，但其存在的弊端是淡化了法律规则的预防功能，忽视了司法效率和成本。为去除这一弊端，西方法学从"裁判主义法学"向"预防主义法学"转变，开始将法的功能定位由事后救济转向对行为过程的校正与防治的功能转变。面对新的水危机问题，仅凭借传统的"环境救济主义"思想，在事后采取救济措施，往往得不偿失，作为规范人的涉水行为进而调整水事关系的立法，必须对水资源的深刻变化做出有效的回应：摒弃"法律救济主义"思想，从理论高度向"预防主义"思路转变，贯彻预防为主的原则。在这一认同的背景下，水法治建设将突出水生态环境保护，水源涵养、水土保持，促进人与自然和谐相处，实现经济与社会可持续发展。在此目标

的基础上,强化政府责任、建立健全相关的水管理体制和制度,完善保护规划制度,运用经济刺激手段推进公众参与,实现水法从救济性法向预防性法的过渡。

四、水管理体制注重多元主体的协调和联动

我国的水资源管理和水污染法治监督体制存在分散执法、缺乏统一协调的弊端,各部门各自为政,制约了水资源和水环境管理的有效开展。环保部门担负着对其他相关部门的统一协调职能,但环保部门的地位较低,并不能有效发挥作用,且在以往的环境法中也没有明确规定环保部门在环境监管和环境执法中的统一协调权,面对环境监管和环境保护所涉及的主体范围的广泛性、综合性强的特点,往往不能形成沟通、配合和联动。因此,建立一个综合管理、协调一致的专门机构尤为重要。结合我国的"大部制改革",摒弃多头管理、条块分割,各部门基于自己利益,在执法过程中不能形成联动机制的体制弊端,设立统一的水务管理机构,形成执法的联动机制,使水资源和水环境管理在统一机构的组织、协调、督促下健康发展。

五、通过综合性制度设计追求利益平衡和公共利益保护

法治完善的重要成果是通过一系列制度设计确立不同的法律手段,追求的目标在于通过对公权力的修正或者政策的增加,以对某种利益进行倾斜保护来协调各种利益平衡的过程,换言之,政府通过一定的诱导干预机制来影响法律关系主体的行为偏好,而将决策权最终留给私人,诱导他们按照预期目标作为或者不作为,从而来协调社会利益关系。其特点表现为:

(1)手段的多样性。由于现代社会出现了一些特殊的社会问题,如不正当竞争和垄断问题、消费者权益保障问题、生态环境问题、社会保障问题等,而传统的自治型调节手段或者强制型调节手段由于其对社会关系和社会利益的调整简单机械、缺乏灵活性和平衡性,而对这些问题不能够单独处理,因此现代法对这些问题的调整方式是在结合前面两种传统的方式基础上形成的。但是,这种手段绝不是对两种手段的简单相加,它是一种"相对自主性"和"相对强制性"的有机结合,并兼有自治型手段和强制型手段的特征,吸收了两种手段的共有优点,它是通过法律对权力进行控制,又对权利进行约束,来实现对社会关系的调整和对利益关系的平衡。[①] 它是"私法手段公法化"和"公法手段私法化"相互渗透回应、折中妥协的动态过程。

---

① 张文显. 法理学. 北京:法律出版社,1997.

（2）手段的多功能性。由于手段的混合性，使其具备了功能多样性的可能。这是因为混合型法律手段将个体决策、集体决策和国家决策融合在同一法律手段中，并"以尽可能接近亚当·斯密提到经济秩序时所描述的方式，把参与者的自私行为向公共利益引导。"①从而使这一手段同时具有了自愿性、强制性和诱导性功能。

（3）手段的政策平衡性。这种手段在一些法学著述中被称为"政策性平衡"，实质上它是国家宏观干预政策的法律化，其价值特性在于它的"社会妥协性"。

（4）灵活性和实施的成本低。市场和政府管理部门可以有效地使交易成本最小化，在市场形态中，满足信息和其他需要的成本在很大程度上具体化为：多种生产者和消费者一起分担获取及传播信息以及其他产品和服务的成本。在统治集团中这些成本内部化了。与传统的强制型手段，特别是命令控制型手段相比，混合型手段可以借助市场信号来满足信息需求，同时可以将一部分实施成本分解给私人，所以其实施的成本大大减少。纵观各国水法律体系，其对水资源保护的管理措施在过去多采用"直接控制"即强制型法律手段和"自治管理"即自治型法律手段，而采用"间接调控"即混合型手段较少，而目前这种手段如废水排污费制度、水权交易制度、阶梯水价制度、水生态补偿制度、废水税制度等将成为当代水法治建设的发展趋势。

六、必须尊重自然法则与人水和谐理念

20 世纪 80 年代以来，由于社会经济的高速发展，气候持续干旱，导致我国水资源危机加剧，制约了经济和社会的发展。首先，随着工业化的发展和城镇化的推进，农村人口在减少，城市人口迅猛增加，原本就严重缺水的城市更加缺水。据统计，我国 669 座城市中有 400 座供水不足，110 座严重缺水。其次，城市的扩大，城市绿化美化环境的灌溉用水和清洁用水量不断增加，必然加剧水资源的短缺。再次，为了解决城市和农村的用水问题，筑坝蓄水既造成了库水大量蒸发，也造成下游缺水和生态环境恶化。最后，基本建设工程的不断开工，加大了对水的需要量，从而加剧了水资源的短缺。研究表明，我国在 2030 年左右将出现用水高峰，在充分考虑节水的情况下，估计用水总量为 7000 亿～8000 亿立方米，要求供水能力比目前增 1300 亿～2300 亿立方米。扣除必需的生态环境需水，全国实际可能利用的水资源量约为 8000 亿～9000 亿立方米，预计的用水量

---

① ［英］迈克尔·豪利特，M. 拉米什. 公共政策研究：政策循环与政策子系统. 庞诗，等译. 上海：生活·读书·新知三联书店，2006.

已经接近合理利用水量的上限，水资源进一步开发的难度极大。如果不采取有效措施，有可能出现更严重的水危机。面对21世纪我国经济社会发展的战略目标，水资源问题已成为我国实施可持续发展战略过程中必须认真解决的重大问题。

依法治国、建设法治国家所依赖的法律必须是良法，是承载一定价值共识的法律，只有彰显价值共识的法治才能得以顺畅运行。水法治作为涉水主体开发利用、保护管理水资源、防治水污染和水害的基本行为规范，推动其历史变迁的动因必然是水资源稀缺的价值共识和涉水主体对水作为人类生产和生活的基础性资源的深刻认识，以及源于我国社会经济市场化进程中形成的涉水主体对水资源开发、利用、保护，水污染和水害防治所追求的内生性经济价值、社会价值和生态价值。

我国的水法治自1957年《水土保持暂行纲要》颁行开始，已形成了一个在形式上较为完善的法律体系，这一法律体系在我国水资源的保护中所起到的正向作用是不言而喻的。然而，我国水资源的供需矛盾没有得到根本解决，水污染没有得到根本的遏制，水害频发、水资源危机已然出现并成为制约我国经济和社会持续发展的瓶颈性因素。这些问题的存在固然与我国水资源相对贫乏、水资源时空分布不均等自然因素不可分，而我国水法治的不完善、涉水法律的良法性程度不高，才是问题产生的根源所在。因此，正视水法律存在的弊端，完善我国水法治建设，研究水法治构建的价值共识，促进水法的良法性，就成为当务之急。通过对我国水法治历史变迁和发展趋势的研究得出的结论是，当前完善水法治的重点在于构建涉水主体节约用水、防治水污染、水害的内生动力性制度；扩大涉水法律的调整范围，改变我国涉水法律"大城市中心、大生产中心、大企业中心"的制度设置模式，将涉水法律的调整范围延伸到小城镇、小企业、小生产和消费领域；使水法制真正走向水法治，完善水法律体系的实施、运行机制。①

第四节　当代中国水利制度建设的新任务*

新中国成立以来特别是改革开放以来，水资源开发、利用、配置、节约、保护和管理工作取得显著成绩，为经济社会发展、人民安居乐业作出了突出贡献。但必须清醒地看到，人多水少、水资源时空分布不均是我国的基本国情和水情，水资源短缺、水污染严重、水生态恶化等问题十

---

* 郑通汉．制度、文化、水危机——兼论水的治道变革．中国水利，2005（1、2）．

① 张炳淳．我国当代水法治的历史变迁和发展趋势．法学评论，2011（2）．

分突出，已成为制约经济社会可持续发展的主要瓶颈。随着工业化、城镇化深入发展，水资源需求将在较长一段时期内持续增长，水资源供需矛盾将更加尖锐，我国水资源面临的形势将更为严峻。解决我国日益复杂的水资源问题，实现水资源高效利用和有效保护，根本上要靠制度、靠政策、靠改革。根据水利改革发展的新形势新要求，在系统总结我国水资源管理实践经验的基础上，2011年《中央一号文件》和中央水利工作会议明确要求实行最严格水资源管理制度，确立水资源开发利用控制、用水效率控制和水功能区限制纳污"三条红线"，从制度上推动经济社会发展与水资源水环境承载能力相适应。针对中央关于水资源管理的战略决策，国务院发布了《关于实行最严格水资源管理制度的意见》，对实行最严格水资源管理制度工作进行全面部署和具体安排，应该围绕这些基本要求，以全面深化改革的精神，完善各项水利制度，走依法治水之路。

一、建立水环境伦理道德规范体系，弥补治水软规则的缺失

我国治水实践证明，没有道德伦理支持的治水规则其绩效是低下的，缺乏环境伦理道德坚实支撑的水危机治理必然陷入重重困境。缓解水危机，谋求水安全的一个重要前提，就是要建立和完善相应的环境伦理道德规范体系。正如联合国环境规划署1997年发表的《关于环境伦理的汉城宣言》指出的："我们必须认识到，现在的全球环境危机，是由于我们的贪婪、过度利己主义以及认为科学技术可以解决一切的盲目自满造成的，换句话，是我们的价值体系导致了这一场危机。如果我们再不对我们的价值观和信仰进行反思，其结果将是环境质量的进一步恶化，甚至最终导致全球生命支持系统的崩溃。"我们必须从价值观和信仰上进行反思，从根本上纠正人类破坏生态的行为，树立关爱生命、善待自然、与水和谐相处的生态文明观，重新构建有利于水资源可持续利用的环境道德伦理规范体系。

必须深入贯彻落实习近平总书记"节水优先"的指导思想，高度重视节水的重要性，树立全民的节水意识。只有使尽可能多的人在日常生活中自觉节约用水并使节水成为一种社会美德而得到全社会的颂扬，中国的水危机才能得到有效的解决。这是解决我国水危机治本的方法。同时，全面开展以可持续发展观和生态文明为中心的环境伦理道德教育，为可持续发展在中国的实现奠定社会基础。我们必须从现在做起，从娃娃抓起，在全国广大青少年和全体公民中培养具有可持续发展观、具有高尚环境伦理道德修养，能很好识别人与自然、人与水相处中"善恶"行为的能力。只有这样，才能够促进人与水和谐相处。

二、重构政府治理模式，建立水资源统一管理体制

在国家层面，改变现有管理体制，整合行政资源，建立全国水资源管理委员会。在国家层面建立"一部牵头负责，各部合作管理"的统一治水制度，考虑到立法需要同时修改五部法律和相应的实施细则，难度很大，可以先期成立一个全国水资源管理委员会，由国务院领导直接挂帅，在转型期协调各部委统一治水。

在流域层面，推动流域立法，重构流域水管理体制。理顺流域与区域的管理关系，建立流域自主治理的新模式。制度的建立必须与自然环境（水资源的流域特性）以及社情的特点相适应。当前，流域管理体制存在的最大问题：①流域机构实施监督与管理的成本太高，流域机构与行政区域内在开发利用水资源的各环节存在严重的信息不对称；②对区域开发利用水资源的违规行为没有完善有效的惩罚机制，即使发现某地区有违规行为，流域机构也没有权力去处罚。

今后，应推动流域立法，授权成立由流域各行政区域授权代表和流域上级有关部门代表组成的流域管理委员会，代表国家和流域各地区的公共利益，实施对流域全权的、统一的协调管理，建立以流域管理为主，行政区域管理为辅的流域水资源自主管理新体制。由流域自治委员会根据实际情况制定统一规划，统一界定水权和排污权，统一调度水质和水量，统一规定排污标准，统一监测水质和水环境等。并把现有的流域机构作为自治委员会的执行和监督机构，具体实施自治委员会的各项治水方针。省级水行政主管部门在服从流域统一管理的前提下，对本省水资源开发、利用、节约、保护等各项涉水事务进行统一管理。通过立法明确两个层次的职能、权利、义务：①流域自治委员会与流域各省级水行政主管部门的职能、权利、义务；②流域各省之间的职能、权利、义务。只有这样，才能将流域自治委员会、流域机构与地方水务部门的事权界定清晰，实现流域水资源自主管理。

三、政府与市场两手发力，建立高效的水资源配置机制

（1）强化各级政府的责任，不断完善实施最严格的水资源管理制度的考评机制。2012年1月，国务院发布了《关于实行最严格水资源管理制度的意见》，这是继2011年《中央一号文件》和中央水利工作会议明确要求实行最严格水资源管理制度以来，国务院对实行该制度作出的全面部署和具体安排，对实行最严格水资源管理制度工作进行全面部署和具体安排，进一步明确水资源管理"三条红线"的主要目标，提出具体管理措施，全面部署工作任务，落实有关责任，是指导当前和今后一个时期我国水资源工作的纲领性文件。2013年1月2日，国务院办公厅发布《实行最

严格水资源管理制度考核办法》，自发布之日起施行，这标志着我国水资源管理责任考核制度在形式上的真正建立。该规定进一步明确了地方各省区水资源管理的责任。根据该规定，2014年，水利部会同国家发展和改革委员会、工业和信息化部、财政部、国土资源部、环境保护部、国家住房和城乡建设部、农业部、审计署、国家统计局等十部委组成了实行最严格水资源管理制度考核工作组，对2013年度各省、自治区、直辖市（新疆除外）落实最严格水资源管理制度情况进行了年度考核。全国30个省、自治区、直辖市考核等级均为合格以上，其中天津、上海、江苏、山东4个省或直辖市考核等级为优秀。

这一考评制度刚刚开始执行，尚需在有关操作层面进一步完善。①地方省市区、市、县级政府或其水行政主管部门的考核办法需要完善；②在考核形式上，对于负有管理责任政府或其部门的管理过程缺乏必要的动态考核，比较注重结果，缺乏对各级政府或其水行政机构或流域治理机构进行水资源管理决策的过程进行有效的监督和考核，也无法对水资源管理政策在实施过程中的情况加以科学的监督和评判；③考核工作的组织实施工作没有一个常设性机构予以负责，难以做到常抓不懈；④对于省级政府水资源管理责任的履行情况，社会公众仅有对考核结果的知情权，基本上没有实际参与的机会。在省级层面的考核上，从个别制定有考核办法的省级行政区域来看，有的允许公众有一定程度的参与权，有的则没有。总之，应该将最严格的水资源管理制度不断具体化、科学化，形成稳定的长效机制。

（2）强化以水权交易为核心的水资源配置机制，提高水资源配置的效率与效益。水资源的优化配置取决于两种配置方式：①以政府主导，明晰初始水权，以保证公平和引入市场机制，制定水市场交易规则来提高水资源的利用效率与效益的配置机制，对实体水资源进行优化配置；②制定水资源承载能力导则，作为产业结构特别是农村产业结构调整的依据，通过建立虚拟水商品市场来强化水资源的优化配置。价格杠杆是节水政策的核心。它主要包括三个部分：①水资源费或水权费；②生产成本和产权收益，就是工程水价；③水污染处理费，也可称环境水价，就是用了水后，排出去的是脏水，脏水必须处理，处理要有费用支出。

在水资源保护、水环境改善、防洪、排涝、农田输水设施等公益性项目，应保证以财政投入为主。制定相关政策，确保水利设施维修经费来源渠道，促进水资源事业可持续发展。水资源开发、供水、工业废水处理、生活污水处理等项目，应积极鼓励社会投资者参与，多渠道、多形式投资兴办水利项目，实现投资主体的多元化。同时，还可以改变原来水价低于成本的现象，促进用水主体节水。适当提高水价和实行阶梯水价，无疑会促进节水技术的推广和应用，对于缓解用水紧张和筹集资金用于新水源开发、农村水利设施改造等均具有重要意义。城市生活用水、工业用水和污水处理费要制定合理的价格，以经济手段促进节约用水。

（3）引入市场机制建立流域行政边界断面排污总量控制和超量排放付费制度。所谓行政边界断面排污总量控制制度，就是由流域水资源保护机构与行政边界断面相邻的地方政府，根据水功能区划的水质标准和丰枯季节不同来水量水体纳污能力，共同确定动态的行政边界断面污染物含量和监测指标。流域各级地方政府对本行政区域内的排污总量和边界断面水质负总责。流域水资源保护机构根据水质标准和监测指标对行政边界断面排污总量实行动态控制。如果边界水质超过水功能区规定指标，就意味着上游地区占用了下游地区的水环境容量资源，上游地区的政府必须按社会平均治污成本向下游地区的政府付费。

此外，还应引入市场机制，建立流域、区域两级排污权交易市场。排污权交易是一种以市场为基础的经济手段，它对排污者的经济激励在于排污权的卖方由于减排而剩余排污权，通过出售排污权来获得相应的经济回报，实质上是对减少河流污染产生外部经济性的补偿。排污权买方由于无法按政府要求减排污水或新的投资需求要购买排污权，其支出的费用实质上是河流排污外部不经济性的代价。随着我国社会主义市场经济体制的完善，逐步建立流域层面和行政区域层面的河流排污权交易市场。在流域层面，由中央政府授权流域管理机构，把总排污权分配给流域各省政府，由流域管理机构代表中央政府向流域各省政府发放区域排污许可证，明确初始排污权。当区域经济发展或其他原因需要增加新的排污权时，可以选择向其他省购买排污权。当两个省就排污交易量和交易价格达成排污权交易意向时，由省政府向流域管理机构提出申请，经流域管理机构论证批复后在流域管理机构的监管、指导下执行。当相邻两个省份进行交易时，不会产生危及其他省份的利益。而非相邻省份进行排污权交易时，就会危及中间省份的利益，这时必须建立对第三方利益受损的补偿机制。

污水处理应该市场化操作，收取费用要大于污水处理费。如果这笔费用要靠政府来支出，一方面负担太重；另一方面，企业成本外溢，影响企业之间的公平竞争，不符合市场经济规则。只有向污水排放企业收取污水处理费后，有了经费保证，才能吸引投资者。只有采取市场化操作，防污工作才能走上良性循环的道路。

四、建立流域和区域水危机战略防御体制

水危机属于非常态事件，客观上我们不能只依靠现有的常规办法来应付，必须针对水危机机

定处理程序与应对预案，开展水危机管理。在这里，赢得时间，将水危机造成的损失减到最少的关键环节是构建水危机预警系统，防患于未然。

建立水危机预警系统，通过观察、监测，探明自然因素和社会因素对水资源开发利用产生的不利影响，预测各种安全指标（或参数）是否偏离安全阈值，同时辅以一套事先制定的、能使国家、社会脱离水危机的预案，把影响降到最低，具有重要的现实意义和深远的历史意义。

目前，我国对突发性的水污染事件和已知水资源短缺如何应对水危机的战略防御体系没有完全建立。因此，必须尽快建立流域和区域水危机预警系统与水资源安全储备体系相结合的水危机战略防御体制，全面监测突发水污染事件和自然气候急剧变化所影响地区的水资源水环境状况，并进行准确、快捷的评估，一旦超过安全阈值，便由系统发出预警警报，启动工作预案。同时，加强战略性水资源储备和管理，保障国家战略性水资源安全供给。必须从战略安全的高度，确定合适的储备规模，深入研究水资源的贮存技术和方式，以抵御水危机产生的、直接威胁国家生存与发展的灾害风险。

五、完善公众有序参与水生态文明建设的体制机制

纵观国外生态环境建设和可持续发展的实践，公众作为"第三方力量"发挥着极其重要且无法替代的作用。然而，在我国，公众参与水生态文明建设的体制机制尚未得到应有的重视。

（1）公众对水资源、水环境信息知情权尚未得到充分保障。政府通常以"通告""告知"等"单向度传输"形式向公众披露水资源、水环境信息，绝大多数企业没有建立相应信息披露制度，我国水生态信息公开不及时、信息量不全面、水环境影响评价避重就轻，难以满足公众环境信息需求。

（2）公众对涉及水资源、水环境问题的重大决策事件参与度不高。公众只能被动接受而无法参与到水资源、水环境经济决策中，公众涉水安全诉求无法得到满足，环境群体性事件频发。

（3）水生态公益诉讼在中国才刚刚兴起，法制化轨道的道路还很长。

（4）我国环保非政府组织在水生态文明建设中的作用有限。我国环保非政府组织数量不多、规模小、影响力不大，没有发挥出政府与民众间生态文明建设的沟通桥梁作用。

公众是水生态文明建设的最广泛参与者，健全的公众参与机制能发挥人的主观能动性，保障公众参与到水生态文明建设中。一方面，通过完善立法，规定全民的水资源、水环境知情权、参与权、救济权等。完善水生态信息公开制度，保证全民能及时、详尽、全面获得水生态信息；完善公众参与制度，公众以听证会、民主监督等适当渠道参与到水生态文明建设决策中；开设水生态公益诉讼机构，保障公民的环境权益得到法律保护。另一方面，在全社会开展道德教化和引导，使水生态文明价值理念"内化"为广大公民

的自觉行动，形成推进我国水生态文明建设的内生动力。同时，水生态非政府组织是水生态文明建设的重要力量。各级政府应积极支持水生态非政府组织的发展与壮大，多渠道解决其发展过程中遇到的资金、政策、组织建设等困难，促进其发挥水生态文明建设的积极作用。

参考文献

一、古代文献

[1] [春秋]管仲.管子.上海:中华书局民国间印本.

[2] [春秋]左丘明.左传.上海:上海人民出版社,1977.

[3] [宋]司马光.资治通鉴.北京:中华书局,2007.

[4] 郭沫若.管子集校.北京:科学出版社,1956.

[5] 杨佰峻.论语译注.北京:中华书局,2006.

[6] 陈鼓应.老子注释及评价.北京:中华书局,1984.

[7] [周]姜尚,[清]孙星衍,校.六韬.扬州:广陵书社,2009.

[8] [元]沙克什.河防通议.道光二十四年刻本.

[9] 黄时鉴 点校.通制条格.杭州:浙江古籍出版社,1986.

[10] [唐]长孙无忌.唐律疏义.北京:蓝天出版社,1998.

[11] [汉]班固.汉书.北京:中华书局,2000.

[12] 中国第一历史档案馆.馆藏电子档案.军机处录副.

[13] [清]史贻直,等.钦定工部则例(卷三十九).嘉庆十四年刻本.

[14] 孙奂仑.洪洞县水利志补.太原:山西人民出版社,1992.

[15] [清]徐端.回澜纪要.道光己丑七月重刊,德清治安堂藏板.

[16] [清]邱步洲.河工简要.台北:文海出版社,1971.

[17] [清]李世禄.修防琐志.台北:文海出版社,1970.

[18] 中国历史第一档案馆.雍正朝汉文谕旨汇编.桂林:广西师范大学出版社,1999.

[19] 靳辅.治河方略.清嘉庆四年刻本,安澜堂藏板.

[20] 魏源.魏源集.北京:中华书局,1983.

[21] 黄河档案馆.清代宫廷档案.

[22] 故宫博物院.大清律例.海口：海南出版社，2000.

[23] 罗骏声，叶大锵，等.民国灌县志.成都：巴蜀书社，1992.

[24] [清] 实录馆.清圣祖实录.北京：中华书局，1985.

[25] 祝庆祺，等.刑案汇览.北京：北京古籍出版社，2004.

[26] 孔凡礼.范成大佚著辑存.北京：中华书局，1983.

[27] [清] 纪大奎，朱音恬.什邡县志.清嘉庆十八年刻本.

[28] [清] 谢汝霖，罗元浦.崇庆县志.成都：巴蜀书社，1992.

[29] [清] 章晋犀，王乔年.河工要义.光绪三十四年永定河工研究所铅印本.

二、现代著作

[1] 钱正英.钱正英水利文选.北京：中国水利水电出版社，2000.

[2] 黄河水利史述要编写组著.黄河水利史述要.郑州：黄河水利出版社，2003.

[3] 李雪松.中国水资源制度研究.武汉：武汉大学出版社，2006.

[4] 水利部治淮委员会.淮河水利简史.北京：水利电力出版社，1990.

[5] 水利水电科学研究院.中国水利史稿.北京：水利电力出版社，1989.

[6] 张友渔，高潮.中华律令集成（清卷）.长春：吉林人民出版社，1991.

[7] 张晋平.晋中碑刻选粹.太原：山西古籍出版社，2001.

[8] 汪家伦，张芳.中国农田水利史.北京：农业出版社，1990.

[9] 太原晋祠博物馆.晋祠碑碣.太原：山西人民出版社，2001.

[10] 郑连第.中国水利百科全书·水利史分册.北京：中国水利水电出版社，2004.

[11] 黄竹三，冯俊杰，等.洪洞介休水利碑刻辑录.北京：中华书局，2003.

[12] 沈百先，章光彩.中华水利史.台北：台湾商务印书馆，1979.

[13] 张雨新，张建民.明清长江流域农业水利研究.武汉：武汉大学出版社，1992.

[14] 张芳.明清农田水利研究.北京：中国农业科技出版社，1998.

[15] 中国水利水电科学研究院水利史研究室.历史的探索与研究.郑州：黄河水利出版社，2006.

[16] 樊西宁.滇池水利小史.北京：水利电力出版社，1990.

[17] 周魁一.农田水利史略.北京:水利电力出版社,1986.

[18] 郑东风.洪洞县水利志.太原:山西人民出版社,1993.

[19] 黄河水利委员会黄河志总编室.黄河河政志.郑州:河南人民出版社,1996.

[20] 黄河水利委员会黄河志总编室.黄河人文志.郑州:河南人民出版社,1994.

[21] 黄河水利委员会黄河志总编室.黄河大事记.郑州:黄河水利出版社,2002.

[22] [法]吕敏,秦建明.尧山圣母与神社.北京:中华书局,2003.

[23] 姜明安.行政法与行政诉讼法.北京:法律出版社,2003.

[24] 应松年.行政法学新论.北京:中国方正出版社,2004.

[25] 胡锦光,莫于川.行政法学与行政诉讼法概论.北京:中国人民大学出版社,2002.

[26] 李飞.中华人民共和国行政许可法释解.北京:群众出版社,2003.

[27] 乔晓阳,张世诚.中华人民共和国行政许可法释义.北京:中国长安出版社、中国言实出版社,2003.

[28] 应松年,袁曙宏.走向法制政府.北京:法律出版社,2001.

[29] 郭德治.社会主义法制建设若干问题讲话.北京:法律出版社,1991.

[30] 高铭暄,等.在中南海和大会堂讲法制(二).北京:商务印刷馆,2002.

[31] 水利部政策法规司,水法研究会.中华人民共和国水法讲话.北京:中国水利水电出版社,2002.

[32] 曹康泰.中华人民共和国水法导读.北京:中国法律出版社,2003.

[33] 水利部政策法规司,水利部普法办公室.全国水利系统"四五"普法通用教材.重庆:重庆出版社,2003.

[34] 汪恕诚.资源水利——人与自然和谐相处.北京:中国水利水电出版社,2003.

[35] 叶勋,任光照,任润余.水法知识问答.哈尔滨:黑龙江科学技术出版社,1998.

[36] 任顺平,张松,薛建民.水法学概论.郑州:黄河水利出版社,1999.

[37] 柯礼聘.中国水法与水管理.北京:中国水利水电出版社,1998.

[38] 成建国.水资源规划与水政水务管理实务全书.北京:中国环境科学出版社,2001.

[39] 吴季松.现代水资源管理概论.北京:中国水利水电出版社,2002.

[40] 钱畔铭,裘江海.水政监察实务.北京:中国水利水电出版社,2000.

[41] 水利辉煌50年编纂委员会.水利辉煌50年.北京:中国水利水电出版社,1999.

［42］ 王仰之．水的世界．北京：地质出版社，1984．

［43］ 李树田，高树德．水行政管理与法律实务．北京：人民法院出版社，1997．

［44］ 胡宝林，湛中乐．环境行政法．北京：中国人事出版社，1993．

［45］ 刘震，等．水土保持监督执行概论．北京：中国法制出版社，1995．

［46］ 廖耀通，陈庚寅．水事案例选编．北京：法律出版社，1994．

［47］ 韩洪建．水法学基础．北京：中国水利水电出版社，2004．

［48］ 黄锡生．水权制度研究．北京：科学出版社，2005．

［49］ 孙广生，乔西现，孙寿松．黄河水资源管理．郑州：黄河水利出版社，2001．

［50］ 李国英．维持黄河健康生命．郑州：黄河水利出版社，2005．

［51］ 饶明奇．中国水利法制史研究．北京：法律出版社，2013．

［52］ 王国永，等．水法概论．郑州：河南人民出版社，2010．

［53］ 王国永，等．水行政执法研究．北京：中国水利水电出版社，2012．

三、学术论文

［1］ 徐明．明清京杭运河漕运运输管理及规章制度．水利史志丛刊，1989（2）．

［2］ 丁渠．我国水事纠纷的解决制度研究．河海大学硕士论文，2005．

［3］ 王嵘．黄河流域管理的历史过程及发展趋势研究．武汉大学硕士论文，2003．

［4］ 肖国兴．论中国水权交易及其制度变迁．管理世界，2004（4）．

［5］ 林观海．黄河防洪法规的历史演变．黄河史志资料，1989（1）．

［6］ 左慧元．弥漫清代河政的腐败之风．黄河史志资料，1995（4）．

［7］ 王培华．清代河西走廊的水利纷争与水资源分配制度．古今农业，2004（2）．

［8］ 张俊峰．介休水案与地方社会．史林，2005（3）．

［9］ 赵世瑜．分水之争：公共资源与乡土社会的权力和象征——以明清山西汾水流域的若干案例为中心．中国社会科学，2005（2）．

［10］ 赵玉庭．甘肃地区明清时期农田水利研究，兰州：兰州大学硕士学位论文，2003．

［11］ 才惠莲．中国水权制度的历史特点及其启示．湖北社会科学，2004（5）．

［12］ 王英华．清代河工经费及其管理//历史的探索与研究——水利史研究文集．郑州：黄河水利出版社，2006．

［13］ 王英华. 清前中期（1644—1855年）治河活动研究——清口一带黄淮运的治理. 北京：中国人民大学博士论文，2003.

［14］ 邵养民. 道光二十九年（1849）的防汛章程. 黄河史志资料，1987（3）.

［15］ 郑师渠. 论道光朝河政. 历史档案，1996（2）.

［16］ 李中锋，等. 德国的水资源管理及技术创新. 中国水利，2009（23）.

［17］ 曾小华. 制度、文化与制度文化. 中共浙江省委党校学报，2001（2）.

［18］ 郭玮. 国外水资源开发利用战略综述. 农业经济问题，2001（1）.

［19］ 王海，等. 法国水资源管理情况简介. 水利发展研究，2003（8）.

［20］ 英国水资源管理法. 环境生态网，2014-4-8.http://www.eedu.org.cn/water/

［21］ 陈明. 澳大利亚的水资源管理. 中国水利，2000（6）.

［22］ 曹明德. 论我国水资源有偿使用制度. 中国法学，2004（1）.

［23］ 崔建远. 水行政与水权. 法律科学，2003（1）.

［24］ 徐安住. 论水法规体系的基本构成. 水利经济，1998（5）.

［25］ 汪恕诚. 水权转换是水资源优化配置的重要手段. 中国水利，2004（8）.

［26］ 祁永忠. 制度略论. 生产力研究，2013（6）.

［27］ 李浩，黄薇，梁佩瑾. 基于博弈论的省际水事纠纷预防机制研究. 长江科学院院报，2011（12）.

四、重要文件

［1］《中华人民共和国水法》（1988年颁布，2002年修订）

［2］《中华人民共和国防洪法》（1997年颁布，2009年修订）

［3］《中华人民共和国水土保持法》（1991年颁布，2010年修订）

［4］《中华人民共和国水污染防治法》（1984年颁布，1995年、2008年修订）

［5］《中共中央 国务院关于水利改革发展重大问题的决定》（2011年1月）

［6］《国务院关于实行最严格水资源管理制度的意见》（2012年1月）

［7］ 水利部《省际水事纠纷预防和处理办法》（2009年）

［8］ 黄河水利委员会《黄河流域省际水事纠纷预防调处预案（试行）》（2004年）